›Suche Nägel, biete gutes Theater!‹
Theater in Berlin nach 1945 – Nachkriegszeit

Die zerstörte Bühne der Staatsoper Unter den Linden, 1945. Foto o. A.

›Suche Nägel, biete gutes Theater!‹

Theater in Berlin nach 1945 – Nachkriegszeit

Herausgegeben von der Stiftung Stadtmuseum Berlin

Mit Beiträgen von Lothar Schirmer · Ines Hahn · Bärbel Reißmann
Angelika Ret · Anne Franzkowiak · Bianca Oestmann · Petra Louis

Henschel

Dieser Katalog erscheint anläßlich der Ausstellung
›Suche Nägel, biete gutes Theater!‹
Theater in Berlin nach 1945 – Teil 1: Nachkriegszeit.

Stiftung Stadtmuseum Berlin · Museum Nicolaihaus
29. Juni bis 30. September 2001

Die Ausstellung wurde durch Zuwendungen
der Stiftung Deutsche Klassenlotterie Berlin ermöglicht.

Ausstellung

Projektleitung:	Lothar Schirmer
Ausstellung und Katalog:	Lothar Schirmer · Bärbel Reißmann Ines Hahn · Angelika Ret · Petra Louis Anne Franzkowiak · Bianca Oestmann
Mitarbeit:	Christin Barbarino · Bettina Machner
Architektur:	Holger Wallat
Gestaltung:	Ines Wenzel · Lutz Simon
Aufbau:	Eckhard Ret · Klaus Vogel · Walter Weist Stefan Petri · Alexander Lisewski Lutz Simon · Thomas Appelt Peter Matuschek · Jan Schad
Konservatorische Betreuung/ Restaurierung:	Albrecht Henkys · Katharina Plate Susanne Grzimek · Claudia Rannow Hildegard Homburger · Marianne König Christina Dill-Friedrich
Sicherheitstechnik:	Jörg Hiecke · Matthias Viertel
Audio- und Videoinstallation:	Christine Mitlehner · Jörg Hiecke Matthias Viertel
Fotoarbeiten:	Friedhelm Hoffmann · Christel Lehmann

Katalog

Herausgeber: Stiftung Stadtmuseum Berlin

ISBN 3-89487-406-6

© 2001 bei Stiftung Stadtmuseum Berlin, Autoren und Henschel Verlag, Berlin. Der Henschel Verlag ist ein Unternehmen der Verlagsgruppe Dornier.
© der Abbildungen: Stiftung Stadtmuseum Berlin; außer: Wolf Leder (S. 49, 73, 95), Martin Rupprecht (S. 20, Randspalte), Coco Schumann (S. 26 unten, S. 27 Randspalte), Walter Weist (S. 25), Alfons Wonneberg (S. 27 oben)
Die Verwertung der Texte und Bilder, auch auszugsweise, ist ohne Zustimmung des Verlags urheberrechtswidrig und strafbar. Dies gilt auch für Vervielfältigungen, Übersetzungen, Mikroverfilmungen und für die Verarbeitung mit elektronischen Systemen.

Lektorat:	Wolfgang Gottschalk
Umschlaggestaltung:	Mediabureau Di Stefano, Berlin
Titelbild:	Helene Weigel als Marketenderin Anna Fierling in ›Mutter Courage und ihre Kinder‹ von Bertolt Brecht, Berliner Ensemble, 11.1.1949. Foto: Harry Croner
Gestaltung:	Hans Spörri
Lithos und Fotosatz:	typossatz GmbH Berlin
Druck und Bindung:	Offizin Andersen Nexö, Leipzig
	Printed in Germany

Gedruckt auf alterungsbeständigem Papier mit chlorfrei gebleichtem Zellstoff

Sie können uns 24 Stunden am Tag erreichen unter:
http://www.henschel-verlag.de
http://www.dornier-verlage.de

Inhalt

Zur Einführung	Lothar Schirmer	7
Kunst – kein Nippes auf dem Vertiko · *Die sogenannte Stunde Null*	Lothar Schirmer	10
Das Alte zu hören, das so neu klang · *Theater – zunächst im Zeichen der Versöhnung*	Lothar Schirmer	16
Täglich neue Welten der Begeisterung entdecken · *Karl Heinz Martin*	Ines Hahn	20
Und endlich wieder tanzen · *Unterhaltungsmusik nach 1945*	Anne Franzkowiak	24
Berlin ruft Wilhelm Furtwängler · *Zwischenspiel am Dirigentenpult*	Anne Franzkowiak	28
Durchbruch zum Humanismus · *Neubeginn mit den Klassikern*	Bärbel Reißmann	32
Ausgehungert nach Fröhlichkeit und Humor · *Unterhaltungstheater*	Ines Hahn	36
Eine Geschichte, die man nicht vergessen sollte · *Das Volkstheater Pankow*	Bärbel Reißmann	40
O namenlose Freude! Nach unnennbarem Leide · *Die Musik-Theater*	Petra Louis	44
Mit dem Willen allein ist es nicht getan · *Ur- und Erstaufführungen im Musiktheater*	Bianca Oestmann	54
Was ich hier spielen will, weiß ich · *Die Komische Oper*	Bianca Oestmann	60
Er sprühte Musikalität · *Der Sänger und Gesangspädagoge Jean Nadolowitsch*	Ines Hahn	64
Varieté und Wärmehalle · *Der Palast der 3000*	Angelika Ret	68
Ballett als Ausdrucksform zum Aufspüren menschlicher Wahrheiten · *Tanztheater*	Angelika Ret	72
Theater als anschaulichstes Argument · *Nachholkurs für das deutsche Publikum*	Bärbel Reißmann	80
Wie man Politik treiben und dabei persönlich integer bleiben kann · *Kalter Krieg auf dem Theater*	Bärbel Reißmann	88
Zeittheater oder Theater der Zeit? · *Zur Dramaturgie der neuen Stücke*	Ines Hahn	94
Theater im Geist des Fortschritts und der Versuche · *Bertolt Brecht*	Ines Hahn	98
Weit mehr als ein Spezialist für Arbeitertypen · *Der Volksschauspieler Ernst Busch*	Ines Hahn	104
Wie lange vermißten wir den Zauber solchen Hauses · *Das neue Schiller-Theater*	Bärbel Reißmann	108
Literaturverzeichnis		113
Personenregister		115

Zur Einführung

Lothar Schirmer

Noch ist die Geschichte des Theaters in Berlin nach 1945 nicht geschrieben, auch wenn Ansätze durchaus vorhanden sind. Sie allerdings nähern sich ihrem Thema punktuell, indem sie Leistungen einzelner Persönlichkeiten aus eher biographischem Blickwinkel beleuchten; dies gilt für Schauspieler – für Helene Weigel, Ernst Busch, Curt Bois, Heinrich Greif, Fritz Kortner, Erwin Geschonneck, Joana Maria Gorvin, Rolf Ludwig, Inge Keller; dies gilt für Regisseure – Boleslaw Barlog, Heinz Hilpert, Wolfgang Langhoff, Walter Felsenstein, Götz Friedrich, Harry Kupfer, Jürgen Fehling, Fritz Wisten, Hans Lietzau –, seltener für Bühnen- und Kostümbildner – Josef Fenneker, Emil Preetorius, Wilhelm Reinking, Paul Strecker, Ita Maximowna, Roman Weyl, Heinrich Kilger, Karl von Appen. Die Nennung von Namen ließe sich fortsetzen und um Dirigenten, Sänger, Kostümplastiker, selbst um Bühnentechniker erweitern. Dieser biographische Ansatz gilt auch für Berliner Bühnen – die Geschichte des Deutschen Theaters, des Theaters des Westens, der Komischen Oper, des Opernhauses Unter den Linden, der Deutschen Oper, des Theaters am Schiffbauerdamm, der Freien Volksbühne ist in umfangreichen Arbeiten dokumentiert – auch mit dem Blick auf ihr Leben, auf die Entwicklung der jeweiligen Bühne, nicht aber mit Blick auf die gesamtstädtische kulturelle Situation.

Was für das gedruckte und illustrierte Buch zutrifft, gilt ebenso für ein anderes Medium – für die Präsentation in Ausstellungen. Bühnen begeben sich immer mal wieder und immer wieder öfter auf Abwege von ihrer eigentlichen Profession, um mit Ausstellungen auf ihre teils legendäre Geschichte zurückzublicken oder um langjährig verdienstvolle Mitarbeiter zu ehren. Die zumeist in den Foyers gezeigten, mit Engagement aufbereiteten Präsentationen sind vielleicht nicht in erster Linie Teil einer Marketingstrategie, um mit einem ehemaligen Glanz von ihrem gegenwärtigen künstlerischen Dilemma abzulenken oder um den abendlichen Besuchern neben der Theatervorstellung ein abwechslungsreiches Ambiente zu bieten. Sie entstehen vielleicht aus einem empfundenen Mangel. Denn derartige Ausstellungen, illustratives Beiwerk der Bühnen, sind eigentlich originärer Auftrag von kulturhistorischen Museen oder spezialisierten Theatersammlungen. Diese sind aber in Berlin entweder spärlich aus-

Märkisches Museum

Das Märkische Museum, 1874 als ›Märkisches Provinzial-Museum der Stadtgemeinde Berlin‹ gegründet, bezog 1908 das vom Stadtbaurat Ludwig Hoffmann entworfene Museumsgebäude am Köllnischen Park. Bereits 1876 erhielt das Museum mit dem Brief Theodor Fontanes an den Kaufmann Leo Alfieri vom 5.5.1876 ein erstes Sammlungsstück, das zum Bestand der heutigen Abteilung ›Theater und documenta artistica‹ mit ihren Bereichen Literatur und Musik sowie verschiedenen Spezialsammlungen zählt. Die Bildung von Fachabteilungen erfolgte erst 1958.

Leiter der Abteilung Theater- und Literaturgeschichte wurde Alfred Dreifuß, der, 1902 in Stuttgart geboren, zunächst am Württembergischen Landestheater als Regieassistent tätig war. Nach Studien in Tübingen, München und Heidelberg promovierte Dreifuß und wurde 1929 Privatsekretär von Julius Bab, arbeitete an der proletarisch-revolutionären Jungen Volksbühne und wurde 1935 wegen Vorbereitung zum Hochverrat verhaftet. Inhaftiert in Dachau und Buchenwald, gelang ihm 1939 die Emigration nach Shanghai. 1947, nach Deutschland zurückgekehrt, wurde Dreifuß Mitarbeiter des Regisseurs Heinz Wolfgang Litten, 1949 Intendant in Potsdam, 1950 wegen Wirtschaftsdelikten verhaftet, freigesprochen, erneut verhaftet und aus der SED ausgeschlossen. 1952, aus der Haft entlassen und rehabilitiert, wurde er Chefdramaturg in Schwerin, später in Güstrow. 1958 Rückkehr nach Berlin, seit 1962 am Märkischen Museum tätig. Nach seinem Ausscheiden aus der Museumsarbeit 1975 Mitarbeiter des Forschungsprojektes ›Kunst und Literatur im antifaschistischen Exil‹. Dreifuß starb 1992 in Weimar.

(Fortsetzung Seite 8)

Außenansicht Märkisches Museum. Foto: Peter Straube, 1993

Märkisches Museum
(Fortsetzung von Seite 7)

Seine Nachfolge als Abteilungsleiter trat 1978 die wissenschaftliche Assistentin Ruth Freydank an. 1935 in Berlin geboren, ursprünglich Kindergärtnerin, studierte sie 1960 zunächst Geschichte, dann Germanistik und Theaterwissenschaft an der Humboldt-Universität. Nach ihrer Arbeit am Institut für Museumswesen der DDR als Sekretär der Sektion Literatur-, Theater- und Musik-Museen wechselte sie 1975 ans Märkische Museum. Nach ihrer Promotion (1978) begann sie schrittweise mit dem Aufbau einer Dauerausstellung zur Geschichte des Theaters in Berlin, die anläßlich der 750-Jahr-Feier der Stadt Berlin vervollständigt wurde, jedoch inhaltlich nicht über das Jahr 1933 hinausreichte. Gleichzeitig erreichte sie eine Strukturierung der Abteilung, in der nun auch literarische Nachlässe bearbeitet wurden.

1979 erhielt das Märkische Museum die Sammlung ›documenta artistica‹, die 1993 der Abteilung ›Berliner Theater-, Literatur- und Musikgeschichte‹, zuvor schon um den Bereich Musik erweitert, angeschlossen wurde; sie verfügte bis 1994 über eigene Ausstellungsräume in der Inselstraße 7.

Mit Gründung des Stadtmuseums Berlin schied Freydank 1995 aus der aktiven Museumsarbeit aus, konnte allerdings noch die von ihr initiierte Ausstellung ›Theater als Geschäft‹ im November 1995 realisieren.

Seit 1995 leitet Lothar Schirmer die Abteilung ›Theater und documenta artistica‹ des Stadtmuseums Berlin, in der die Bestände der Abteilung ›Berliner Theater-, Literatur- und Musikgeschichte‹ sowie die ›documenta artistica‹ des Märkischen Museums mit der Theatersammlung des Berlin Museums vereinigt sind. Mit der Ausstellung ›Theodor Fontane und sein Jahrhundert‹ gelang der Abteilung 1998 nicht nur ein spektakulärer Erfolg – sie schuf damit auch den Durchbruch zur Rekonstruktion des Märkischen Museums, jetzt Stammhaus des Stadtmuseums Berlin.

Außenansicht Berlin Museum. Foto: Hans-Joachim Bartsch, 1974

gestattet oder gar nicht existent – zumindest anscheinend. Der Vergleich mit anderen deutschen Städten gibt den Bühnen eigentlich recht. Sofern ein eigenständiges Theatermuseum in einer deutschen Stadt besteht oder eine Theaterabteilung als Teil eines kulturhistorischen Museums über Räume für Präsentationen auf Dauer verfügt, ergibt sich, von wenigen Ausnahmen abgesehen, ein sich ständig ähnelndes Bild; denn immer beginnt die Darstellung der Theatergeschichte einer Stadt oder einer Region bei den frühesten Anfängen, endet nur selten in der jüngeren Vergangenheit und fast nie in der Gegenwart. So auch – bis 1995 – im Märkischen Museum in Berlin. Grundsätzlich geändert hat sich diese Situation auch nicht, nachdem das Märkische Museum Teil der Stiftung Stadtmuseum Berlin geworden war, dem jetzt auch das ehemals im Bezirk Kreuzberg gelegene Berlin Museum angehört. Die neue Abteilung ›Theater und documenta artistica‹ des Stadtmuseums Berlin mit ihren Beständen zur Theater-, Musik-, Literatur-, Zirkus- und Varietégeschichte und ihren verschiedenen Spezialsammlungen mußte in einem Wartestand verharren; denn sie sollte neue Ausstellungsräume in dem noch nicht fertiggestellten Museumskomplex in der Lindenstraße erhalten. Die Eröffnung des ›Libeskind-Baus‹, vorgesehen für 1998, verzögerte sich, und politische Erwägungen verhinderten dann gänzlich die Realisierung der gebilligten Pläne. Dem Stadtmuseum Berlin wurde stattdessen als Ausgleich für die Flächenverluste am 1. Februar 2000 das Nicolaihaus in der Brüderstraße im Bezirk Mitte zur musealen Nutzung übergeben. Das Gebäude, benannt nach dem Schriftsteller, Verleger und Buchhändler Christoph Friedrich Nicolai, erhielt seine

heutige Gestalt gegen Ende des 18. Jahrhunderts, als der Maurermeister und spätere Direktor der Berliner Singakademie Karl Friedrich Zelter es im Auftrag von Nicolai umbaute. Das Nicolaihaus, einst Zentrum der Berliner Aufklärung, ist zugleich aber auch ein Ort mit Museumstradition; denn es beheimatete von 1910 bis 1936 das Lessing-Museum. Somit verbanden sich an dieser Stelle schon einmal Berliner Aufklärung und Theatergeschichte.

Wenn an diese Tradition mit der zunächst auf vier Teile konzipierten Folge von Ausstellungen zum Theater in Berlin nach 1945 angeknüpft wird, so soll einerseits dem eingangs beschriebenen Mangel Rechnung getragen und die Theatergeschichte Berlins bis in die Gegenwart dargestellt werden. Die Sammlungsbestände, erstmals in größerem Zusammenhang vorgestellt, lassen ein Bild des Theaters im Kontext der Stadtgeschichte entstehen, vom Wiederbeginn des kulturellen Lebens seit Kriegsende bis zur Wiedereröffnung des Schiller-Theaters im Jahre 1951 in dem ersten Ausstellungsteil. Er dokumentiert die Bedingungen, unter denen der kulturelle Neuanfang in dem ›Schutthaufen bei Potsdam‹[1] so schnell und mit so viel Enthusiasmus gelingen konnte. Betroffen waren alle Gattungen des Theaters bis zu Unterhaltungsmusik und Varietés. Mit der Inszenierung von ›Nathan der Weise‹ formulierte das Deutsche Theater programmatisch die Utopie von der großen Versöhnung. Trotz Hunger und Not entwickelte sich ein regelmäßiger Spielbetrieb mit allein 245 Premieren in der ersten Spielzeit. Eintrittskarten wurden nicht nur mit Geld, sondern auch mit Kohlen, Baumaterialien und Nägeln bezahlt. Ein neues Kapitel begann am 11. Januar 1949 im Deutschen

Hof Museum Nicolaihaus. Foto: Peter Straube, 2000

Theater, in dem das Berliner Ensemble zunächst Gastrecht genoß, als der Planwagen der Mutter Courage auf die leere Bühne rollte. Die Ausstellung und das aus diesem Anlaß erscheinende Buch berichten aber auch von der Beweglichkeit des Theaters, das anfangs noch die Sektorengrenzen überschritt. Das ideologieübergreifende Bekenntnis der Bühnen zum Humanismus funktionierte jedoch nur bis zum Mai 1947. Mit der Aufführung ›Die russische Frage‹, erneut am Deutschen Theater, hielt der Kalte Krieg auf den Bühnen Einzug. In der als Antwort gewerteten Inszenierung von Sartres ›Die schmutzigen Hände‹ am Renaissance-Theater zeigte sich, daß nun die Politik die Kunst dominierte. Damit schwand der praktizierte Austausch des künstlerischen Personals. Deutliches Zeichen für die Verhärtung der Fronten war die Ausladung der Ostberliner Intendanten bei der feierlichen Eröffnung des Schiller-Theaters – auf Verlangen des Senats von Berlin.

Der zweite Teil erzählt die musikalische Geschichte Berlins von 1952 bis 1990 anhand der Entwicklung der bestehenden Häuser von der Klassik zur Moderne, von der Oper bis zum Chanson. Detailliert vorgestellt wird das Schaffen namhafter Regisseure und Choreographen, Sänger und Tänzer, Bühnen- und Kostümbildner, die die Geschichte der Musiktheater Berlins in Ost wie in West geprägt haben. Der dritte Teil widmet sich der Entwicklung der Schauspielbühnen, erzählt von ihrer Blüte im Ostteil der Stadt, die mit Aufsehen erregenden Inszenierungen Publikumsmagnet wie auch Aushängeschild der DDR-Kultur wurden. Gleichzeitig gingen im Westen, in der seit 1961 nun auch faktisch geteilten Stadt, die Impulse vor allem von der freien Szene aus, die in der Neugründung der Schaubühne gipfelten. Das Ende der DDR brach auch die verkrusteten Verhältnisse im Kulturlebens Berlins auf. Der vierte Teil schildert den großen Aufbruch der Theaterleute, von der Hoffnung auf eine neue, lebendige Metropole Berlin und der Neuordnung der Theaterlandschaft in einer nun wiedervereinigten Stadt, die zugleich schmerzliche Verluste hinnehmen mußte, als Theater geschlossen wurden.

Unsere Präsentationen orientieren sich, wie in einem Museum üblich, an Originalen. Diesem Prinzip entsprechend – ein Museum kann das nicht zeigen, was es nicht gesammelt hat oder sammeln konnte –, entstehen an einigen Stellen Lücken; diese nehmen wir bewußt hin, verweisen auf sie und hoffen, daß das ausgebreitete Material dazu anregen wird, diese Lücken doch schließen zu können. Andererseits soll mit dieser Folge von Ausstellungen die seit langem erhobene Forderung, oftmals wegen aktuell drängender Probleme immer wieder verschoben, erfüllt werden, der Theaterstadt Berlin einen zentralen Standort zuzuweisen, an dem die Geschichte des Theaters angemessen präsentiert werden kann. Um die kulturelle Vergangenheit Berlins zu vergegenwärtigen, den prägenden Einfluß für ihre kulturelle Identität darzustellen, bedarf es eines ständigen Ortes, an dem Leistungen wie auch Verfehlungen im Gedächtnis gehalten werden, für Einheimische wie auch für Fremde. Das Nicolaihaus ist angesichts der heutigen kulturpolitischen Gegebenheiten eine angemessene Stätte, an der das Gedächtnis der Theaterstadt Berlin offensichtlich werden kann. Das Nicolaihaus ist aber auch ein historischer Ort, nicht weil Theater in seinen prägnantesten Ausdrucksformen aufklärerisch war und immer sein wird, sondern auch weil dieses Haus schon einmal ein Theatermuseum beherbergen sollte. Siegfried Jacobsohns Schaubühne, die später zur Weltbühne Kurt Tucholskys und Carl von Ossietzkys wurde, machte 1905 darauf aufmerksam, daß ein gewisser Georg Richard Kruse, Redakteur der Zeitschrift der Deutschen Bühnengenossenschaft, angeregt hatte, ein Theatermuseum in Berlin zu schaffen. Es sollte im Nicolaihaus untergebracht werden. ›Weiteres ist bis jetzt über das Unternehmen nicht bekannt geworden, denn die wirkenden Faktoren wollen zunächst in aller Stille zu einem faßbaren materiellen Ergebnis kommen, bevor sie der Öffentlichkeit die Grundzüge ihres Plans vorlegen. Den Plan an sich wird jeder willkommen heißen, der Interesse an Theaterdingen nimmt, und wer sich jemals mit bühnengeschichtlichen Studien befaßt hat, der wird mit mir der Ansicht sein, daß sogar ein dringendes wissenschaftliches Bedürfnis für eine solche Gründung vorliegt.‹[2] Wie wir wissen, wurde der Plan nicht realisiert. Aus dem geplanten Theatermuseum wurde ein Lessing-(Theater)-Museum, sein erster Direktor wurde 1910 – und blieb es bis 1936 – Georg Richard Kruse. Fast 100 Jahre später wird das verwirklicht, was damals bereits diskutiert wurde, ungeachtet der Frage, die damals ›Die Schaubühne‹ stellte, ›in welcher Weise die löbliche Idee zur Ausführung gebracht werden soll‹[3]. Die Zeit des Bedenkens ist jetzt vorüber.

1 Bertolt Brecht, Arbeitsjournal, Frankfurt am Main 1973, Eintrag vom 27.10.1948.
2 John Schikowski, Das Theatermuseum, in: Die Schaubühne, 1. Jg., 1905, Heft 9, S. 251.
3 A.a.O.

Berlin Museum

Das Berlin Museum verdankt seine Existenz dem Bau der Berliner Mauer am 13.8.1961, da den Westberlinern seitdem der Besuch ihres stadthistorischen Museums am Köllnischen Park verwehrt war. Dank der Initiative von Berliner Bürgern, die sich zum ›Verein der Freunde und Förderer des Berlin Museums‹ 1963 zusammenschlossen, gelang es, zum 7.5.1964 im Haus am Lützowplatz eine erste Ausstellung zu präsentieren, an deren Ende der Bezug des Hauses Stauffenbergstraße 41 als vorläufiges Domizil stand. 1968/69 konnte das junge Museum in das renovierte barocke Kollegienhaus in der Kreuzberger Lindenstraße 14 umziehen und wurde am 21.6.1969 offiziell eröffnet. Zum 1.1.1971 vom Land Berlin in Rechtsträgerschaft übernommen, konnte 1974 mit der Schiller-Theater-Sammlung, einer umfangreichen Porträtsammlung Berliner Schauspieler, von Boleslaw Barlog angelegt, ein erster Grundstock für die geplante Theatersammlung geschaffen werden. Sie sollte nach Plänen aus dem Jahr 1980 in dem zu rekonstruierenden Ephraim-Palais auf der gegenüberliegenden Seite der Lindenstraße untergebracht werden. Dieser wie auch spätere Pläne ließen sich nicht realisieren.

Erst 1989 konnte die Leitung der Theatersammlung erstmalig mit Lothar Schirmer, geboren 1943 in Duisburg, 1977 an der Freien Universität in Berlin promoviert, besetzt werden, der den Kontakt zum aktuellen Theatergeschehen suchte. Die Ausstellungen ›Bertolt Brechts Theaterarbeit am Berliner Ensemble‹ (1991) – auch in Augsburg und Mailand gezeigt – und ›Roman Weyl. Grenzgänger der Szene‹ (1992) belegten dies.

Am 4.10.1993 wurde das Berlin Museum wegen Baumaßnahmen geschlossen. Es ist seit 1995 Teil der Stiftung Stadtmuseum Berlin, das Gebäude gehört heute zum Jüdischen Museum Berlin.

Kunst – kein Nippes auf dem Vertiko
Die sogenannte Stunde Null

Lothar Schirmer

Generaloberst Nikolai E. Bersarin, 19. Mai 1945. Foto: o. A.

Nikolai E. Bersarin (1904 – 1945)
In St. Petersburg geboren, konnte Bersarin erst im Alter von neun Jahren eine Schule besuchen, da er zusammen mit seinen vier Geschwistern zum Lebensunterhalt der Familie beitragen mußte. Als Heranwachsender besuchte er Abendkurse. Nach dem Tod der Eltern meldete er sich freiwillig zur Roten Armee, in der sich kontinuierlich seine Karriere bis zum Oberkommandierenden der 5. Stoßarmee vollzog, die in die Schlacht um Berlin eingriff und als erste die Stadt erreichte. Am 24. 4. 1945 wurde Bersarin zum sowjetischen Stadtkommandanten und zum Chef der sowjetischen Garnison in Berlin ernannt. Der Aufbau der Verwaltung, das Schaffen einer neuen Infrastruktur, Fragen der Versorgung und des neuen Rechtssystems sowie die Belebung der Kultur waren seine wesentlichsten Aufgabenfelder. Am 16. 6. 1945 verunglückte er mit dem Motorrad tödlich. Im April 1946 wurden der Baltenplatz und die Petersburger Straße nach ihm benannt, 1975 wurde er Ehrenbürger der Stadt Berlin. Sein Name wurde nach der Wende in die Liste der Gesamtberliner Ehrenbürger jedoch nicht übernommen, die Petersburger Straße erhielt ihren alten Namen zurück, und um die Rückbenennung des Bersarinplatzes entspann sich 1994/95 eine parteipolitische Kontroverse, die jedoch ohne Folgen blieb.

Am 25. August 1944 mußten die Berliner auf den Titelseiten ihrer wenigen noch erscheinenden Zeitungen unter der Überschrift ›Neue Maßnahmen für den totalen Krieg‹ lesen: ›Sämtliche Theater, Varietés, Kabaretts und Schauspielschulen sind zum 1. September 1944 zu schließen. Die entsprechenden Fachschaften und Fachgruppen sowie der private Schauspiel-, Gesang- und Tanzunterricht werden eingestellt. Alle Zirkus-Unternehmen werden bis auf wenige, die zur Erhaltung des wertvollen Tierbestandes notwendig sind, stillgelegt. Die freiwerdenden Kräfte werden, soweit sie kriegsverwendungsfähig sind, der kämpfenden Truppe zugeführt. Alle anderen finden in Rüstung und Kriegsproduktion Verwendung. Alle Orchester, Musikschulen, Konservatorien stellen bis auf einige führende Klangkörper, die auch der Rundfunk zur Durchführung seiner Programme dringend benötigt, ihre künstlerische Tätigkeit ein. Ihre Mitglieder werden in der gleichen Weise wie die stillgelegter Bühnen-Ensembles der Wehrmacht zugeführt bzw. in der Rüstung eingesetzt. Auf dem Gebiet der bildenden Kunst werden Kunstausstellungen, Wettbewerbe, Akademien, Kunsthochschulen sowie die privaten Kunst- und Malschulen zu demselben Zweck stillgelegt. Das gesamte

Inge Keller als Trümmerfrau, 1945. Foto: Eva Kemlein

Paul Wegener als Nathan und Alfred Balthoff als Derwisch in ›Nathan der Weise‹ von G. E. Lessing, Deutsches Theater, 7. 9. 1945. Foto: Abraham Pisarek

schöngeistige Unterhaltungs- und verwandte Schrifttum wird stillgelegt. [...] In Zukunft werden im wesentlichen nur noch Film und Rundfunk den Soldaten an der Front und der schaffenden Heimat Entspannung geben und kulturelle Werte vermitteln.‹[1] Damit war der Kulminationspunkt einer Entwicklung erreicht, die mit der Rede des Propagandaministers Joseph Goebbels am 18. Februar 1943 begonnen hatte, als er im Berliner Sportpalast den ›totalen Krieg‹ ausrief, applaudiert von einer fanatisierten Menschenmenge, in der sich auch der Intendant des Schiller-Theaters, Heinrich George, befunden hatte.[2]

Diese Anordnung traf die Theater während ihrer Vorbereitungen zur kurz bevorstehenden, teilweise schon begonnenen neuen Spielzeit 1944/45 völlig überraschend; so hatte das Deutsche Opernhaus, das im Admiralspalast spielte, am 24. August bereits die Premiere der ›Hochzeit des Figaro‹, inszeniert von Günther Rennert, unter der musikalischen Leitung von Hans Schmidt-Isserstedt und in

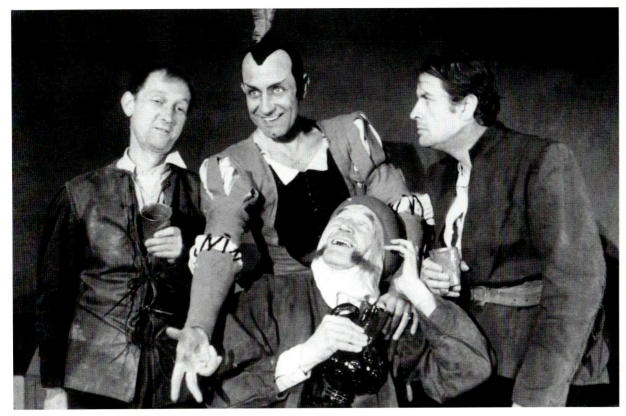

O. E. Hasse als Mephisto in ›Urfaust‹ von Johann Wolfgang von Goethe, Jürgen-Fehling-Theater, 6.10.1945. Foto: Abraham Pisarek

Roman Weyl, Bühnenbildentwurf zu ›Die Außenseiter‹ von Curth Flatow, Showboat Theatre im Renaissance-Theater, April 1946

Boleslaw Barlog, 1956
Foto: Harry Croner

Boleslaw Barlog (1906 – 1999)
In Breslau geboren, in Berlin bei Pflegeeltern aufgewachsen, hatte Barlog schon auf der Schule seine Liebe zum Theater entdeckt und besuchte heimlich Vorstellungen; so sah er die berühmten Darsteller der zwanziger Jahre. Nur widerwillig absolvierte er eine kaufmännische Lehre. 1930 als Regieassistent zunächst an der Volksbühne bei Karl Heinz Martin und Heinz Hilpert, 1933 entlassen, weil er den Ariernachweis nicht erbringen konnte und auch nicht hätte erbringen wollen, schlug sich Barlog mit wechselnden Tätigkeiten durchs Leben – als Hilfstapezierer, Reklamezettelverteiler, Mietwagenchauffeur, Hilfsbademeister im Strandbad Wannsee –, bis er 1936 beim Film unterkam; seit 1939 als Filmregisseur bei der Terra beschäftigt.
1945 eröffnete er mit amerikanischer Lizenz und mit einem Darlehen der Steglitzer Verwaltung das Schloßpark-Theater; eigentlich aber war es die ›Hausbesetzung‹ eines leerstehenden Kinos, das früher auch als Theater genutzt wurde. ›Anfang 1945 kamen die Leute noch in Decken. Kohlen zum Heizen gab's keine; zuweilen auch keinen Strom, dann brannten wir nur Kerzen. Und an der Kasse hing ein Schild: Brauchen dringend Nägel; tauschen gegen Eintrittskarten. Trotz allem: Das Publikum war einmalig!‹ (Boleslaw Barlog, Die Welt am Sonntag, 28.3.1976).

Das zerstörte Gebäude der Volksbühne, 1948
Foto: Abraham Pisarek

Das Theater der Volksbühne
Das Theatergebäude, von Oskar Kaufmann entworfen, 1913/14 erbaut und am 30.12.1914 mit ›Wenn der junge Wein blüht‹ von Björnson eröffnet, entstand als eigene Spielstätte des Vereins Neue Freie Volksbühne und wurde auf einem zentralen, nach Abbruch neu erschlossenen Gelände inmitten des Scheunenviertels am Bülowplatz, dem heutigen Rosa-Luxemburg-Platz, errichtet. Die Baukosten – fast 4,5 Millionen Mark – wurden teilweise von den Vereinsmitgliedern aufgebracht. Das ›vom Volk für das Volk‹ geschaffene Theatergebäude brachte die soziologischen Bedingungen, unter denen es entstand, durch das Motto der Volksbühnenbewegung ›Die Kunst dem Volke‹ zum Ausdruck, das an der Hauptfassade angebracht wurde und weithin sichtbar war. Das Haus bot fast 2000 Zuschauern Platz und zeichnete sich wegen seiner für die Zeit einmalig dimensionierten Drehbühne mit 19 Metern Durchmesser, den vielseitigen Verstell- und Versenkungsmöglichkeiten aus. Bemerkenswert war außerdem der gemauerte 28 Meter hohe Kuppelhorizont, der zugleich die Bühnenrückwand bildete. Das Theater wurde am 20.11.1943 durch Bomben teilzerstört; am 28.4.1945 brannte der bisher fast unbeschädigte Zuschauerraum aus. Mit freiwilligen Arbeitseinsätzen beteiligten sich Mitglieder des ehemaligen Ensembles und andere Personen am Wiederaufbau, der 1948 offiziell begann und sechs Jahre dauerte. Am 21.4.1954 wurde das Theater mit ›Wilhelm Tell‹ in der Regie von Fritz Wisten wieder eröffnet.

Bühnenbildern und mit neuen Kostümen von Caspar Neher herausgebracht, während die Scala in der Lutherstraße ihrer neuen August-Revue den Titel ›Utopie‹ gegeben hatte. Der Zukunftstraum platzte; denn es verblieben nur noch wenige Tage Zeit, dann erloschen die Lichter auf den Bühnen. Die Kommentatoren der Zeitungen übten sich in Fatalismus; Theater werde nicht untergehen, da es zur Identität einer Kulturnation gehöre, und die Zeiten würden wieder besser werden, in denen Theater dann wiedererstehen werde. Die Bühnen jedoch kündigten in den Zeitungen für den 31. August 1944 ihre Vorstellungen so an, als ob sich nichts verändern werde, ohne auf die Besonderheit, auf die Schließung am nächsten Tag, hinzuweisen. Sie nahmen, so scheint es, die Anordnung einfach hin; das Deutsche Theater zeigte den ›Diener zweier Herren‹ von Carlo Goldoni, die Volksbühne im Theater an der Saarlandstraße ›Prinzessin Turandot‹ nach Gozzi von Friedrich Forster. Dann fiel der Vorhang, nur noch Kinos boten Ablenkung vom Alltag.

Ein Zeitabschnitt in der Berliner Geschichte neigte sich seinem Ende zu. Die Stadt war weitgehend zerstört, eine Trümmerlandschaft, die Kriegshandlungen rückten immer näher an die Stadt, und die Berliner organisierten weiterhin ihr Leben, so gut es ging. Sie gewöhnten sich an die außergewöhnlichen Bedingungen, so wie in den vergangenen Monaten die Theaterbesucher sich an den immer früheren Beginn der abendlichen Vorstellung oder an den in das Programmheft eingelegten Zettel gewöhnt hatten, der ihnen den nächsten Weg zum Luftschutzbunker anzeigte, wenn einmal doch, früher als erwartet, Fliegeralarm ausgelöst werden mußte.

Inschriften auf den mitgebrachten Ziegelsteinen für das neue Berliner Operetten-Theater von Heinz Hentschke, 1946. Foto: Harry Croner

Nach Kriegsende, mit der Waffenruhe und der eingekehrten Stille begann aber, so erstaunlich es klingen mag, ein kultureller Aufbruch; der Hunger nach Kultur, nach mehr als siebenmonatiger Abstinenz, machte sich bemerkbar. Ein unstillbares Verlangen nach lange nicht Gehörtem und eine Neugier auf Unbekanntes und Fremdes artikulierten sich. Angesichts der Verwüstungen und Zerstörungen in Berlin ist diese Entwicklung – heute, mehr als 50 Jahre danach – kaum noch in ihren wirklichen Ausmaßen nachzuvollziehen. In der Stadt gab es kein Brennmaterial, kaum Lebensmittel; die Strom-, Gas- und Wasserversorgung waren unterbrochen, Post und Telefon funktionierten ebensowenig wie die Verkehrsmittel. In der deutschen Reichshauptstadt wohnten bei Kriegsausbruch 4,3 Millionen Menschen. 1945 war ein Drittel des Wohnraums von den 2,8 Millionen, die jetzt noch in der Stadt lebten, nicht mehr zu benutzen, und immer mehr Flüchtlinge strömten in die Stadt. Der Wiederaufbau begann provisorisch und zunächst notdürftig. Das Bild Berlins in dieser ersten Nachkriegszeit wurde geprägt von den Frauen, die als ›Trümmerfrauen‹ aus Ruinen Steine für den ersten Wiederaufbau machten.

Auch zahlreiche Theatergebäude lagen in Trümmern: das Staatliche Schauspielhaus am Gendarmenmarkt, von Schinkel 1821 als Königliches Schauspielhaus erbaut, die Volksbühne im früheren Scheunenviertel, von Oskar Kaufmann 1914 für das Volk und die Arbeiter erdacht, das Deutsche Opernhaus in der Charlottenburger Bismarckstraße, städtische Bürger-Oper, von Heinrich Seeling 1912 errichtet, das Rose-Theater in der Großen Frankfurter Straße sowie die Komische Oper an der Weidendammer Brücke, das Lessing-Theater am Friedrich-Karl-Ufer, das Komödienhaus am Schiffbauerdamm, die Staatsoper Unter den Linden, die, von Karl Ferdinand Langhans 1844 neu erschaffen, im April 1941 bereits durch Brandbomben schwer beschädigt und bis 1943 wieder hergestellt wurde, um noch bis Februar 1945 zu spielen, das Schiller-Theater, das Kleine Haus der Staatstheater in der Nürnberger Straße, die frühere Kurfürstenoper bzw. das spätere Deutsche Künstlertheater, sowie auch die ehemalige Kroll-Oper, die seit 1933, nach dem Brand des Reichstages, für wenige Sitzungen des nur noch akklamierenden Parlaments zweckentfremdet genutzt wurde. Die anderen Theatergebäude hatten den Krieg zwar nicht gänzlich unbeschädigt überstanden, waren aber schnell wieder herzurichten, auch wenn der Regen so manches Mal noch durch das undichte Dach drang und die Heizung mehr als nur an einem Abend ausfallen sollte. Die Bespielbarkeit der Bühnen zu erreichen, war eines der vordringlichen Ziele der Sowjetischen Militäradministration (SMAD), die vom 28. April bis zum 11. Juli 1945 die alleinige administrative und politische Macht treuhänderisch ausübte. Denn erst am 4. Juli zogen amerikanische und britische Truppen in Berlin ein, und erst am 12. August folgten die Franzosen. Nun erst wurden die im Londoner Protokoll vom 12. September und 14. November 1944 getroffenen Vereinbarungen der Siegermächte realisiert. Das besondere Berliner Gebiet – Groß-Berlin in den Grenzen von 1920 – wurde in vier Sektoren geteilt und von der aus den vier Stadtkommandanten gebildeten Alliierten Kommandantur als gemeinsame Behörde der Besatzungsmächte geleitet. Am 11. Juli 1945 konstituierte sich die Alliierte Kommandantur

Eröffnung der Volksbühne in der Kastanienallee, 13.5.1946 mit Günther Weisenborn, Willi Bredel, Alexander Dymschitz, Karl Heinz Martin, Ernst Busch, Karl Kleinschmidt, Friedrich Wolf. Foto: Werner Borchmann

Programm-Zettel zur Eröffnungs-Kundgebung im Titania-Palast, 12.10.1947

Freie Volksbühne

In den Diskussionen um die Neugründung eines Volksbühnenvereins – der Verein war auf Betreiben der Reichsregierung und Eugen Klöpfers, des Intendanten der Volksbühne am Horst-Wessel-Platz, per Gerichtsbeschluß am 23.5.1939 aufgelöst worden – prallten zwei Standpunkte aufeinander: individueller Beitritt zu einer überparteilichen Organisation, die sich als eine ›Gemeinschaft Kunstbegeisterter‹ versteht, oder Mitgliedschaft über die Massenorganisationen Freier Deutscher Gewerkschaftsbund oder Kulturbund, damit Theater zu einem bestimmenden Faktor der geistigen Erneuerung werden kann. Die Volksbühne als ein ›Theater der Werktätigen‹ knüpfte an die Gründungsgedanken aus dem 19. Jahrhundert an. Um den kulturellen Aufbau zu beschleunigen und die streitenden Gruppen zu gemeinsamen Beschlüssen zu bewegen, erteilte die SMAD für das in ihrem Sektor gelegene Theater der Volksbühne Karl Heinz Martin, Heinz Wolfgang Litten und Alfred Lindemann im Januar 1947 eine Lizenz. Dies wurde von den Vertretern aus den westlichen Sektoren als Spaltung verstanden. Die Gegensätze verhärteten sich so, daß sich im Oktober 1947 zwei Volksbühnenorganisationen in Berlin gründeten. Am 5.12.1947 fand in der Städtischen Oper die erste Vorstellung statt, zu der die Mitglieder einen ermäßigten Eintrittspreis zu zahlen hatten; die Differenz zum regulären Preis brachte die Stadt auf. Damit begann eine Subventionierung des Theaterbesuchs, die es zuvor in dieser Form nicht gegeben hatte.

und bestätigte in ihrem Befehl Nr. 1 alle bis dahin von den Sowjets getroffenen Entscheidungen.

Ihre Maßnahmen zielten nicht nur auf die Normalisierung des politischen und öffentlichen Lebens, sondern auch auf die Reanimierung der Kultureinrichtungen. Generaloberst Nikolai Bersarin ordnete als ›Chef der Besatzung der Stadt Berlin‹ in seinem ›Befehl Nr. 1‹ vom 28. April 1945 an, daß alle öffentlichen Versorgungseinrichtungen, Verkehrsbetriebe, Krankenhäuser, Heilstätten, Bäckereien und Lebensmittelgeschäfte ihre Arbeit sofort wieder aufzunehmen hätten, nachdem er als erstes die Auflösung der Nationalsozialistischen Deutschen Arbeiterpartei und aller ihr unterstellten Organisationen verfügt hatte. Darüber hinaus wurde ausdrücklich der Betrieb von Vergnügungsstätten und Restaurants erlaubt; darunter verstanden die Sowjets: Kino, Theater, Zirkus und Stadion. Damit schuf die SMAD unter Bersarins Leitung die Voraussetzung für das schnelle Wiederaufleben der Kultur in der Stadt. Bereits am 13. Mai 1945 gab ein Berliner Kammerorchester unter Leitung von Hans von Benda im Bürgersaal des Rathauses Schöneberg ein erstes Konzert, am 18. Mai zeigte das Kabarett Schall und Rauch ein buntes Unterhaltungsprogramm, und im Haus des Rundfunks fand das erste Konzert des Orchesters des Deutschen Opernhauses unter Leopold Ludwig mit Werken von Mozart, Beethoven und Tschaikowski statt. Am 26. Mai dirigierte Leo Borchard das erste Nachkriegskonzert der Berliner Philharmoniker im Titania-Palast, bevor am 27. Mai im Renaissance-Theater mit ›Der Raub der Sabinerinnen‹ die erste Theateraufführung stattfand. Bereits am 20. Mai überreichte Siegfried Nestriepke, vor 1933 Generalsekretär des Vereins Freie Volksbühne, dem von den Militärbehörden am 19. Mai ernannten Magistrat von Berlin eine Denkschrift über die Neuordnung des Berliner Theaterlebens, während gleichzeitig die Regisseure Karl Heinz Martin und Ernst Legal mit dem Theaterkritiker Fritz Erpenbeck die Möglichkeiten zur Wiederaufnahme eines regelmäßigen Spielbetriebs prüften. Am 26. Juni fand dann im Deutschen Theater die Aufführung von Schillers ›Parasit‹ mit Antje Weisgerber, Elsa Wagner, Paul Bildt, Walter Franck und Aribert Wäscher statt. Der Weg ins Theater war aber beschwerlich und gefährlich. ›Ich erinnere mich, wie wir, an einem heißen Frühnachmittag, uns vom Nollendorfplatz, wo wir zufällig überlebt hatten, auf den Weg in die Schumannstraße machten. Dort sollte das Deutsche Theater wieder eröffnet werden. Noch lag der Rauch der großen Brände über der Stadt. Als wir an den Landwehrkanal und an die Herkulesbrücke kamen, war die Brücke gesprengt. Wir hangelten über die Reste zweier Röhren, die über dem Wasser hingen, ans andere Ufer. In der Wüstenei des Tiergartens lagen ausgebrannte deutsche Panzer. Am Neuen See biwakierten sowjetische Einheiten, die uns, nicht ohne Beunruhigung und somit auch uns tief beunruhigend, skeptisch ansahen. Wir kamen ungeschoren davon.

Die sogenannte Stunde Null 13

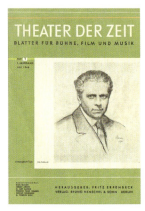

Titelseite mit Porträt Max Reinhardt
Zeichnung: F. Gernier

Theater der Zeit

Während Tageszeitungen bereits seit Mai 1945 wieder erschienen, kam im Juli 1946 das erste Heft von ›Theater der Zeit‹ heraus, einer Fachzeitschrift für Bühne, Film und Musik, verlegt bei Bruno Henschel & Sohn in Berlin, herausgegeben von Fritz Erpenbeck. Ihm zur Seite standen als Redaktionsbeirat der Komponist Boris Blacher, der Kritiker Herbert Ihering, die Dramatiker Günther Weisenborn und Friedrich Wolf, der Filmregisseur Kurt Maetzig und Friedrich Franz Treuberg. Erpenbeck, 1933 über die ČSR in die UdSSR emigriert, war Redakteur der Exilzeitschriften ›Das Wort‹ und ›Internationale Literatur‹; 1945 kehrte er mit der Gruppe Ulbricht nach Berlin zurück.

Im ersten Heft knüpfte Erpenbeck an die Diskussion der zwanziger Jahre an – Zeittheater oder Theater der Zeit? – und druckte die auf der Gedächtnisfeier für Max Reinhardt im Deutschen Theater, zum ›Gedächtnis eines Großen‹, gehaltenen Reden des Intendanten Gustav von Wangenheim, von Alexander Dymschitz, G. E. Bell und Frederic Mellinger als Vertreter der Besatzungsmächte und des Ensemblemitglieds Eduard von Winterstein. Doch schon Herbert Iherings Beitrag ›1932 oder 1946?‹ warf das entscheidende Problem auf, als er vor dem Trugschluß warnte, das Theater wieder dort anfangen lassen zu wollen, ›wo es 1933 aufgehört hat.‹ ›Theater der Zeit‹ entwickelte sich zu einem wichtigen Diskussionsforum, das rückblickend über die Zeit des Exils ebenso informierte, wie es die aktuelle Theatersituation in den Besatzungszonen und im Ausland beobachtete.

Die Strecke, die man kürzlich noch mit dem Omnibus 1 (wenn kein Fliegeralarm war) mühelos gefahren war, war zu einem Abenteuer geworden. Man drang von Gefährdung zu Gefährdung weiter. […] Wir fanden am Strand der verlassenen Spree einen wohltätigen Mann, der gegen die horrende Summe von einer Reichsmark bereit war, uns mit einem löchrigen Kahn, den er zufällig an Land zu ziehen glücklich oder pfiffig genug gewesen war, ans andere Ufer zu bringen. Bis zu den Knien naß kamen wir drüben an. […] Theaterbesuch war gefährlich. Aber er war für uns Berliner damals so etwas wie eine Ersatzerfüllung für ziemlich alle Betätigungen, die noch nicht wieder erlaubt oder erfüllbar waren.‹[3]

Jede neue Aufführung wurde als ein Akt der Befreiung gewertet, insbesondere die Aufführungen der großen Bühnen, die jedoch teilweise in neuen Häusern spielen mußten: Das Deutsche Opernhaus bzw. die Städtische Oper – in den ersten Tagen der Spielzeit 1945/46 fanden beide Namen noch Verwendung – residierte im Theater des Westens, der ehemaligen Volksoper, in der Kantstraße, die Preußische Staatsoper Unter den Linden nannte sich nun Deutsche Staatsoper und spielte im Admiralspalast, das Metropol-Theater mußte in die Schönhauser Allee ausweichen, um im Kino Colosseum ihr Domizil für zehn Jahre zu finden, während die neu gegründete Komische Oper ins ehemalige Metropol-Theater in der Behrenstraße zu Vorstellungen einlud. Angesichts der Materialknappheit gehörten Lieder- und Arienabende, Sinfoniekonzerte oder Matineen bzw. Morgenfeiern zu den ersten Veranstaltungen. Erstaunlich aber, daß in vielen Fällen Texte von Autoren und Musik von Komponisten geboten wurden, die seit zwölf Jahren verboten waren – Leon Jessel, Leo Fall, Franz Lehár, Paul Hindemith und Heinrich Heine.

Es war zum Teil ein Neuanfang, es war aber auch zum Teil ein Verdrängen. Der Drang zum Unterhaltenden war nicht zu übersehen. Der von der Berliner Opern-Bühne aufgeführte ›Streifzug durch Oper und Operette‹ reichte von Verdi bis zum ›Bettelstudenten‹ von Millöcker, brachte Ausschnitte aus ›Hoffmanns Erzählungen‹ ebenso wie die Arie des Lenski aus ›Eugen Onegin‹; das Neue Theater Spandau zeigte im Odeum-Theater in der Charlottenstraße Ralph Benatzkys ›Im weißen Röss'l‹ sowie Leo Falls ›Dollarprinzessin‹ und das Berliner Operetten-Theater Leon Jessels ›Schwarzwaldmädel‹ im ehemaligen Kino Kosmos in Tegel. Der Zug zur Unterhaltung war zwar durchaus verständlich, aber gleichzeitig ein deutliches Zeichen des Unpolitischen. Insbesondere auf dem Gebiet des Varietés, das im Berlin der zwanziger Jahre eine strahlende Zeit erlebt hatte, schossen die Veranstaltungsorte wie Pilze aus dem Boden. Ein Postgarten-Varieté in der Skalitzer/Ecke Wrangelstraße zeigte im ersten Teil des Abends Auftritte von Tänzern, Akrobaten und Kunstradfahrern, während nach einer Pause dann eine ›Große Berufsringer-Schau‹ folgte; im Volkstheater Utrechter Straße zeigte Kurt Ulrich unter dem Titel ›Lachen Jubel Frohsinn‹ ein buntes Varieté-Programm, in dem die Humoristin und Schauspielerin Lotte Werkmeister erstmalig nach dem Krieg auftrat, während Kurt Ulrich im UFA-Theater Utrechter Straße sein Programm unter den Titel ›Mit Humor geht alles‹ stellte und Günther Lüders engagierte; im Palette Varieté in der Kulturstätte Memeler Straße zeigte der Direktor Hans-Günther Werner ein Nummernprogramm mit Zauberschau, Exzentric-Step, Tanz, Akrobatik und Schnellzeichnen und kündigte als eines seiner nächsten Programme unter dem Titel ›Von Wien durch die Welt‹ einen Abend mit Erna Berger an; das Varieté am Hermannplatz zeigte in den früheren Kliems Festsälen ›Das große Weltstadtprogramm‹, angekündigt für die zweite Hälfte des Monats Oktober 1945, mit Drahtseilakten, Trapezsensationen, Rhönradschau und Gesangsnummern; in Das Varieté im Capitol-Karlshorst in der Treskowallee 96 traten Equilibristen, Trampolin-Springer, Diabolo-Spieler auf, deren Auftritte auch in russischer Sprache angekündigt wurden; das Paszotta in der Wilhelminenhofstraße 66 in Oberschöneweide, das sich als internationales Großvarieté bezeichnete, versprach seinen Besuchern eine original spanische Tanzrevue, eingerahmt von Auftritten verschiedener Artisten. Der Deutsche Hof am Moritzplatz in Kreuzberg bezeichnete sich als Varieté, Kabarett und Tanzpalast, unterschied sich aber kaum vom Programm des Volks-Theaters, das zu internationaler Varietékunst nach Wilhelmsruh in die Kronprinzenstraße 15 lud. In der Neuen Alhambra in der Badstraße 58 a trat neben Zauberkünstlern und Luftakrobaten auch der Schauspieler Wilhelm Bendow auf und im Kabarett der Mitte in der Münzstraße 12 die Typendarstellerin Olly von Lipinski, begleitet von der Kapelle Egon Jaenicke. Im Central Theater in der Reinickendorfer Residenzstraße gastierten Bernhard Etté mit seinem Schau-Orchester ebenso wie Rudi Schuricke oder Victor de Kowa. Auf allen Gebieten der darstellenden Künste artikulierte sich eine Vielfalt, die atemberaubend war: ›Gestern hatte ich Gelegenheit, einmal im Wagen durch die ganze Breite dieser Stadt zu fahren. Es war gespenstisch. Man ist an die Trümmer seiner Umwelt, seines Weges zur Arbeit, seines Bezirkes gewöhnt. Aber da wurde mir einmal bewußt, wie wenig von Berlin noch da ist. Ich fragte mich, ob wir uns nicht eigentlich nur etwas vormachen. Ich fuhr an einer Litfaßsäule vorbei, die beklebt war mit unzähligen Ankündigungen von Theatern, Opern, Konzerten. Ich sah nachher im Inseratenteil der Zeitung: an fast 20 Stellen wird Theater gespielt. Tatsächlich. Überall. In allen Bezirken. Täglich finden mindestens ein halbes Dutzend Konzerte statt. In allen Bezirken. Zwei Opernhäuser spielen ständig – welche Stadt der Welt hat das noch? Ob da nicht eine ungesunde Hausse in Kunst ausgebrochen ist, – ob es nicht nötiger ist, Handfestes zu tun, – ob der Drang vor die Bühnen und in die Lichtspielhäuser nicht etwas Leichtfertiges und Frivoles an sich hat? Ich habe es mich gefragt. Und ich habe geantwortet: Nein! Wir sind tatsächlich durch ein Tal von Schweiß und Tränen gegangen und zu Übermut, weiß Gott, ist auch heute kein Anlaß. […] Nein, Kunst ist nicht Sonntagsspaß und Schnörkel am Alltag, kein Nippes auf dem Vertiko. Kunst ist notwendig, gerade jetzt in der Not. Erst der Geist füllt das Leben und ich will in keiner Welt leben, die ohne Musik ist.‹[4]

---

1 Deutsche Allgemeine Zeitung, 25. 8. 1944.
2 Vgl. Arena der Leidenschaften. Der Berliner Sportpalast und seine Veranstaltungen 1910 – 1973, hrsg. von Alfons Arenhövel, Berlin 1990, S. 414.
3 Friedrich Luft, Vorwort, in: 25 Jahre Theater in Berlin. Theaterpremieren 1945 – 1970, Berlin 1972, S. 9.
4 Friedrich Luft, Prolog, im Februar 1946 gesprochen, in: Berliner Theater 1945 – 1961, Hannover 1961, S. 9 f.

Heimkehrer-Woche Januar 1947

Zugunsten unserer Heimkehrer finden folgende Wohltätigkeits-Veranstaltungen in der Woche vom 19. bis 25. Januar 1947 statt:

Sonntag 19. – 16 Uhr – Opernkonzert im Funkhaus, Masurenallee 8-14
Es spielt das Berliner Rundfunk-Sinfonie-Orchester, Leitung Gen.-Musikdirektor Arthur Rother
Mitwirkende: Elisabeth Grümmer, Margarete Klose, Karina Kutz, Traute Schmidt, Rita Streich, Hans Heinz Nissen, Rudolf Schock, Ludwig Suthaus, aus Zauberflöte, Figaros Hochzeit, Ein Sommernachtstraum, Lacmé, Aida, Bajazzo, La Bohème, Walküre, Tristan und Isolde, Tannhäuser.

Montag 20. – 19 Uhr – Kammermusikabend im Gemeindesaal der Luisenkirche, Kirchplatz 8
Es spielt das Prof. Rud. Bayer-Quartett, am Flügel Walter Thiele
Brahms: Streichquartett c-moll, Dvorak: Streichquartett opus 96 F-dur, Liszt: Sonate a-moll.

Dienstag 21. – 21 Uhr – Kabarett und Ball in der „Taberna academica", Hardenbergstraße
Ende gegen 5 Uhr
Es spielen die Kapellen Menzel und Huppertz, es konferiert Hanns Geert-Schnell
Es wirken mit Hilde Seipp, Erna Haffner, Georg Thomalla, Fr. Schröder, Gerhard Heinrich, Erik Garden, Dorit Serfi

Donnerstag 23. – 19,30 Uhr – Sonderveranstaltung in der „Tribüne", Berliner Straße
„Was den Damen gefällt"

Freitag 24. – 19 Uhr – Abend der Kirche im Gemeindesaal der Luisenkirche, Kirchplatz 8
Eintritt frei!
Es sprechen Generalsuperintendent D. D. Jacobi, Kanonikus Kusche
Es wirken mit Chöre der Luisengemeinde und von St. Paulus, Henriette Kühne (Klavier), Else Wilner (Sopran), Hans Hansen (Violine); Wolfgang Kühne (Rezitation), an der Orgel Helmut Fleischer.

Sonnabend 25. – Festvorstellung „Fidelio" in der Städtischen Oper, Kantstraße – L. van Beethoven

Karten im Vorverkauf an den Veranstaltungsstätten und in den bekannten Vorverkaufsstellen sowie an den Abendkassen

4362 1100 I 47 C
Buchdruckerei Karl Schulz, Charlottenburg, Schulstr. 3

Heimkehrer-Ausschuß Charlottenburg Berlin-Charlottenburg, Sophie-Charlotte-Straße 113 Telefon: 32 13 03

›Heimkehrer-Woche‹, Januar 1947. Plakat

Titelseite mit Porträt Albert Bassermann
Zeichnung: Heinrich Heuser

Theater Film Funk
Das erste Heft der illustrierten Halbmonatsschrift erschien ebenfalls im Juli 1946, herausgegeben von dem Bühnenverleger Oscar Goetz unter Mitwirkung des Dramatikers Wolfgang Goetz, des Kritikers Gerhard Grindel, des Dramaturgen Hannes Küpper, des Schriftstellers Roland Schacht und des Musikkritikers Hans Heinz Stuckenschmidt. Auch diese Zeitschrift griff die Spielplanproblematik eines zu erneuernden Theaters auf und stellte sofort die Frage: ›Was will das Theater der Gegenwart?‹ Gleichzeitig aber schärfte sie den Blick für das Vergangene, indem sie Ja-Sager in den Jahren nach 1933 und ihre Opfer benannte: Hans Brausewetter, Kurt Gerron, Max Herrmann, Leopold Jessner, Adam Kuckhoff, Hans Meyer-Hanno, Hans Otto, Max Reinhardt, Kurt Singer, Ben Spanier, Rosa Valetti, Otto Wallburg u.a. Nach einem der Opfer, dem Schauspieler Joachim Gottschalk, benannte sie einen Preis, der für die stärksten ›vorwärtsweisenden Leistungen der vergangenen Saison‹ in Höhe von 10 000 RM jährlich vergeben werden sollte. Für 1945/46 erhielten den Preis die Schauspieler Lu Säuberlich und Hans Söhnker, der Bühnenbildner Robert Herlth und der Regisseur Peter Elsholtz.
Oscar Goetz gab außerdem einen täglichen Nachrichtendienst heraus, der neben den wöchentlich erscheinenden Programmzeitschriften ›Berliner Palette‹ und ›Theaterdienst‹ die Informationen zum Berliner Theaterleben bündelte.

Das Alte zu hören, das so neu klang
Theater – zunächst im Zeichen der Versöhnung

Lothar Schirmer

Carola Neher in ›Der Dompteur‹
von Alfred Savoir, Theater am
Schiffbauerdamm, 6. 3. 1931
Zeichnung: Fred B. Dolbin

Carola Neher (1900 – 1942)
Die in München geborene jüngere
Schwester des Bühnenbildners Caspar
Neher erhielt nach Schauspiel- und
Tanzunterricht ein erstes Engagement
in Baden-Baden, kehrte 1922 nach
München, an die Kammerspiele, zurück und kam über Breslau und Frankfurt am Main, von Victor Barnowsky
engagiert, nach Berlin. Ende der
zwanziger Jahre hatte sie sich in die
erste Reihe der Berliner Schauspieler
gespielt. Für Herbert Ihering war sie
›die beste Darstellerin der Polly‹ in
Brechts ›Dreigroschenoper‹, die sie,
obwohl dafür vorgesehen, erst nach
der Premiere spielen konnte. 1933
emigrierte Neher in die ČSR, folgte
dann ihrem Mann in die UdSSR und
arbeitete mit Gustav von Wangenheim am Moskauer Deutschen
Theater Kolonne Links. Sie gab im
Klub der ausländischen Arbeiter
zahlreiche Eisler-, Weill- und Brecht-
Abende, im Mai 1935 gemeinsam mit
Alexander Granach anläßlich des
Besuches von Brecht in Moskau.
Sie sollte an Piscators Projekt des
Deutschen Staatstheaters Engels in
der Wolgarepublik mitarbeiten, wurde
aber im Zuge der stalinistischen
Säuberungen trotzkistischer
Verbindungen beschuldigt und ver-
haftet. Sie starb in sowjetischer Haft.

Die Protagonisten an den Bühnen entstammten drei Lagern, die jedoch nicht als in sich einheitliche Gruppen angesehen werden dürfen. Zunächst agierten wieder die, die in Deutschland während der Jahre des Nationalsozialismus an den Bühnen tätig waren – Schauspieler wie Horst Caspar, Eduard von Winterstein, Paul Wegener, Hans Albers; die Regisseure Boleslaw Barlog, Walter Felsenstein, Karl Heinz Martin, Heinz Tietjen, Karl Heinz Stroux; die Bühnenbildner Willi Schmidt und Rochus Gliese. Hinzu kamen die Jungen, die Schauspielschüler, die neu entdeckt wurden – Hildegard Knef, Klaus Kinski, Klaus Schwarzkopf, Inge Keller. Ein zweites Lager bildeten die Verfolgten, die inhaftiert waren und überlebten – Ernst Busch –, die im Ghetto des Jüdischen Kulturbundes eine gewisse Zeit spielen durften, um dann auch verhaftet zu werden, und überlebten – Fritz Wisten –, sowie die, die in den Widerstand gegangen waren und sich versteckt gehalten hatten – Günther Weisenborn, Werner Stein. Das dritte und heterogenste Lager bildeten die zurückkehrenden Emigranten, die aus aller Welt wieder nach Berlin kamen, manche schnell, manche zögerlich, andere wiederum erst nach Jahren. Sie vor allem versuchten, an das politische Theater der zwanziger Jahre anzuknüpfen, und von ihnen gingen auch die kulturpolitischen Debatten aus.

Regelmäßig wiederkehrend wird immer eine Kontinuität behauptet. Bruchlos werde 1945 dort angeknüpft, wo die Bühnen am 1. September 1944 aufgehört hatten zu spielen; als begründendes Argument wird auf Namen verwiesen, die in Positionen waren und nun wieder in Amt und Würden kommen. ›Für das Theater gilt nach dem Ende des Zweiten Weltkrieges und der NS-Diktatur wie für andere gesellschaftliche Bereiche als Grundzug: institutionelle und personelle Kontinuität über die deutsche Kapitulation hinweg, kein »Zusammenbruch«. Es überdauert in allen vier Besatzungszonen und in Berlin das deutsche System des »öffentlichen« Theaters, der Staats- und Stadttheater und Landesbühnen in der Trägerschaft der Länder, Städte und Kreise. Die Schauspieler, Regisseure und Bühnenbildner des Wiederanfangs 1945 waren überwiegend dieselben wie in der Nazizeit – nur die meisten Intendanten wurden erst einmal an der Fortsetzung ihrer Leitungstätigkeit durch die alliierten Kulturoffiziere gehindert.‹[1] Doch so einfach ist die Sachlage nicht, sie wird noch komplizierter, wenn die institutionelle Zuordnung der Bühnen berücksichtigt wird.

Die Berliner Staatstheater – Schauspielhaus und Opernhaus – unterstanden dem preußischen Ministerium für Wissenschaft, Kultus und Volksbildung, das seit 1933 vom Ministerpräsidenten Preußens wahrgenommen wurde, der zudem preußischer Innenminister war. Diese Machtfülle konzentrierte sich in der Person Hermann Görings, der außerdem noch Mitglied der Reichsregierung war. Eine derartige Bündelung von Macht konnte nur dazu führen, daß Gründgens, der als Schauspieler glaubhaft unterschiedliche Charaktere auf der Bühne darzustellen hat, seine Fähigkeiten auch außerhalb des Theaters anwendet und mit den politischen Kompetenzen spielt. Nichts anderes tat Gründgens, so daß sein Haus am Gendarmenmarkt, dem er als General-Intendant des Schauspiels vorstand, als eine Insel im nationalsozialistischen Berlin empfunden wurde. Denn es gelang ihm tatsächlich, seine Schauspieler zu schützen; alle mit jüdischen Frauen verheirateten Schauspieler gehörten bis zuletzt seinem Ensemble an, akut Gefährdete engagierte er und konnte sie dadurch retten. Es gelang Gründgens selbst im Falle des kommunistischen Schauspielers Ernst Busch, erfolgreich – und wahrheitswidrig – zu intervenieren, so daß Busch am 25. November 1945 notariell Gründgens eine antifaschistische Einstellung bescheinigte.[2] Ähnliche Verhaltensweisen sind von Heinz Tietjen[3], dem General-Intendanten der Staatsoper, bekannt oder von Heinz Hilpert[4], dem Intendanten des Deutschen Theaters, wenn auch in seinem Fall die politische Zuständigkeit letztlich beim Reichspropagandaminister Joseph Goebbels lag. Gerade die persönlichen Animositäten zwischen Göring und Goebbels hatten Gründgens und Hilpert zu ihren Gunsten ausnutzen können.

Nicht jeder Intendant hatte derartige Möglichkeiten des Eingreifens, nicht jeder Intendant hätte sie ergriffen, wenn er sie gehabt hätte; denn Theaterleiter, die sich mit der herrschenden Politik identifizierten, gab es zur Genüge. Manch ein Theaterleiter hatte aber gar nicht mehr die Möglichkeit des Eingreifens. Ein Beispiel nur: Im Berlin der zwanziger Jahre bildeten sich vier Theaterkonzerne, zu denen neben den Reinhardt-Bühnen, den Barnowsky-Bühnen und den Rotter-Bühnen, die unter dem Namen ReiBaRo kooperierten, die Saltenburg-Bühnen zählten. Heinz Saltenburg (1882 – 1948) leitete zeitweilig das Deutsche Künstlertheater, die Theater am Kurfürstendamm und am Schiffbauerdamm, das Lustspielhaus und das Wallner-Theater. 1925 warb er für seine Bühnen mit der nebenstehend abgedruckten Zeitungsseite. Von den 42 abgebildeten Stars, die an seinen Bühnen auftraten – nur Stars sicherten den Theaterkonzernen die Gewinne –, emigrierten außer dem Theaterdirektor 15 seiner Darsteller, von denen drei während der Emigration starben; drei weitere Schauspieler – Max Adalbert, Julius Falkenstein und John Gottowt – starben noch 1933, kurz nachdem ihnen Arbeitsverbote erteilt worden waren. Letztlich waren 19 von 42 Personen unmittelbar von den politischen Veränderungen betroffen. Nur vier von ihnen – Tilla Durieux, Ludwig Berger, Friedrich Lobe und Otto Zarek – fanden nach 1945 wieder in das Berliner Theaterleben zurück.

Das Beispiel läßt mindestens zwei Aspekte erkennbar werden: Eine nicht unbeträchtliche Zahl von Künstlern griff nicht mehr in das

Die Saltenburg-Bühnen, Ensemblemitglieder, 1925

Alexander Granach als Thomas Mimra in ›Rosse‹ von Richard Billinger Schauspielhaus am Gendarmenmarkt, 1. 3. 1933. Zeichnung: Fred B. Dolbin

Alexander Granach (1890 – 1945) Der aus Ostgalizien stammende Granach geriet als Bäckerlehrling an ein Wandertheater, kam nach Lemberg und hatte erste Auftritte in jüdischen Vereinen. 1908, in Berlin, suchte er Anschluß an anarchistische Gruppen, lernte Deutsch und besuchte Reinhardts Schauspielschule. Nach Militärdienst, Kriegseinsatz in Italien und Gefangenschaft spielte er 1918 in Wien den Spiegelberg neben Moissi in den ›Räubern‹, 1920 in München den Shylock im ›Kaufmann von Venedig‹. Seit 1921 in Berlin, arbeitete er mit allen bedeutenden Regisseuren – mit Barnowsky am Lessing-Theater in Kaisers ›Von morgens bis mitternachts‹, mit Viertel am Deutschen Theater in Bronnens ›Vatermord‹, mit Karl Heinz Martin am Großen Schauspielhaus in Tollers ›Maschinenstürmer‹, mit Fehling in Hebbels ›Nibelungen‹ und mit Jessner in Schillers ›Wallenstein‹ am Staatstheater, mit Piscator an der Volksbühne in Welks ›Gewitter über Gottland‹. Seine letzte Rolle in Berlin spielte er in ›Rosse‹ von Billinger am Staatstheater am 1. 3. 1933.
Am 29. 3. 1933 emigrierte er über Wien, Warschau – Titelrolle in der Uraufführung von Wolfs ›Professor Mamlock‹ in jiddischer Sprache –, Moskau und Zürich in die USA. Sein ›vulkanisches Talent‹ konnte er im amerikanischen Film – als Polizeiinspektor, Verbrecher, SA-Mann oder als Darsteller von Julius Streicher in ›The Hitler Gang‹ – nicht mehr entfalten.

Fritz Wisten, 1946
Foto: Werner Borchmann

Fritz Wisten (1890 – 1962)
Der in Wien gebürtige Schauspieler, Regisseur und Theaterleiter lebte ›drei Leben für das Theater‹: 1919 bis 1933 als Schauspieler in Stuttgart am Deutschen Theater, an der Volksbühne und am Württembergischen Landestheater; 1933 bis 1941 als Schauspieler und Regisseur in Berlin am Theater des Jüdischen Kulturbundes; nach 1945, nach Zwangsarbeit und Inhaftierung, als Regisseur und Intendant erneut in Berlin, zunächst am Hebbel-Theater, dann am Theater am Schiffbauerdamm, später – nach 1954 – an der Volksbühne.
An jedem Anfang dieser drei Leben stand Lessings ›Nathan der Weise‹; Wisten spielte bei seinem Debüt am Märkischen Wandertheater in Berlin die Rolle des Derwischs (6.11.1912), die er auch in der Eröffnungsvorstellung des Kulturbundtheaters spielte (1.10.1933). Schließlich begann das Deutsche Theater am 7.9.1945 seine erste Nachkriegsspielzeit mit dem ›Nathan‹, inszeniert von Wisten. ›Seine Regie war schauspielerbezogen, durchdrungen jedoch vom Gehalt des Wortes und unerbittlich, bevor der Dialog nicht auf den Punkt gebracht war. Er arbeitete mit Ruhe, Konsequenz und Gelassenheit und hatte so den Blick frei für die Begabungen, die sich unter seiner Anleitung entfalten konnten. Sein Theater stand immer gegen den Strom‹ (Martin Benrath, 1990).

Wolfgang Langhoff als Kreon und Gustaf Gründgens als Oedipus in ›König Oedipus‹ von Sophokles, Deutsches Theater, 22.12.1946. Foto: Abraham Pisarek

Lola Müthel als Anna und Gustaf Gründgens als Marquis von Keith in ›Der Marquis von Keith‹ von Frank Wedekind, Deutsches Theater, 10.6.1947. Foto: Abraham Pisarek

Plakat der Berliner Städtischen Bühnen, 2.3. bis 11.3.1947

Ernst Deutsch in ›Jud Süß‹
von Paul Kornfeld
Theater am Schiffbauerdamm,
7.10.1930
Zeichnung: Fred B. Dolbin

Ernst Deutsch (1890 – 1969)
In Prag geboren, gehörte Deutsch zum Freundeskreis um Franz Werfel. Nach Schauspielausbildung erste Engagements in Wien, Prag und Dresden; er errang mit der Titelrolle in Hasenclevers ›Der Sohn‹ 1916 als ›expressionistisch glühender‹ Darsteller seinen triumphalen Durchbruch. Seit 1917 in Berlin, vor allem am Deutschen Theater Max Reinhardts, aber auch an fast allen bedeutenden Bühnen der Stadt aufgetreten. 1933 Auftrittsverbot und Ausschluß aus der Reichstheaterkammer; daraufhin Emigration 1933 in die ČSR; 1934 Österreich, Schweiz, Belgien, Frankreich, England; 1938 USA. Deutsch spielte in New York wie in Los Angeles; im Film übernahm er vor allem Offizier- und Nazirollen unter dem Pseudonym Ernest Dorian. Er kehrte 1947 über Paris und Zürich nach Wien zurück, spielte 1947 erstmals in Salzburg den Tod im ›Jedermann‹ und trat erst 1951 wieder in Berlin auf – zunächst am Hebbel-Theater, dann am Schloßpark- und am Schiller-Theater bei Barlog. Sein später Nathan, in der Emigration gereift, ›überlegen, königlich und bescheiden, brachte ihm […] die schönste Heimkehr, die einem Darsteller großen Formats in Deutschland vergönnt war. Die Liebe und Freundschaft, die sich mit Urteil und Phantasie verband, gab diesem Ende einer großen Laufbahn einen besonderen Glanz‹ (Ludwig Berger, 1973).

Theatergeschehen nach 1945 ein, weil eine Rückkehr für sie nicht in Betracht kam oder weil die erzwungene Vertreibung für sie gleichbedeutend mit dem Tod war.

Nicht alle in Deutschland Gebliebenen waren Anhänger des Nationalsozialismus. So unterschiedlich ihre Motive, in Deutschland weiter Theater zu spielen, so unterschiedlich waren auch ihre moralischen Qualitäten, bezogen auf das System, dem sie dienten, und auf die Menschen, mit denen sie im Theater zusammenarbeiteten. Die meisten von ihnen glaubten, Traditionen im bürgerlich-konservativen Sinn bewahren zu können. Sie wollten retten, was sie als deutsche Theaterkultur verstanden. In diesem Sinne antwortete Furtwängler auf eine Frage Fehlings, ob er nicht aufgrund seiner herausragenden Stellung und besonders seiner vielen Gastspiele im Ausland fürchte, als ›Geistesvertreter des Hitlerstaates‹[5] zu gelten. So entstand eine ambivalente Situation, in der das Spiel von Rollen eingeübt wurde, während die Spielregeln von den staatlichen Stellen vorgegeben waren. Wenn dennoch eigene konzeptionelle Ideen realisiert wurden – Fehling zeigte seine Verachtung der Diktatur mehrfach in seinen Inszenierungen und entwarf in ›Richard III.‹ ein offensichtliches Goebbels-Abbild –, entsprachen sie zwar nicht den Erwartungen, standen aber auch nicht in einem feindlichen Gegensatz zu diesen. Die Bühnen wirkten systemstabilisierend[6]. Wenn dennoch traditionelle Werte bewahrt wurden, so die einer ohnmächtigen Humanität. Anders beim Wiederaufbau des Theaterlebens in Berlin nach 1945. Obwohl viele der Protagonisten der zwanziger Jahre fehlten – sie waren von den Überlebenden unvergessen –, stand zu Beginn der ›Nathan‹ und die Ringparabel: ›Es eifre jeder seiner, unbestochen von Vorurtheilen, freyen Liebe nach.‹ ›Das Alte zu hören, das so neu klang, weil es so lange verboten gewesen war, war herrlich und stimulierend. Jetzt war der Krieg vorbei. Jetzt erst nahm man wahr, daß die braune Zensur gebrochen war. Was gestern noch so blutig unterdrückt und radikal verboten war, das heute frei äußern zu hören, war unvergleichlich. Die Tür zur Welt schien wieder geöffnet.‹[7]

1 Durch den Eisernen Vorhang. Theater im geteilten Deutschland 1945 bis 1990, hrsg. von Henning Rischbieter, Berlin 1999, S. 9.
2 Vgl. Gustaf Gründgens. Briefe, Aufsätze, Reden, Hamburg 1968, S. 52.
3 Vgl. Micaela von Marcard, Hat Tietjen wirklich gelebt? Mehr als das: Der Berliner Intendant der Staatsoper zur Nazizeit war ein Widerstandskämpfer, in: Vivace, 1997/98, Heft 3, S. 20 – 23 und Heft 4, S. 32 – 35.
4 Vgl. Michael Dillmann, Heinz Hilpert. Leben und Werk, Berlin 1990, S. 115 – 118.
5 Jutta Wardetzky, Theaterpolitik im faschistischen Deutschland. Studien und Dokumente, Berlin (DDR) 1983, S. 119.
6 Vgl. Lothar Schirmer, ›Ich bin verwendbar.‹ Anmerkungen zu einer noch nicht beendeten Diskussion um Gustaf Gründgens, in: Theaterzeitschrift, 1984, Heft 7, S. 121 – 134.
7 Friedrich Luft, Vorwort, in: 25 Jahre Theater in Berlin. Theaterpremieren 1945–1970, Berlin 1972, S. 11.

Täglich neue Welten der Begeisterung entdecken
Karl Heinz Martin

Ines Hahn

Ita Maximowna, Figurine zu ›Der grüne Kakadu‹ von Arthur Schnitzler Renaissance-Theater, 7. 7. 1945

Ita Maximowna (1914 – 1988), in Rußland geboren, hatte in Paris und Berlin studiert. Karl Heinz Martin, mehrfach ausgebombt, kam nach dem Zweiten Weltkrieg in dem Glienicker Haus der Malerin und Grafikerin unter und entdeckte sie für die Bühne. Seit ihren Kostümentwürfen für seine erste Nachkriegspremiere verband sie mit ihm bis zu seinem Tode eine fruchtbare Zusammenarbeit als Bühnen- und Kostümbildnerin am Hebbel-Theater. Bald auch an anderen Berliner Bühnen für Schauspiel und Oper tätig, wirkte sie später auch in anderen deutschen Städten. Ihre internationale Karriere begann mit Arbeiten für die Salzburger Festspiele; es folgten Aufträge in Mailand, Paris, Venedig, Edinburgh, New York, San Francisco und Buenos Aires. Friedrich Luft bescheinigte ihr 1978, bei ihrem Rückzug von der Bühne: ›Sie denkt räumlich; sie schafft spielerisch. Sie ist eine kalkulierende Handwerkerin; sie organisiert die Bühne, die sie zu bestellen hat, meisterlich kalkulierend; aber sie träumt, wenn der Spielraum erst erstellt und errechnet ist, gern schwelgerisch. Sie ist eine große Praktikerin.‹

In Berlin trat Karl Heinz Martin, am 6. Mai 1886 in Freiburg im Breisgau geboren, erstmals 1919 mit der Eröffnung der Tribüne in Erscheinung, in der er sich als einer der Exponenten des Expressionismus' positionierte. Beteiligt an der Gründung des Kollektiv-Theaters Das proletarische Theater und bis 1927 Regisseur an den Reinhardt-Bühnen, übernahm er 1928 die Leitung der Volksbühne in Berlin, die nicht zuletzt auch durch seine eigenen Inszenierungen bedeutenden Aufschwung nahm. 1933 mußte er die Direktion des Deutschen Theaters aufgeben, die er innehatte, seit Max Reinhardt in die Emigration gegangen war. Aufgrund seiner politisch engagierten Arbeit als unerwünschter Regisseur eingestuft, emigrierte er nach Wien und durfte erst nach 1940 unter striktem Klassikerverbot wieder in Berlin als Gastregisseur arbeiten. Seine letzte Funktion war die eines Bühnenportiers im Schiller-Theater.

Sofort nach Einstellung der Kampfhandlungen stand Martin wieder in vorderster Reihe: Er brachte am 7. Juli 1945 die erste wirkliche Neueinstudierung eines Theaterstücks nach dem Krieg im Renaissance-Theater heraus – vorher gab es neben Kleinkunst und Aktivitäten in den Bezirken nur zwei Reprisen alter Inszenierungen. Martin inszenierte Wedekinds ›Der Kammersänger‹ und die Groteske ›Der grüne Kakadu‹ von Schnitzler. Die Zuschauer folgten vor allem Schnitzlers Stück, dessen historischer Hintergrund der Beginn der Französischen Revolution ist, mit besonderer Anteilnahme. Die vorzüglichen Darsteller, allen voran Horst Caspar als Komödiant Henri, begeisterten: ›Die letzten Worte des Bürgers Grasset, daß für jeden Volkspeiniger die Stunde der Vergeltung schlagen würde, gingen unter in einem Sturm des Beifalls.‹[1] Noch vor der Premiere trafen jedoch die westlichen Alliierten in der Stadt ein, und die Engländer beschlagnahmten das in ihrem Sektor gelegene Theater für die Bespielung ihrer Truppenangehörigen.

Aber schon am 10. August konnten die Berliner von den begeisternden Plänen des künftigen Intendanten des Hebbel-Theaters, Karl Heinz Martin, lesen: ›Ich stelle mich unabgenutzt und voller Pläne und voller neuer Ideen an die Spitze eines der beiden führenden Berliner Schauspielhäuser – entschlossen, meinen jüngeren Regisseurkameraden alle Wege zu öffnen und zu ebnen zu neuen Zielen und eigenen Visionen. Wir alle sind uns sehr bewußt, daß wir zu beginnen haben mit Aufräumarbeit: […] Lust am Werkeln, Spaß am Produzieren, Laune zur Lust und zum Spaß, alle diese verschütteten Begriffe sind wieder gelöst, und sie mit einem vergnüglichen und antispießerischen Werk wie der »Dreigroschenoper« auf eine breite Masse von Menschen zu übertragen, soll das eigene Spaß-Vergnügen zum vielfältigen Genuß machen – da wäre schon viel erreicht! Meine Bühne wird im wesentlichen das große künstlerische Zeitdrama herausstellen. Dabei wird der Spielplan versuchen, ein Spiegelbild des zukünftigen dichterischen Schaffens deutscher Dramatiker und der gegenwärtigen und kommenden Produktionen des Auslands zu sein. Doch dieses künstlerische Zeitdrama muß in bewußtem Gegensatz zu lediglich negierenden Lehr- und Tendenzstücken stehen – es wird trotz unerschrockener kritischer Umweltbetrachtung den Weg in geordnetes lebensvolles Dasein weisen!‹[2]

Mit amerikanischer Lizenz eröffnete Karl Heinz Martin das Haus am 15. August 1945 programmatisch mit der seit der Uraufführung nicht mehr gespielten und seit 1933 verbotenen ›Dreigroschenoper‹ des Emigranten Bertolt Brecht. Der Intendant entwarf, wie schon zuvor im Renaissance-Theater, das Bühnenbild selbst. Mit seiner

Hubert von Meyerinck als Macheath und Reva Holsey als Polly in ›Die Dreigroschenoper‹ von Bertolt Brecht, Hebbel-Theater, 15. 8. 1945
Foto: Abraham Pisarek

umsichtigen Regie aktualisierte er auch diesmal den Stoff. Indem er den Chor während des Finales im zweiten Akt im obersten Rang aufstellte, rückte er das Geschehen sehr nahe an die Zuschauer heran: Das vorgeführte Schicksal der Ärmsten der Armen war auch das ihre. Die Figur des Macheath, gespielt von Hubert von Meyerinck, legte er als einen Ganoven von eiskalter Glätte an. Der Abend wurde ein voller Erfolg, an dem nicht zuletzt Roma Bahn in der Rolle der schlampig-aggressiven Mrs. Peachum Anteil hatte, die in ihrer unverwechselbaren Art die Weillschen Songs vortrug.

13 Premieren zählte die erste Spielzeit, fünf davon unter Martins Regie. Sein Chefdramaturg Günther Weisenborn erinnerte sich später an diese Zeit: ›Nie werden wir seinen jugendlichen Schwung, seine festliche Neugeburt, seine herrliche Planung vergessen in jenem ersten großen Jahr des Beginns. Die täglichen Besprechungen im regendurchtropften Bürowinkel mit ihren Hoffnungen und Schwierigkeiten, die 30 Kilometer, die der Sechzigjährige täglich mit dem Fahrrad ins Theater fuhr.‹[3]

Martins zweite Regiearbeit am Hebbel-Theater war Shakespeares ›Macbeth‹, die düstere Tragödie von der Machtgier des Menschen. Über gespenstischen Dekorationen lag ein Klangteppich von bedrückender Intensität: Trompetensignale, Wirbel von Trommel und Pauke, Eulenschreie, Flötenpassagen. ›Auf der Drehbühne sind die Hexenheide aufgebaut und die Burg, deren Balkon, über der Zugbrücke, Duncan betritt. Schwarz ist der Himmel. [...] Alles begibt sich in dieser Dunkelheit, auch wenn die Krieger mit ihren Schilden zur Schlacht wanken und aus ihrem Gemenge der Verwundete stürzt, berichtend und zu Boden sinkend. Macbeth und Banquo reden die haarigen, mit Lumpen bedeckten Zauberschwestern an. Die Unholdinnen kreischen ihre Orakel. Dann verschwinden sie. Über den Nacken der dritten [...] irrt noch, phosphoreszierend wie von faulem Holz, ein blasser Reflex.‹[4] In der geschickten Bearbeitung des Stückes, getragen von dem nuancenreichen Spiel Walter Francks als Macbeth und Hilde Körbers als Lady Macbeth, wurden die Zuschauer ›gewahr, daß es sich nicht um die Flucht in die Geschichte handelt, sondern um eine innere Erhellung unserer Existenz.‹[5]

Es folgte am 6. November 1945 mit dem Stück ›Leuchtfeuer‹ des Amerikaners Robert Ardrey der aufrüttelnd menschliche Appell, sich nicht aus der Verantwortung gesellschaftlichen Handelns zu stehlen. War diese Inszenierung vor allem auf einen minutiösen Realismus gebaut, so war die zwölf Jahre verbotene ›Judith‹ von Hebbel (5. April 1946) ganz auf die Wirkung der Sprache gestellt.

Der größte Erfolg der ersten Saison wurde die Vorstadtlegende ›Liliom‹ von Molnár, in der die Berliner ihr Wiedersehen mit Hans Albers feierten. Das Stück über die vor Optimismus berstende Figur des Luftschaukelschleuderers Liliom wurde ›zu einer lebendigen Studie des Berliner Vorstadtmilieus, von kräftigem Realismus belebt auch da, wo die Handlung ins Irreale abgleitet. [...] Ueber das Spiel

Klaus Kinski, um 1947
Foto: Werner Borchmann

Klaus Kinski (1926 – 1991) wurde ohne schauspielerische Ausbildung nach Engagements in Tübingen und Baden-Baden 1946 von Boleslaw Barlog ans Schloßpark-Theater geholt und stand im Berlin der Nachkriegsjahre noch am Beginn seiner Laufbahn. Seine erste Rolle in der eindringlichen ›Ratten‹-Inszenierung von Willi Schmidt wurde von Kritikern nur am Rande wahrgenommen: ›Als Chargen tun die beiden Schauspieler-Schüler Karl-Heinz Rennert und Klaus Kinsky ihre Schuldigkeit‹ (Walter Lennig, Berliner Zeitung). Nach einer kleinen Rolle in ›Der Widerspenstigen Zähmung‹ bei Barlog folgten 1947 Aufgaben in Cocteaus ›Die Schreibmaschine‹ im Theater in der Kaiserallee und 1948 in der Langhoff-Inszenierung von ›Maß für Maß‹ am Deutschen Theater. Das Bild entstammt einer Serie von Fotos, die der junge Schauspieler vermutlich zu Bewerbungszwecken aufnehmen ließ. Sie zeigen ihn in verschiedenen Kostümierungen, vom naiv-fröhlichen Bauernjungen bis zum finster schmierigen Ganoven, seine darstellerischen Möglichkeiten demonstrierend, für die er später im Film weltberühmt wurde.

Franz Nicklisch als Banquo, Walter Franck als Macbeth sowie Fritz Rasp, Marliese Ludwig und Else Ehser als Hexen in ›Macbeth‹, von William Shakespeare
Hebbel-Theater, 2.10.1945. Foto: Werner Borchmann

Joana Maria Gorvin als Sabina in ›Wir sind noch einmal davongekommen‹ von Thornton Wilder Hebbel-Theater, 5. 7. 1946 Foto: Werner Borchmann

Joana Maria Gorvin (1922–1993) Die gebürtige Rumänin studierte an der Schauspielschule des Staatstheaters in Berlin und fand nach einigen Gastspielen ihr erstes Engagement 1941–1943 in Potsdam, bevor sie von ihrem späteren Lebensgefährten Jürgen Fehling am Staatstheater Berlin zu großen Erfolgen geführt wurde. 1945/46 spielte sie an dem nur eine Spielzeit existierenden Jürgen-Fehling-Theater in Zehlendorf das Gretchen im ›Urfaust‹ und die Aude in ›Das Grabmal des unbekannten Soldaten‹. Bis 1948 am Hebbel-Theater engagiert, ging von ihren schauspielerischen Leistungen stets stärkste Faszination aus: Sie war die triebhafte Sabina in Wilders ›Wir sind noch einmal davongekommen‹, die verführerische Helena in Giraudoux' ›Der trojanische Krieg findet nicht statt‹ und die rachebesessene Elektra in Sartres ›Die Fliegen‹. Die leidenschaftliche Expressivität ihrer Ausdrucksmittel hinterließ bleibenden Eindruck bei Publikum und Kritik, sie war eine ›erotische Nachtigall‹, die nach langjährigen Engagements in Düsseldorf und Hamburg nur noch als Gast auf den Bühnen in Zürich, Wien, München stand. Ihre letzte Rolle, in ›Schlußchor‹ von Botho Strauß, spielte sie an der Schaubühne am Lehniner Platz.

Hans Albers' etwas aussagen zu wollen, ist von vornherein verfehlt, denn Albers spielt nicht, er lebt seinen Liliom. [...] Es gibt da Szenen, die in sich vollendete kleine Charakterstudien bildeten, völlig organisch gewachsen. [...] Unwichtige Belanglosigkeiten prägen sich ein, weil auch sie erfüllt sind von prallem Leben.‹[6] Kritiker bestätigten dem Intendanten ein klug gemischtes, auch in der Unterhaltung nicht substanzloses Repertoire. Inzwischen hatte Walter Felsenstein in der Stresemannstraße Offenbachs ›Pariser Leben‹ herausgebracht, und das Zeitstück war schon in der ersten Spielzeit mit der bewegenden Inszenierung Fritz Wistens von ›Professor Mamlock‹ und Franz Reicherts Uraufführung von ›Die Illegalen‹, Weisenborns Stück über den deutschen Widerstand, vertreten. Mit Werken ausländischer Autoren machte Martin die Berliner an seinem Haus, neben eigenen Regiearbeiten, vor allem mit der vorzüglichen Stroux-Inszenierung von Wilders ›Wir sind noch einmal davongekommen‹ bekannt.

Damit war das Programm abgesteckt, mit dem das Hebbel-Theater zur führenden Bühne im Westteil der Stadt avancierte: Klassiker, Werke unlängst noch verbotener Autoren und unterhaltende Stücke mit aktuellem Bezug; neue, internationale Tendenzen – Werke von Giraudoux, Anouilh und vor allem Sartres ›Die Fliegen‹ sollten folgen. Auch vergaß Martin nicht, deutsche Dramatiker zu fördern mit Inszenierungen von Rehfischs ›Quell der Verheißung‹, Werfels ›Jacobowsky und der Oberst‹ und Borcherts Heimkehrer-Stück ›Draußen vor der Tür‹. ›Den Spielplan in engster Beziehung zur Gegenwart zu halten, das wird Hauptaufgabe und Ziel des kommenden Jahres für das Hebbel-Theater sein‹[7], formulierte der Intendant zu Beginn des Jahres 1946.

Die Förderung des Nachwuchses gelang ihm in zweifacher Hinsicht. Als Forum der Jugend gründete er das ›Studio 46‹, dessen Leitung er dem Regisseur Peter Elsholtz übertrug. Weisenborns ›Die Illegalen‹, Brechts ›Die Gewehre der Frau Carrar‹ und ›Der Jasager‹ kamen hier heraus. Neben arrivierten Regisseuren wie Jürgen Fehling, Fritz Wisten, Erich Engel machte der Bühnenbildner Willi Schmidt erstmals auch als Regisseur auf sich aufmerksam, und mit Franz Reichert, Karl Heinz Stroux und Rudolf Noelte trugen Regisseure der jüngeren Generation unter Martins Hand zum Ruf des Hebbel-Theaters bei. Der schauspielerische Nachwuchs wurde seit 1946 an diesem Theater durch die Schauspielschule des Hebbel-Theaters, deren Leitung der Schauspieler Ernst Schröder innehatte, gefördert. Als Absolvent dieser Schule kam Klaus Schwarzkopf direkt an das Schloßpark-Theater. Pläne, dem Hebbel-Theater ein Filmstudio anzugliedern, scheiterten.

Martin liebte das Experiment und war für neue Ideen immer offen. Als künstlerisches Vermächtnis kann gelten: ›Wir haben alle Arten Theater gespielt und uns vor keinem Versuch, vor keiner Neuigkeit, vor keiner Philosophie, vor keiner fortschrittlichen politischen

Hans Albers als Liliom und Erna Sellmer als Frau Muskat in ›Liliom‹ von Franz Molnár, Hebbel-Theater, 25. 4. 1946. Foto: Abraham Pisarek

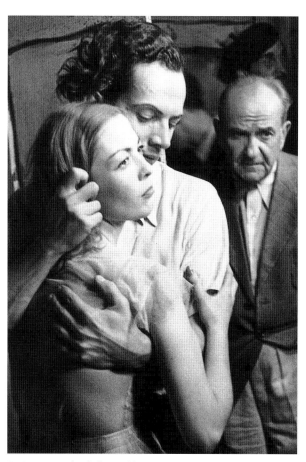

Bettina Moissi und Paul Edwin Roth bei einer Probe mit Karl Heinz Martin zu ›Eurydike‹ von Jean Anouilh, Hebbel-Theater, 3. 9. 1947. Foto: Abraham Pisarek

Szenenfoto zu ›Nachtasyl‹ von Maxim Gorki mit Aribert Wäscher (Mitte links) und Ernst Busch (Mitte rechts), Volksbühne des Hebbel-Theaters in der Kastanienallee 28.6.1946. Foto: Werner Borchmann

Walter Süßenguth als Pianist Gustav Heinck in ›Das Konzert‹ von Hermann Bahr Hebbel-Theater, 29.10.1948 Foto: o. A.

Walter Süßenguth (1900/1903 –1964) kam nach der Ausbildung am Dresdener Konservatorium über Gera, Plauen, Erfurt, Hannover, Königsberg und Hamburg erstmals 1936 nach Berlin. Nach einem erneuten Intermezzo in Hamburg wirkte der Schauspieler bis 1944 am Schiller-Theater der Reichshauptstadt. Das Berliner Nachkriegspublikum sah sein markantes Gesicht bis 1952 vor allem am Hebbel-Theater, dessen künstlerischer Leiter er dann wurde. Die Vorzüge seiner virtuos-artistischen Darstellungskunst traten besonders bei Rollen zutage, die er komödiantisch auslegen konnte. Unvergessen die brillante Darstellung eines herzenbrechenden Musikgottes in ›Das Konzert‹, bei dem er selbst Regie führte, und Goethes ›Großkophta‹, den er 1950 im Theater am Schiffbauerdamm mit seinem schillernden Spiel zu einer kleinen theatralischen Sensation machte. Auch in ernsteren Rollen des klassischen und modernen Faches zeigte er seine Vielseitigkeit. Süßenguth war auch am Schloßpark-Theater und am Schiller-Theater zu sehen, inszenierte an Fritz Wistens Volksbühne, ging dann an die Hamburger Kammerspiele, später ans Schauspielhaus Zürich.

Lebensanschauung gescheut, und dadurch haben wir uns auch in die Lage versetzt, Angriffsflächen für eine [...] Kritik [zu bieten], deren Kardinalvorwurf, unser Spielplan räume dem dekadenten Pessimismus einen gefährlich großen Platz ein, immer wieder von einem Publikum entkräftet wurde, das [...] sehr wohl zu unterscheiden wußte zwischen intellektueller Koketterie und der ewigen Suche nach Wahrheit des Lebens und des Todes. Amerikanische, russische, französische, österreichische und deutsche Dramatik kam zu Wort. Der Stil der Aufführung wurde vom Charakter des Stückes bestimmt und war ebenso mannigfaltig wie das Programm. [...] den Menschen auf dem schmalen Pfad der Kultur zu leiten, bis er ein Ganzes wird mit der Zivilisation, dem Humanismus und der Freude am Leben. Wer den Weg eines kulturellen Aufbaus einmal beschreitet, [...] entdeckt täglich neue Welten der Begeisterung. Und diese Begeisterung, die gerade das Theater zu vermitteln vermag, [...] zeigt uns, daß die Grenzen des politisch-aktivistischen Theaters erheblich weiter gesteckt sind, als viele kritische Stimmen es vorgeben wollen.‹[8]

Mit gleichem Elan verfolgte er den Wiederaufbau des Theaters der Volksbühne: kümmerte sich um die Sicherung des Gebäudes, den Fundus und wurde nicht müde, ihre Bedeutung als ein Theater der arbeitenden Menschen zu betonen. So schrieb er im Juni 1945 an Gustav von Wangenheim: ›Ich bin leidenschaftlicher als je dieser Idee und diesem Theater, das in seiner Begründung die vorbildlichste sozialistische Leistung der ganzen Welt war, [...] verschworen und glaube fest, daß gerade der *Begriff* Volksbühne bestehen und wiederaufleben muß.‹[9] Als aber die Organisation der Volksbühnenbewegung ins Stocken geriet, eröffnete er im Mai 1946 kurzerhand mit sowjetischer Lizenz in der Kastanienallee die Volksbühne des Hebbel-Theaters. Ein Jahr später wurde er mit Gründung des Bundes Deutscher Volksbühnen dessen erster Vorsitzender und erhielt nach dem Beschluß zum Wiederaufbau des Gebäudes von der SMAD zusammen mit Heinz Wolfgang Litten und Alfred Lindemann die Lizenz zum Betrieb der Volksbühne, deren Fertigstellung 1954 er nicht mehr erlebte. Karl Heinz Martin starb am 13. Januar 1948 in Berlin.

1 Ilse Jung, Tägliche Rundschau, 10.7.1945.
2 Karl Heinz Martin, Gespräch mit Karl Heinz Martin, in: Das Volk, 10.8.1945.
3 Günther Weisenborn, Rede, gehalten auf der Feierstunde für Karl Heinz Martin am 18.1.1948 im Hebbel-Theater, Typoskript, Theatersammlung Stadtmuseum Berlin.
4 Paul Wiegler, Allgemeine Zeitung, o. D., Zeitungsausschnitt, Stadtmuseum Berlin.
5 G. H. Theunissen, in: Programmheft ›Macbeth‹, Hebbel-Theater, 2.10.1945.
6 Ilse Jung, Tägliche Rundschau, 27.7.1946.
7 Karl Heinz Martin, Tägliche Rundschau, 1.1.1946.
8 Karl Heinz Martin, Vorschau und Rückblick, 1947, Typoskript, Theatersammlung Stadtmuseum Berlin.
9 Karl Heinz Martin an Gustav von Wangenheim, 22.6.1945, Typoskript, Theatersammlung Stadtmuseum Berlin.

Und endlich wieder tanzen
Unterhaltungsmusik nach 1945

Anne Franzkowiak

Plakat, 1949

Der Hot-Club Berlin
Die 1934 nach französischem Vorbild gegründete Interessengemeinschaft von Jazz-Liebhabern, geleitet von Hans Blüthner, veranstaltete am 5. Juni 1947 die erste Jam-Session nach dem Krieg. Amateure und Berufsmusiker trafen sich hier zum Stegreif-Spiel, zunächst in einem Lokal in der Kantstraße, später in der Femina und im Delphi-Palast. Hier bestimmten die Rhythmen von Stan Kenton und Dizzy Gillespie die Nächte, gespielt von den besten Jazz-Musikern der Stadt. Presse, Rundfunk, Vertreter der Plattenfirmen sowie auch Angehörige der Alliierten verfolgten zunächst den neuen Aufbruch. Breitenwirksam war der Jazz jedoch nicht, die Mehrheit des Publikums wandte sich eher der leichten Unterhaltungsmusik zu. Auftrieb erhielt der Jazz noch einmal mit dem ersten amerikanischen Import nach dem Kriege, dem Trompeter Rex Stewart, der im Juli 1948 im Titania-Palast gastierte. Nach 1949 erhielt der Jazz ein Podium in der Badewanne in der Nürnberger Straße.

Mit dem Ende des Zweiten Weltkrieges war jene Ära der Vergnügungskultur, die Berlin einst auszeichnete, endgültig vorbei. Die zwischen Leipziger Straße und Kurfürstendamm gelegenen mondänen Tanzpaläste waren in der Berliner Trümmerlandschaft begraben worden. Das Bedürfnis jedoch, wieder zu tanzen, sich zu unterhalten, zeigte sich mehr denn je. Unaufwendig und schnell improvisiert, konnten vor allem die Klänge der leichten Muse die Schrecken des Krieges und den beschwerlichen Neubeginn für einen Moment vergessen lassen. In den wenigen noch erhaltenen Vergnügungsetablissements wurde nicht nur die Tanzlust bedient; in ihnen entstanden auch Sammelbecken für Schieber und Schwarzhändler. Zigaretten und Spirituosen, zu Schwarzmarktpreisen verkauft, sicherten erhebliche Einnahmen und ließen das Gaststättengewerbe florieren. Musiker konnten so engagiert und gut bezahlt werden. Das gebotene Repertoire knüpfte an das der Vorkriegsjahre an. Bewährte Tanzschlager von Werner Bochmann und Franz Grothe waren zu hören, und wohl jede Kapelle spielte Gerhard Winklers ›Capri-Fischer‹. Dieser Titel war zunächst mit Magda Hain, dann mit dem Tenor Rudi

Der Komponist Michael Jary, 1942. Foto: o. A.

Schuricke 1943 aufgenommen worden, dessen Interpretation den außergewöhnlichen Erfolg begründen sollte. Doch die Schallplatte erschien nicht mehr, der Titel wurde verboten, weil Italien sich im gleichen Jahr mit den Alliierten gegen Deutschland verbündet hatte. So konnten die ›Capri-Fischer‹ zum erfolgreichsten Nachkriegsschlager werden. Dennoch blieb die Nachfrage nach deutschen Kompositionen eher begrenzt. Das Publikum verlangte überwiegend jazzige amerikanische Tanzmusik. Swing und Jazz – seit 1935 in Deutschland unerwünscht – hatten den Krieg im Verborgenen, mit den Schallplatten und den Programmen der Soldatensender überlebt. Jetzt brachte die amerikanische Besatzungsmacht diese Musik wieder nach Berlin zurück. Der Sound amerikanischer Big Bands bestimmte die Sendungen des AFN (American Forces Network) und prägte den Geschmack. Deutsche Musiker konkurrierten um Engagements in den Army-Clubs. Wichtige Impulse gingen von den Jazzinterpretationen amerikanischer Musiker aus, die den aktuellen Bebop spielten. Jazz-Schallplatten, mit denen die Soldaten der US-Armee im Krieg versorgt wurden, standen deutschen Musikern nun zur Verfügung, oft sogar gekoppelt mit den dringend benötigten Druck-Arrangements. Überdies kam es vor, daß Musiker hier neue Instrumente erhielten. Zugleich lockte als begehrtes Zahlungsmittel die ›Zigarettenwährung‹. Nach den zwölf Jahren reglementierter Kulturpolitik in Deutschland entstand für den Augenblick eine liberalisierte Atmosphäre, die eine experimentelle musikalische Phase in der Vier-Sektoren-Stadt zuließ.

Bereits im Mai 1945 sendete der Berliner Rundfunk in der Masurenallee – besetzt von der sowjetischen Militärregierung – im Unterhaltungsprogramm wieder Jazz und Swing. Mit Hilfe des Komponisten Michael Jary, der wie viele Unterhaltungskünstler seine Vorkriegskarriere nahtlos fortsetzte, wurde das Radio Berlin Tanzorchester (RBT) gebildet. Am 27. Mai 1945 fand das erste Konzert unter seiner Leitung im Sendesaal in der Masurenallee statt. Zu den 48 Mitgliedern zählten Spitzenmusiker wie Baldo Maestri (Saxophon, Klarinette), Fritz Schulz-Reichel (Klavier), Italo Scotti (Trompete), Ilja Glusgal (Schlagzeug, Gesang), Erwin Lehn (Klavier) und der Sänger Bully Buhlan. Schnell wurde das Orchester zur führenden Big Band Deutschlands. Neben erstklassigen Arrangements von Jazz-Titeln wie ›Skyliner‹, ›Nobodys Sweetheart‹ oder ›Chattanooga Choo Choo‹, in der deutschen Version ›Der Kötzschenbroda Expreß‹, entstanden beachtliche Eigenkompositionen. Erwin Lehn schrieb 1947 ›Swing it, Mr. Kreutzer‹ und ›Burlesker Swing‹ – sie wurden Erfolgstitel, die neben zahlreichen anderen Einspielungen beim Schallplatten-Label ›Lied der Zeit‹ aufgenommen wurden. 1946 zeigte sich das RBT-Orchester mit George Gershwins ›Rhapsodie in Blue‹ auch für den

Bully Buhlan, Solointerpret des RBT-Orchesters, gehörte bis weit in die 50er Jahre zu den beliebtesten Schlagersängern. Notenblatt, Froboess & Budde Verlag, Berlin 1947

Marcel André, 1945
Foto: Werner Borchmann

Marcel André (1912–1980)
Der gebürtige Wiener kam nach seiner Ausbildung zum Damenschneider in den dreißiger Jahren nach Berlin und war zunächst als Kostümbildner bei der Firma Theaterkunst AG angestellt. Kurzzeitig kriegsverpflichtet, gründete er zu Beginn der vierziger Jahre mit einem Herrenschneider das Atelier ›Hermann und André‹. Bühnenkünstlerinnen wie Rosita Serrano, Margarethe Slezak, die Tänzer Liselotte Köster und Jockel Stahl stattete er mit Gewändern von einzigartiger Eleganz aus. Sein verblüffendes Improvisationstalent führte ihn selbst auf die Bühne. Er übernahm 1944 die Hauptrolle in einer Ballettpantomime ›Ein Fest bei König Bobby‹, von Jockel Stahl und tanzte als Autodidakt mit dem Ballett der Plaza. Nach dem Krieg war er in bunten Programmen im Renaissance-Theater zu erleben, in denen er Zarah Leander und Rosita Serrano imitierte, und trat im Kabarett der Komiker als ›lustige Witwe‹ auf. Seine Arbeit als Kostüm- und Bühnenbildner setzte er an verschiedenen Berliner Bühnen fort wie auch seine Darbietungen als Travestie-Künstler.

*Evelyn Künneke
im Kleid von Marcel André, 1944
Foto: J. Fellinga*

Evelyn Künneke (1921–2001)
Als Tochter des berühmten Berliner Operetten-Komponisten geboren, wurde sie in Berlin mit ihren außergewöhnlichen Steptanz-Darbietungen in der Scala und im Wintergarten bekannt. Nachdem sie bei Victor Gsovsky Ballettunterricht erhalten hatte, wurde sie als Solo-Tänzerin an die Staatsoper verpflichtet. Ihre Gesangskarierre begann in den vierziger Jahren. Musikalisch vor allem für Swing-Interpretationen geeignet, war sie eine beliebte Sängerin für die Truppenbetreuung. ›Sing, Nachtigall sing‹, von Michael Jary für sie geschrieben, wurde mit ihr bis nach Stalingrad exportiert. Von 1945 bis 1947 sang sie als Solistin beim RBT-Orchester. In den folgenden Jahren arbeitete sie als Sängerin für Rundfunk- und Schallplattenaufnahmen sowie als Darstellerin in Musikfilmen. Bis zuletzt stand Evelyn Künneke auf der Bühne, gemeinsam mit Helen Vita und Brigitte Mira in dem Nummernprogramm ›Drei alte Schachteln‹ in der Bar jeder Vernunft.

symphonischen Bereich berufen. Seit der Berliner Erstaufführung 1926 mit Paul Whiteman war dieses Werk von keinem Konzertpodium der Stadt mehr zu hören gewesen. Ähnlich verdienstvoll war 1948 eine Interpretation der ›Rhapsodie in Blue‹ vom RIAS-Symphonie-Orchester, das Sergiu Celibidache im Titania-Palast dirigierte. Das dem Jazz verwandte Werk, von einem symphonischen Orchester gespielt, entrüstete die Berliner Konzertkritiker erheblich. Musikzeitschriften wie ›Melodie‹ und ›4/4‹, die wiederholt ein Diskussionspodium für Jazz und Swing boten, lobten hingegen die avantgardistische Haltung Celibidaches, endlich eine Brücke zwischen E- und U-Musik geschlagen zu haben.

Doch der hoffnungsvolle musikalische Neubeginn begleitete nur die kurze Zeit des ersten Besinnens nach dem Krieg. Berlin bot auf Dauer kein sicheres Podium. Die ungewisse Zukunft der Stadt während der Blockade, wiederkehrende Kriegsangst und die Währungsreform 1948 ließen für viele Künstler keine hinreichende Lebensbasis erkennen, viele suchten ihre Sicherheit im Westen Deutschlands. Ein bis dahin reiches Musikleben begann zu erlöschen. Vor allem die Musiker der Tanzkapellen verloren infolge der Währungsreform unversehens ihre Arbeit. ›So still ist noch kein Konzertwinter gewesen, so spärlich und lückenhaft bot sich bisher keine Programmvorschau. Und niemals haben die Künstler so hoffnungslos einer beginnenden Saison entgegenzuschauen brauchen, wie der

Kurt Hohenberger (1908 – 1979) gehörte seit den dreißiger Jahren zu den führenden Swing-Trompetern. Mit seinem Orchester, das er 1937 gegründet hatte, war er auch nach Kriegsende in Berlin mit brillant ausgefeilten Arrangements und den so typischen Sweet-Stil zu hören. Foto: Werner Borchmann, 1946

Helmut Zacharias und seine Frau Hella mit Coco Schumann, Berlin 1947. Foto: o. A.

Das Orchester Alfons Wonneberg in einer ersten Besetzung von 1947. Seit den fünfziger Jahren gehörte sein Tanz- und Unterhaltungsorchester zu den führenden Kapellen in der DDR. Foto: Norbert Prudlik

Coco Schumann, 1946
Foto: Kolbe

Coco Schumann (geb. 1924)
Er begann 1940, Gitarre und Schlagzeug in wechselnden Formationen zu spielen. Swing und Jazz bestimmten schon früh sein Repertoire. Der berühmte Saxophonist Tullio Mobiglia engagierte ihn 1942 für sein Orchester in der Rosita-Bar. Noch gelang es ihm, trotz seiner jüdischen Herkunft öffentlich aufzutreten. 1943 wurde er nach Theresienstadt deportiert. Die Musik half ihm, als Mitglied der Ghetto-Swingers zu überleben. Die von Martin Roman, dem Pianisten der legendären Weintraub Syncopators, in Theresienstadt geleitete Kapelle unterhielt mit dem offiziell verbotenen amerikanischen Jazz. Im Mai 1945 kehrte Schumann nach Berlin zurück und gehörte zu den Musikern der ersten Stunde. Im Helmut-Zacharias-Quartett spielte er ein Repertoire, das alle musikalischen Genres, die im Nachkriegs-Berlin gefordert waren, bediente. Von 1950 bis 1954 lebte er in Australien, doch die Musik führte ihn nach Berlin zurück. In seiner Geburtsstadt ist er noch heute als Jazz- und Swing-Gitarrist zu hören.

kommenden. [...] Wo noch lange Zeit nach dem Kriege Geldüberschuß und der Mangel an den für den praktischen Alltag nützlichen Dingen sogar die Konzerte unbekannter und oft wenig berufener Künstler füllten, muß nun selbst der berühmte Solist erfahren, daß dem Menschen gegenwärtig die materiellen Bedürfnisse näherstehen als das künstlerische Erlebnis.‹[1]

Neben den existentiellen Nöten ließen die Verordnungen der neuen Kulturpolitik im sowjetisch besetzten Sektor der Stadt Berlin zunehmend unattraktiv werden.

Themen und Stilistik der Musik sollten nicht mehr amerikanischen Vorbildern folgen, nun war eine realistische, von Illusionen und Sentimentalitäten freie Tanzmusik gefragt. Die DDR-Zeitschrift ›Musik und Gesellschaft‹ veröffentlichte seit 1951 Beiträge über Aufgaben und Inhalte der neuen Unterhaltungsmusik. Ernst Hermann Meyer, Komponist des ›Mansfelder Oratoriums‹ (1950), schrieb über die Gefahren, die aus dem ›amerikanischen Schlagerkitsch‹ drohten. ›Der heutige Boogie-Woogie ist ein Kanal, durch den das Gift des Amerikanismus eindringt und die Gehirne der Werktätigen zu betäuben droht. Diese Bedrohung ist ebenso gefährlich wie ein militärischer Angriff mit Giftgasen – wer wollte sich nicht gegen eine Lewisitattacke schützen?‹[2]

Unter diesem Druck löste sich das RBT-Orchester auf. Musiker und beide Dirigenten, Horst Kudritzki und Erwin Lehn, die nach Michael Jarys Weggang 1946 die Leitung übernommen hatten, kündigten im Mai 1950 beim Berliner Rundfunk. ›Mit der fortschrittlichen Tanzmusik des Ostens wolle man nichts zu tun haben‹, war am 6. Mai 1950 in der Zeitung ›Der Tag‹ zu lesen. Nur wenige ›tragbare‹ Musiker wurden in das neu gegründete Tanzorchester des Berliner Rundfunks übernommen. Eine Zukunft hatte der verbliebene Teil des Orchesters auch im Westteil der Stadt nicht. Das Interesse an der Musik der Big Bands verebbte langsam, der Schlager der kommenden Wirtschaftswunder-Jahre begann sich zu etablieren.

Jazz um Mitternacht, Ankündigung vom 25.12.1950

1 Hans Gran, Schweigen über leeren Konzertsälen, in: Das Notenpult. Fachblatt für den Berufsmusiker, 12/1948, S. 4.
2 Ernst Hermann Meyer, Realismus – die Lebensfrage der deutschen Musik, in: Musik und Gesellschaft, 2/1951, S. 42.

Berlin ruft Wilhelm Furtwängler
Zwischenspiel am Dirigentenpult

Anne Franzkowiak

*Ferenc Fricsay mit Heinz Tietjen, 1950
Foto: Harry Croner*

Ferenc Fricsay (1914–1963)
Von 1934 bis 1944 leitete er die Oper und die Philharmonie in Szeged. Als Musikdirektor der Budapester Oper 1945 lernte er den Dirigenten Otto Klemperer kennen. Wegen dessen Erkrankung vertrat Fricsay ihn 1947 kurzfristig für die Uraufführung der Oper ›Dantons Tod‹ von Gottfried von Einem in Salzburg mit großem internationalen Erfolg, der den Weg nach Berlin, zu einer sprunghaft beginnenden Dirigentenkarriere, ebnete. Von 1949 bis 1952 war er Generalmusikdirektor der Städtischen Oper Berlin und zugleich (bis 1954) Leiter des RIAS-Symphonie-Orchesters. Mit sorgfältigen Proben, intensiver Arbeit am Detail und präziser werkgetreuer Wiedergabe bildete er das Orchester zu einem international anerkannten Ensemble heran, das sich vor allem den zeitgenössischen Werken in den regelmäßig im Titania-Palast stattfindenden Sinfonie-Konzerten wie auch mit zahlreichen Schallplatteneinspielungen widmete.

›Märchenstille liegt jetzt in der Nacht über den Straßen Berlins. Keine Bahn fährt, kaum einmal ein Fahrzeug, höchstens einer der schnellen Flitzer der Besatzungsmächte; nur ab und zu zieht ein einsamer Wanderer seines Weges. Auch die Schloßstraße in Steglitz liegt sonntags nachts in solch kleinstädtischer Stille. Nur an zwei Stellen tut sich was. An einem Schuhgeschäft steht ein gutes Dutzend Menschen, Reparaturen sollen am Montagmorgen da angenommen werden. Wohl zehnmal so groß ist die Schar derer, die sich am Titania-Palast versammelt hatten, um rechtzeitig zum Vorverkauf für das Furtwängler-Konzert zur Stelle zu sein. Nach Schuhsohlen kann man sich alle acht Tage anstellen, Furtwängler kommt bestenfalls alle halbe Jahre zu uns.‹[1]

Einem unverzichtbaren Lebensmittel gleich wurden die Konzerte Wilhelm Furtwänglers erwartet, doch blieben musikalische Höhepunkte wie diese im Nachkriegs-Berlin rar. Vergleichbare Begeisterungsstürme lösten vielleicht nur die Auftritte des sowjetischen Alexandrow-Ensembles mit seinen Tänzen und Gesängen auf dem Gendarmenmarkt im Oktober 1948 aus. International renommierte Künstler wie Bruno Walter, Arnold Schönberg und Paul Hindemith, die der einstigen Konzert-Metropole neue Impulse hätten geben können, hielten sich fern. Allein der amerikanische Geiger Yehudi Menuhin kam im Herbst 1947 nach Berlin und setzte mit seinem Besuch zugleich ein Zeichen der Versöhnung. Seine Konzerteinnahmen spendete er u. a. dem Philharmonischen Orchester und der Hochschule für Musik. Doch an ein international geprägtes Konzertpodium war in Berlin vorerst nicht zu denken. Die Sektorengrenzen erschwerten den Gästen die Einreise, die Versorgung Berlins blieb auf

Yehudi Menuhin, 1947 zu Gast in Berlin. Foto: Abraham Pisarek

lange Zeit mühsam. So erhielten prominente Künstler wie – zum Beispiel – das berühmte Amsterdamer Streichquartett bei einem Gastspiel 1948 oft nicht die ihnen zustehende Lebensmittelkarte höchster Stufe, da es dem Bearbeiter im Haupternährungsamt unbekannt war. Die sich in diesem Jahr bereits abzeichnende Spaltung ließ selbst innerhalb Berlins die Sektorengrenzen zu nur schwer überwindlichen Barrieren werden. Die kulturelle Spaltung der Stadt begann. Als Reaktion auf die Blockade 1948/49 verbot die amerikanische Militärregierung im Oktober ihrem ›größten kulturellen Aktivposten‹, dem Philharmonischen Orchester, in der sowjetischen Besatzungszone aufzutreten. Erhebliche Einbußen hatte auch die erst 1946 von den Musikoffizieren der Besatzungsmächte gegründete interalliierte Musikbibliothek im Ostsektor zu verzeichnen. Vollständige internationale Orchestermaterialien, mit denen an das musikalische Schaffen des Auslandes angeschlossen werden sollte, wurden nun von den Westmächten zurückgefordert. Dazu gehörten vor allem die Werke Samuel Barbers, Cole Porters, William Schumans, Benjamin Brittens und Olivier Messiaens.

An den Folgen der Währungsreform 1948 zerbrachen Berliner Orchester, die erst mit dem kulturellen Aufbruch im Mai 1945 entstanden waren. Viele, oft mittelmäßige Konzerte, dezentral an die Stadtbezirke gebunden, fanden nun kein zahlendes Publikum mehr. Auch die großen, traditionsreichen Orchester der Stadt mußten um ihren Bestand fürchten. Erstklassige Musiker der Staatskapelle und des erst 1946 gegründeten Orchesters des Berliner Rundfunks wurden vom 1948 gebildeten RIAS-Symphonie-Orchester abgeworben. Nicht nur die Lücken im Orchestergraben mußten geschlossen werden. Vor allem galt die Sorge den Dirigentenpositionen der Orchester. Ernst Legal, Intendant der Staatsoper, versuchte wiederholt, diese Stelle mit einem ›Hoffnungsträger‹ zu besetzen. Leo Blech ging nach halbherziger Zusage 1949 schließlich in den britischen Sektor, zu Heinz Tietjen an die Städtische Oper. Erich Kleiber zog seine 1951 gegebene Zusage, vermutlich aus Bedenken vor einer reglementierenden Kulturpolitik im sowjetischen Sektor, später zurück. So war der bisherige Dirigent Johannes Schüler allein mit den Opern- und Konzertaufführungen belastet. Zuvor hatte Ernst Legal allerdings um einen anderen geworben. ›Berlin ruft Wilhelm Furtwängler‹ war am 16. Februar 1946 auf der Titelseite der ›Berliner Zeitung‹ zu lesen. Neben ihm riefen Dr. Arthur Werner, der Berliner Oberbürgermeister, Johannes R. Becher, Eduard von Winterstein, Sergiu Celibidache u. a. den Dirigenten zur ›schöpferischen Mitarbeit beim Aufbau einer neuen Musikkultur‹ auf. Wiederholt interessierte sich die Presse der sowjetischen Besatzungszone für Wilhelm Furtwängler. Die Sowjetische Militäradministration versuchte unverzüglich, Künstler und

Wilhelm Furtwängler während einer Probe mit der Staatskapelle im Admiralspalast im April 1947. Foto: Werner Borchmann

Programmheft (Titelseite), 1948

Der Titania-Palast

Mit dem Ende des Krieges waren die Philharmonie und nahezu alle Stätten des einstigen Berliner Konzertlebens unter den Trümmern begraben. Zu den wenigen erhaltenen großen Saalbauten gehörte der 1928 als Lichtspieltheater erbaute Titania-Palast in Steglitz. Beschlagnahmt von der amerikanischen Militärregierung, diente das Gebäude vor allen für die Unterhaltung der US-Truppen. Im Mai 1945 fand hier das erste öffentliche Nachkriegs-Konzert der Berliner Philharmoniker statt. Für fast ein Jahrzehnt wurde der Titania-Palast Zentrum des Berliner Musiklebens. Seit 1951 fanden hier die ›Berliner Festwochen‹ statt. Mit 2000 Plätzen war Raum für musikalische Veranstaltungen aller Genres gegeben. Aufgrund der immer wieder bemängelten Akustik wurde der Innenraum 1949 komplett umgebaut und die markante Bühnenmuschel entfernt. Eine befriedigende akustische Lösung wurde dadurch nicht erreicht. Verbesserte Konzertbedingungen entstanden erst mit dem 1954 eingeweihten Konzertsaal der Hochschule für Musik und letztlich 1964 mit dem Neubau der Philharmonie am Kemperplatz.

Leo Borchard, 1945
Foto: Abraham Pisarek

Leo Borchard (1899 – 1945)
Bereits in den dreißiger Jahren hatte der in Moskau geborene Dirigent in Berlin als Korrepetitor an der Städtischen Oper gearbeitet. Unter großem Aufwand gelang es ihm, im Mai 1945 ehemalige Musiker des Philharmonischen Orchesters zu sammeln, Noten und Instrumente wie auch Proben- und Geschäftsräume zu beschaffen. Nach nur kurzer Probenarbeit leitete er das erste Konzert im Titania-Palast am 26. Mai 1945 mit der Ouvertüre zu ›Ein Sommernachtstraum‹ von Felix Mendelssohn-Bartholdy, dem Konzert für Violine und Orchester A-Dur von Wolfgang Amadeus Mozart und der Symphonie Nr. 4 von Peter Tschaikowski. Zugleich war er für die vom Kunstamt Zehlendorf veranstalteten Abendmusiken mit dem Philharmonischen Orchester im Park des Hauses am Waldsee verpflichtet. Diesem raschen musikalischen Auftakt wurde am 23. August 1945 ein jähes Ende gesetzt, als Leo Borchard versehentlich von einer Kugel aus dem Maschinengewehr eines amerikanischen Postens in der Nähe der britisch-amerikanischen Sektorengrenze am heutigen Bundesplatz getroffen wurde.

Intellektuelle für sich zu gewinnen, um das Berliner Kulturleben wiederherzustellen, was zu einem dementsprechenden Umgang mit politisch vorbelasteten Personen führte. So wurde Wilhelm Furtwängler 1946 kurzerhand mit einer sowjetischen Militärmaschine aus der Schweiz nach Berlin geholt, um vor Ort über diese Position zu verhandeln. Zu dieser Zeit stand er noch auf der ›Schwarzen Liste‹ der Amerikaner. Sein Arbeitsverbot hatte sich auf seinen Titel als Preußischer Staatsrat sowie auf sein Amt als Vizepräsident der Reichsmusikkammer gegründet. Wiederholt im offenen Widerspruch zur nationalsozialistischen Kulturpolitik, die ihn geschickt zu nutzen verstanden hatte, war er bis 1944 Leiter des Philharmonischen Orchesters geblieben. Wohl auch Furtwänglers Verbundenheit zu seinem Orchester dürfte ihn bewogen haben, Legals Angebot abzulehnen.

Erst am 30. April 1947 wurde seinem Entnazifizierungsantrag stattgegeben. Daraufhin dirigierte er im April und Mai 1947 das Philharmonische Orchester mit einem Beethoven-Programm im Berliner Titania-Palast und die Staatskapelle mit Werken von Richard Strauss, Peter Tschaikowski und Ludwig van Beethoven. Eintrittskarten zu diesen Konzerten wurden auf dem Schwarzmarkt zu Höchstpreisen gehandelt. Mit nicht enden wollenden Ovationen feierte das Berliner Publikum seinen Dirigenten. Obwohl Furtwängler mit seiner spätromantischen Musikauffassung wohl eher das Ideal einer vergehenden Epoche verkörperte, verband das Publikum mit seinem Auftritt den Neubeginn der deutschen Musikkultur schlechthin. Diesem Wohlwollen derer, die, wie Wilhelm Furtwängler auch, die Schrecken der vergangenen zwölf Jahre im Lande überstanden hatten, stand

Sergiu Celibidache bei Probenarbeiten im Titania-Palast mit dem Philharmonischen Orchester, 1946. Foto: Harry Croner

Sergiu Celibidache bei Probenarbeiten im Titania-Palast mit dem Philharmonischen Orchester, 1946. Foto: Harry Croner

die scharfe Ablehnung vieler Emigranten entgegen, die ihn aus der Ferne als Sympathisanten der Naziherrschaft sahen. Erika Mann, Korrespondentin für eine New Yorker Zeitung, sendete aus Zürich ihren Bericht über das erste Furtwängler-Konzert in Berlin. Gestützt auf die Aussagen Mr. Erich Clarkes, Ressortleiter der amerikanischen Kontrollbehörde, rückte sie das Befremden über den 15minütigen Applaus für ›Hitlers gehätschelten Maestro und musikalischen Propagandisten im Ausland‹[2] in den Mittelpunkt. ›Man darf also annehmen, daß Dr. Furtwängler seinen Triumph in erster Linie seinen Landsleuten verdankt. Hatten diese aber wirklich die ganze Politik vergessen und sich in der Musik verloren?‹[3]

Zwar war Wilhelm Furtwängler nun auf das Konzertpodium zurückgekehrt, doch von ›vorwärtsweisenden Impulsen‹ seinerseits konnte keine Rede sein. Womöglich hinterließ das Entnazifizierungsverfahren Spuren, das eine erneute enge Bindung an Berlin nicht mehr zuließ. Er erschien als Gast und zog sich zurück, um zu komponieren. Seine Epoche ging zu Ende. Sein Wirkungsfeld überließ er Sergiu Celibidache, der im August 1945 – unmittelbar nach Abschluß seines Musikstudiums – das Orchester übernommen hatte und eine beispiellose Dirigentenkarriere beschritt. Weit über 100 Aufführungen dirigierte er in der ersten Spielzeit vor ständig ausverkauftem Haus. Doch schon 1948 stand auch er nur noch selten am Pult in Berlin. Seine Erfolge fanden auf internationalen Podien größere Würdigung. 1952 wurde Wilhelm Furtwängler noch einmal Chefdirigent des Philharmonischen Orchesters; er starb am 30. November 1954.

1 Hans Heinrich, Schuhsohlen und Furtwängler, in: Roland von Berlin, 1. 11. 1948, S. 10.
2 Berndt W. Wessling, Furtwängler. Eine kritische Biographie, München 1987, S. 418.
3 A. a. O.

Johannes Schüler dirigiert die Staatskapelle am 22. August 1945 im Park des Hauses am Waldsee. Foto: Willy Saeger

John Bitter, 1945
Foto: Werner Borchmann

John Bitter (geb. 1909)
Als Musikoffizier der amerikanischen Militärregierung kam er 1945 nach Berlin. Der gebürtige New Yorker hatte in Philadelphia und in Wien Musik studiert, zusammen mit Samuel Barber und Gian-Carlo Menotti. Er dirigierte das American Youth Orchester und trat in den dreißiger Jahren auch als Komponist in Erscheinung. Während seines Berliner Einsatzes dirigierte er als Gast u.a. das Philharmonische Orchester und die Staatskapelle. In seinen Sinfoniekonzerten lernte das Berliner Publikum zahlreiche Werke amerikanischer Komponisten kennen. Samuel Barbers Sinfonie Nr. II, op. 19, 1944 geschrieben, brachte er im Dezember 1947 mit dem Philharmonischen Orchester im Titania-Palast erstmalig auf ein europäisches Konzertpodium. Stürmischen Beifall erhielt der ›einzige Berliner Dirigent ohne Taktstock‹ (Berliner Palette, 12.12.1947, S. 11) auch für seine Deutungen russischer, finnischer und deutscher Musik.

Zwischenspiel am Dirigentenpult

Durchbruch zum Humanismus
Neubeginn mit den Klassikern

Bärbel Reißmann

Paul Wegener, um 1946
Foto: Werner Borchmann

Paul Wegener (1874 – 1948)
Die Rolle des Nathan in der programmatischen Lessing-Aufführung 1945 wurde für Paul Wegener zur Krönung einer 50jährigen Bühnenlaufbahn. ›Er gibt ihn mit der ganzen Weisheit seines Alters und mit der ganzen Freude am Komödiantischen, die doch die menschliche Würde der Figur nirgends überspielt‹ (Paul Rilla, Berliner Zeitung). Seit 1905 zum Ensemble in der Schumannstraße gehörend, gestaltete er große Charakterrollen – Richard III., Macbeth, Jago, Othello, Danton und Franz Moor unter der Regie Max Reinhardts. 1927 spielte er den Rasputin unter der Regie von Erwin Piscator im Theater am Nollendorfplatz und trat unter der Regie von Jürgen Fehling am Staatstheater auf. Nach dem Krieg wirkte Paul Wegener als Präsident der Kammer der Kunstschaffenden maßgebend bei der Erneuerung des Kulturlebens mit. Am 11. 7. 1948 brach er während einer Aufführung des ›Nathan‹ im Deutschen Theater auf der Bühne zusammen. Mit seinem Tod am 13. September wurde ein Kapitel Berliner Theatergeschichte geschlossen.

Kaum waren die letzten Kämpfe um das Stadtzentrum beendet, begannen die ersten kleinen Bühnen am Stadtrand, in Schulen, Kinosälen oder Lagerhallen Theater zu spielen. Auch Gustaf Gründgens nahm mit dem Rest des Staatstheater-Ensembles im Kaiser-Wilhelm-Institut in Dahlem die Proben zu Schillers ›Räuber‹ wieder auf. Ernst Legal bezog mit einigen Schauspielern des zerbombten Schiller-Theaters das verschont gebliebene Renaissance-Theater und bereitete den ›Raub der Sabinerinnen‹ der Gebrüder Schönthan vor. Stadtkommandant Generaloberst Bersarin, der bereits in einem Befehl am 16. Mai eine allgemeine Spielerlaubnis für die Theater und Kinos verfügt hatte, bemühte sich auch darum, ein Gremium zu etablieren, das die Neuordnung des Berliner Theaterlebens vornehmen sollte. In der Anfang Juni 1945 von ihm initiierten Kammer der Kunstschaffenden unter dem Vorsitz des bekannten Schauspielers Paul Wegener berieten neben erfahrenen Regisseuren wie Karl Heinz Martin, Ernst Legal und Jürgen Fehling auch aus sowjetischer Emigration heimgekehrte Künstler wie Gustav von Wangenheim über die Vergabe der Intendantenposten für die intakten Bühnen der Stadt. Während für die meisten Häuser eine einvernehmliche Lösung schnell gefunden wurde, entspann sich um die Besetzung der Intendanz des Deutschen Theaters eine heftige Auseinandersetzung. Nach der Verhaftung Gustaf Gründgens', der trotz seiner Tätigkeit als Generalintendant der Staatlichen Schauspiele während der Nazizeit bei Schauspielern und Bühnenleitern die größte Autorität genoß und als aussichtsreicher Kandidat galt, meldete Jürgen Fehling seinen Anspruch an. Die Kammer der Kunstschaffenden wollte Fehling die Leitung des traditionsreichen Deutschen Theaters nicht anvertrauen, Paul Wegener bot ihm aber die Stelle eines Hausregisseurs an. Vehement lehnte Jürgen Fehling dieses Angebot ab und gründete in Zehlendorf seine eigene Bühne, die jedoch nur eine Spielzeit überdauerte. ›So verschwendete sich die leidenschaftlichste und kühnste Regiebegabung unserer Theater in den ersten Monaten nach dem Zusammenbruch an Don Quichotterien und fand nicht die innere Ruhe und Beherrschung, sich auf ein Werk zu konzentrieren und die Phantasie auf die Gestaltung zu sammeln.‹[1]

Die Sowjetische Militäradministration beendete am 1. August 1945 das Auswahlverfahren mit der Berufung Gustav von Wangenheims zum Intendanten des Deutschen Theaters. Diese Entscheidung fand in der Öffentlichkeit nicht nur Beifall. Dem Sohn Eduard von Wintersteins, selbst Eleve der Reinhardt-Schule, in Berlin durch seine avantgardistisch-proletarische Theaterarbeit mit der Truppe 1931 bekannt, sprachen viele Kritiker die Souveränität und Integrationsfähigkeit für dieses Amt ab. In der Schumannstraße fand Wangenheim eine bereits seit Juni wieder bespielbare Bühne vor; Ange-

Paul Rosié, ›Der eingebildete Kranke‹ von Molière, Deutsches Theater – Kammerspiele, 19. 10. 1951. Plakat

stellte, Techniker und einige Schauspieler des ehemaligen Hilpert-Ensembles hatten sofort mit den Aufräumarbeiten begonnen und zunächst unter der kommissarischen Leitung des Schauspielers Paul Bildt aus dem ehemaligen Gründgens-Ensemble Matineen und Lesungen veranstaltet. Als größtes Problem stellte sich dem neuen Leiter ›der körperliche und seelische Zustand der nunmehr von mir Engagierten‹ dar, er war ›größtenteils sehr schlecht‹.[2] Da vor allem junge Schauspieler fehlten, erklärte Wangenheim die Förderung des Nachwuchses zu einer seiner wichtigsten Aufgaben und engagierte eine ›Gruppe junger Schauspieler‹, zu der neben Angelika Hurwicz und Michael Degen auch Horst Drinda zählte.

Im Mittelpunkt des Spielplans sollten die Pflege des klassischen Erbes und der Aufbau einer neuen nationalen deutschen Kultur stehen. Mit der legendären Aufführung von Lessings ›Nathan der Weise‹ wurde am 7. September 1945 Max Reinhardts Deutsches Theater feierlich eröffnet. Unter der Regie von Fritz Wisten spielten die ehemaligen Mitglieder des Reinhardt-Ensembles Paul Wegener als Nathan und Eduard von Winterstein als Klosterbruder, Gerda Müller als Daja neben den jungen Schauspielern Agathe Poschmann als Recha und Max Eckard als Tempelherr. In der von Willi Schmidt entworfenen orientalischen Märchenwelt entfaltete sich die aufklärerische Parabel mit all ihrer tiefgründigen Weisheit und Moral. Nathans Glaube an die bewegende Macht der guten, unpolitischen Tat wurde als Appell für Vergebung und ein menschenwürdiges Dasein in einer freien Gesellschaft verstanden. Die Botschaft der Toleranz und Menschlichkeit, mehr als 60mal von Paul Wegener als Nathan verkündet, wurde von den Überlebenden begierig aufgenommen. ›Der Applaussturm gilt nicht nur der Botschaft Lessings, die zwölf Jahre hindurch geächtet war. […] Aber oft und oft muß das Ensemble sich danken lassen. Diese Spätnachmittagsstunden, in den Abend verlängert, sind ein trostreiches Geschenk, ein Erlebnis für alle, die nach der Schumannstraße pilgerten. Die Berliner Theatersaison von 1945 auf 1946 hat ihre erste Weihe empfangen.‹[3]

Die nächsten Inszenierungen des Deutschen Theaters, antifaschistische Zeitstücke und moderne Klassiker, fanden bei Publikum und Kritik weniger Resonanz. Das Publikum erwartete geistige Orientierung, Selbstvergewisserung und vor allem Hoffnung von einem Theater, das im Sinne Friedrich Schillers als moralische Anstalt eine wichtige Funktion im Alltagsleben der Nachkriegszeit erfüllen sollte. Den größten Zuspruch erhielten die Komödien von Molière, von denen in jeder Spielzeit ein neues Lustspiel folgte. Eine Neuentdeckung des Shakespeareschen Werkes wagte Gustav von Wangenheim mit seiner ›Hamlet‹-Inszenierung, die am 11. Dezember 1945 ihre Premiere erlebte. Bei den Proben war es dem Intendanten gelungen, die jungen Schauspieler mit den verhalten-sachlich agierenden Hilpert-Schauspielern und den theaterbewußten Gründgens-Schauspielern zu einem Ensemble zusammenzuführen. ›Die Hamletaufführung ist in ihrer Geschlossenheit, in ihrer Eindruckskraft ein Ehrenzeugnis für ihn als Schauspielerpädagogen wie als Spielleiter.‹[4] Den Erfolg verdankte die Aufführung aber vor allem dem Hauptdarsteller Horst Caspar, der bereits am Schiller-Theater und Wiener Burgtheater Triumphe in der Gestaltung von klassischen Rollen gefeiert hatte und seit Sommer 1945 dem Ensemble in der Schumannstraße angehörte. ›Und so ist es ein Dank an Horst Caspar, ein Dank an seinen Hamlet, der in Max Reinhardts Deutschem Theater den Zuschauer in den Wirbel seiner Gefühle, seiner Zweifel, seiner Skrupel, seines Zögerns, seiner Tatenlust und Tatenunlust zieht, ihn auf die Höhe der Menschheit führt, ihn vor den Abgründen des menschlichen Individuums schaudern macht.‹[5] Dem Toleranzangebot Lessings folgte der Blick nach vorn, Wangenheim wollte Hoffnung für die Zukunft wecken und zu neuer Tatkraft anspornen. Auch wenn seine Ambitionen, Hamlet als Prototyp des radikalen Menschen auf die Bühne zu stellen, nicht erfüllt wurden, konnte er mit dieser aufwühlenden, intensiven Inszenierung an die Tradition des Reinhardtschen ›Hamlet‹ anknüpfen und war seinem Ziel, dem ›Durchbruch zum Humanismus‹, ein Stück näher gekommen.

Horst Caspar als Hamlet, 1945
Foto: Willy Saeger

Horst Caspar (1913 – 1952)
Als Abiturient in einer Schüleraufführung des ›Egmont‹ entdeckt, lenkte die Schauspielerin Lucie Höflich sein Talent in die richtigen Bahnen. Von 1933 bis 1938 spielte er in Bochum bei Saladin Schmitt auch schon eine seiner Glanzrollen – den Tasso. Nach zwei Jahren bei Otto Falckenberg an den Münchener Kammerspielen kam Horst Caspar 1940 an das Schiller-Theater in Berlin. In den Inszenierungen Jürgen Fehlings steigerte der charismatische Schauspieler seine Ausdrucksmittel bis an die Grenzen. Seit 1942 stand er auch auf der Bühne des Wiener Burgtheaters gemeinsam mit seiner Frau, der Schauspielerin Antje Weisgerber. Nach dem Krieg gehörten beide zum Ensemble des Deutschen Theaters. Hier spielte Caspar den Hamlet, aber auch den Beaumarchais in Friedrich Wolfs gleichnamigem Stück. 1948 folgte er dem Ruf Gründgens' nach Düsseldorf. Rollenangebote, die ihn herausforderten, führten ihn nach Berlin zurück. Er spielte am Hebbel-Theater den Posa neben Fritz Kortner und am Schloßpark-Theater den Josef K. in Kafkas ›Prozeß‹, in dem das menschliche Gewissen vor die Schranken des Gerichts zitiert wurde. Hier war er ›der Heitere, der Zuversichtliche, der Schwankende, der Erschrockene, Zweifelnde, Verzweifelnde, der Gierige, Verstrickte, der im Untergang Schöne – und erfüllte all die Attribute, die zum weitschwingenden Radius seiner darstellerischen Persönlichkeit gehörten‹ (Heinz Ritter). Mit seinem frühen Tod am 27.12.1952 verlor die deutsche Bühne einen Magier der Sprache und großen Künstler der vollendeten Schauspielkunst.

Gustav von Wangenheim bei den Proben zu ›Hamlet‹ von William Shakespeare, Deutsches Theater, Dezember 1945. Foto: Willy Saeger

Gerda Müller als Jokaste und Gustaf Gründgens als Oedipus in ›König Oedipus‹ von Sophokles Deutsches Theater, 22.12.1946 Foto: Abraham Pisarek

Gerda Müller (1894–1951)
Es läßt sich kaum eine Inszenierung des Deutschen Theaters in den Nachkriegsjahren finden, in der sie keine Rolle spielte. Gerda Müller, seit 1945 Mitglied des Ensembles, war eine der prägenden Darstellerinnen in der Schumannstraße. In der Rolle der Daja stand sie bei der legendären ›Nathan der Weise‹-Aufführung am 7.9.1945 neben Paul Wegener und Eduard von Winterstein nach zehnjähriger Pause wieder auf der Bühne. 1922 nach Berlin an das Staatliche Schauspielhaus engagiert, wurde Gerda Müller durch die leidenschaftliche Gestaltung klassischer und expressionistischer Rollen in Inszenierungen von Leopold Jessner, Erich Engel und Jürgen Fehling schnell bekannt. An diese großen Erfolge anknüpfend, spielte sie die Königin in Shakespeares ›Hamlet‹, die Marina in Tschechows ›Onkel Wanja‹, die Maria Lwowna in Rachmanows ›Stürmischer Lebensabend‹, die Jokaste in ›König Oedipus‹ von Sophokles und die Bäuerin in ›Mutter Courage und ihre Kinder‹ von Bertolt Brecht; die Marfa Kabanowa in Ostrowskis Tragödie ›Das Gewitter‹ wurde ihre letzte Rolle, zwei Monate nach der Premiere starb Gerda Müller am 26.4.1951.

Als die sowjetischen Kulturoffiziere Dymschitz und Fradkin im Frühjahr 1946 die Aufführung von Leonid Rachmanows ›Stürmischem Lebensabend‹ mit Paul Wegener in der Titelrolle forderten, brachten sie Gustav von Wangenheim in eine schwierige Situation. Der Text, die Geschichte eines russischen Professors, der sich während der Revolution zu den Bolschewiki bekennt, wurde mehrheitlich von den Schauspielern abgelehnt und mußte aufgrund des politischen Druckes dennoch gespielt werden. Der Mißerfolg der ersten Inszenierung eines sowjetischen Autors am traditionsreichen Deutschen Theater wurde dem Intendanten angelastet und führte zu seiner überraschenden Ablösung im Sommer 1946. Trotz großer Verdienste war es Wangenheim als Integrationsfigur nicht gelungen, die Vorstellungen von einem politisch und künstlerisch neuen Theater in der Schumannstraße zu verwirklichen.

Sein Nachfolger Wolfgang Langhoff genoß sowohl bei den Schauspielern wegen seiner künstlerischen Arbeit am Züricher Schauspielhaus während des Exils in der Schweiz als auch bei den sowjetischen Kulturoffizieren wegen seiner Fähigkeiten als politischer Organisator und Leiter des Nationalkomitees Freies Deutschland in Zürich große Autorität. Sich seiner schwierigen Ausgangssituation durchaus bewußt, formulierte Langhoff seine These vom ›realistischen Optimismus, der nur erreicht werden kann, wenn wir die Wirklichkeit mit allen ihren Spannungen und Gefahren voll erfassen.‹[6] Als Intendant konnte er allmählich durch seine Integrität und diplomatische Art Vorurteile ausräumen und die begonnene Nachwuchsarbeit fortsetzen. Künstlerisch überzeugte Wolfgang Langhoff mit einer aufsehenerregenden Inszenierung von Büchners ›Woyzeck‹ 1947 und öffnete der Klassikerinterpretation mit seiner Aufführung von Goethes ›Faust‹ 1949, bei der er selbst die Rolle des Mephistopheles übernahm, neue Dimensionen. Ausgehend von den Erfahrungen, die er beim Spielen klassischer Rollen am Züricher Schauspielhaus gewonnen hatte, versuchte Langhoff als Regisseur, die fortschrittlichen Tendenzen der Klassiker zu erkunden und sie von den ›Verfälschungen‹ durch das bürgerliche Theater zu befreien. Dabei analysierte er die sozialen Aspekte der Dramen und lotete das Zeitgeschehen aus. Seine Theorie konnte Langhoff in der ›Egmont‹-Aufführung, die er als ›optimistische Tragödie‹ verstanden wissen wollte, 1951 umsetzen. In dem Zeitbild aus dem Befreiungskampf der Niederländer gegen die Spanier trat das Volk als tragendes Element der Geschichte neben den Helden Egmont. Konsequent den eingeschlagenen Weg fortsetzend, entwickelte Langhoff in den folgenden Jahren eine Aufklärungsästhetik, die seinen Klassikerinszenierungen große Beachtung einbrachte.

Während an den meisten Bühnen der Stadt vor allem die Komödien der Klassiker ins Repertoire aufgenommen wurden und erfolgreiche Aufführungen erlebten, Boleslaw Barlog im Schloßpark-Theater

Herbert Hübner als Herzog Alba, Fritz Kortner als König Philipp II. und Ernst Schröder als Domingo in »Don Carlos« von Friedrich Schiller, Hebbel-Theater, 3.12.1950
Foto: Abraham Pisarek

Gudrun Genest als Rosalinde, Hildegard Knef als Celia und Ulrich Hofmann als Orlando in ›Wie es euch gefällt‹ von William Shakespeare, Schloßpark-Theater, 30. 4. 1946
Foto: Abraham Pisarek

Wolfgang Langhoff als Mephistopheles und Willy A. Kleinau als Faust in ›Faust I‹ von Johann Wolfgang von Goethe
Deutsches Theater, 28. 8. 1949
Foto: Harry Croner

Wolfgang Langhoff (1901–1966) Bereits als 18jähriger wurde Wolfgang Langhoff ans Königsberger Theater engagiert, nachdem er vorher als Schiffsjunge und Matrose drei Jahre zur See gefahren war. Seit 1928 gehörte er dem Ensemble des Düsseldorfer Schauspielhauses unter der Leitung von Louise Dumont an. Aufgrund seiner politischen Aktivitäten wurde Langhoff 1933 von den Nationalsozialisten verhaftet und verbrachte 13 Monate in den Konzentrationslagern Börgermoor und Lichtenburg. Nach seiner Entlassung floh er in die Schweiz und spielte am Züricher Schauspielhaus in vielen Klassikerrollen. In den Kriegsjahren stand Langhoff an der Spitze der Schweizer Organisation des Nationalkomitees Freies Deutschland und setzte seine antifaschistische Arbeit fort. Nach dem Krieg kehrte er nach Deutschland zurück und wechselte, nach einem kurzen Intermezzo in Düsseldorf, 1946 an das Deutsche Theater in Berlin. Die Bühne sah er als ›einen Kristallisationspunkt des neu erwachenden demokratischen Gewissens, eine Schule zur demokratischen Erziehung und eine Brücke zur Vermittlung demokratischen Kulturgutes aller Länder‹ an. Als Intendant und weiterhin auch als Darsteller prägte er das Gesicht der traditionsreichen Reinhardtbühne bis 1963, als er sein Amt aus Krankheitsgründen niederlegte.

›Wie es euch gefällt‹ und ›Der Widerspenstigen Zähmung‹ zeigte, im Theater am Schiffbauerdamm Fritz Wisten ›Viel Lärm um nichts‹ auf die Bühne stellte, erlebte das Hebbel-Theater, die wichtigste Sprechbühne im amerikanischen Sektor, herausragende Klassikerabende. Das Haus wurde auch zum Ort des heftigsten Theaterskandals der Nachkriegszeit in Berlin, als Fritz Kortner dort am 3. Dezember 1950 seine ›Don Carlos‹-Inszenierung vorstellte. Bereits 1948 aus dem amerikanischen Exil zurückgekehrt, fiel es dem Schauspieler und Regisseur schwer, mit der vorgefundenen Situation in Deutschland zurechtzukommen. Die Formen des Theaters glichen häufig dem ›Darstellungsstil der Hitlerjahre. Nicht Realismus wird gesteigert, sondern Exaltation und Ekstase werden überhöht.‹[7] Dem setzte Kortner seine Methode der genauen Textanalyse, des Aufdeckens der inneren Widersprüche sowie des Zurückführens der Charaktere und Vorgänge auf realistische Momente entgegen. Die Schauspieler sollten als reale, konkrete, also authentische menschliche Wesen glaubhaft wirken. Folgerichtig inszenierte er ›Don Carlos‹ als antitotalitäre Tragödie, in der das barocke Spanien als Gefängnis erschien und die Parallelen zur Nazizeit, aber auch zum stalinistischen System klar zutage traten. Während der Proben übernahm Kortner die Rolle des Königs: ›Dieser Philipp war immer ein Mensch unter Puppen. Kortner gab keinen Herrscher a priori, sondern einen aus unendlich vielen kleinen Zügen zusammengesetzten tragischen Charakter, einmal eine Spinne, in deren Netz alle zappeln, einmal einen hilflos Verwundeten, einmal einen ausgelassen scherzenden Disputierer, einmal wieder einen gütig-besorgten Gatten, einmal einen eifersüchtigen Liebhaber, dann einen kalt-berechnenden Politiker und einen fanatischen Sohn seiner Kirche.‹[8] Die psychologische Vertiefung der Rollen verstörte das Publikum, das seinen Unmut deutlich kundgab und wütend reagierte, als Kortner nach der Ermordung Posas die gepanzerten Soldaten demonstrativ ihre Musketen in die Zuschauerreihen feuern ließ. Trotz aller Tumulte endete diese gewagte Aktualisierung des klassischen Textes mit großem Beifall. Die radikale Absage an das scheinbar zeitentrückte Klassikertheater der Nazizeit öffnete einen neuen Blick auf das humanistische Erbe.

1 Herbert Ihering, Theaterstadt Berlin. Ein Almanach, Berlin 1948, S. 12.
2 Gustav von Wangenheim, zit. nach: Alexander Weigel, Das Deutsche Theater, Berlin 1999, S. 217.
3 Paul Wiegler, Allgemeine Zeitung, 15. 9. 1945.
4 Paul Mochmann, Tägliche Rundschau, 13. 12. 1945.
5 Walther Karsch, Der Tagesspiegel, 24. 1. 1946.
6 Wolfgang Langhoff, Tägliche Rundschau, 1. 1. 1947.
7 Fritz Kortner, Aller Tage Abend, München 1969, S. 307.
8 Walther Karsch, Der Tagesspiegel, 5. 12. 1950.

Ausgehungert nach Fröhlichkeit und Humor
Unterhaltungstheater

Ines Hahn

Rudolf Platte als Herkules und Gisela Zimmermann als Wilhelmine in ›Herkules‹ von Paul Sarauw Lustspielhaus des Westens, 2.11.1948 Foto: Harry Croner

Rudolf Platte (1904 – 1984) kam 1932 nach Berlin. Zunächst als Charakterschauspieler bei Reinhardt und Barnowsky tätig, wechselte er ins komische Fach, in dem er auch bald auf der Leinwand reüssierte. Hatte er bereits 1940 die Leitung einer Unterhaltungsbühne in der Behrenstraße inne, so übernahm er 1946 für eine Spielzeit die Intendanz des führungslosen Theaters am Schiffbauerdamm, in dem er mit dem frühen Versuch einer Satire auf die Hitlerzeit durchaus Theatergeschichte schrieb. Als Regisseur brachte er mit großem Publikumserfolg im Theater in der Kaiserallee Benatzkys ›Bezauberndes Fräulein‹ heraus. Diese Komödie, in der er auch die männliche Hauptrolle gab, spielte seine Truppe an mehreren kleinen Berliner Nachkriegsbühnen. Als Darsteller mit tiefem menschlichem Verständnis galt er als Verkörperung des ›Kleinen Mannes‹. Nach vielen Rollen in Film und Fernsehen feierte Platte Serienerfolge an der Seite Inge Meysels in ›Das Fenster zum Flur‹, Camilla Spiras und Anita Kupschs in ›Der Kaiser vom Alexanderplatz‹ und Liane Hielschers in ›Das Geld liegt auf der Bank‹, Stücken von Horst Pillau und Curth Flatow, inszeniert in den Jahren zwischen 1960 und 1968 am Hebbel-Theater.

Der Regisseur Falk Harnack konstatierte im Jahr 1946 in dem Fachblatt ›Theater der Zeit‹ die Existenz zweier Meinungsgruppen: Die eine verlangt im Spielplan eine Abrechnung mit der jüngsten Vergangenheit, die vom Nationalsozialismus geschlagene Wunde soll nicht vernarben, bevor sie nicht gereinigt ist. ›Die andere Gruppe verlangt im Gegenteil, man solle nach dem Grauen, das die Welt überkommen hat, endlich dem Menschen Freude schenken, Entspannung, Ablenkung von der harten Wirklichkeit des Tages.‹[1]

Ein Blick auf die Spielpläne zeigt jedoch die Müßigkeit solcher Betrachtungen: Von den 121 Premieren von Juni bis Dezember 1945 in Berlin sind über 50 eindeutig unterhaltenden Gattungen wie Posse, Schwank, Lustspiel, Revue und Boulevardstück zuzuordnen. Dazu kommen 19 Operetten, aber nur 6 Klassiker, 11 Opern und gut 20 Werke aus der anspruchsvolleren Literatur des 20. Jahrhunderts. Alle Bemühungen der Alliierten um eine Umerziehung der Deutschen kamen nicht an der Tatsache vorbei, daß die Menschen in der nach über 350 Luftangriffen zerstörten Stadt – eine Mischung Davongekommener, Geflüchteter und Heimgekehrter – ein enormes Bedürfnis nach Ablenkung von der bedrückenden Alltagsrealität hatten. Dies schlug sich vor allem in den Programmen der oft nur kurzzeitig existierenden kleinen Bühnen, aber auch in den ersten Aufführungen der großen Häuser nieder. So spielte das Theater am Nollendorfplatz an verschiedenen Orten ›Die Frau ohne Kuß‹, ›Meine Schwester und ich‹ und ›Frau Luna‹, das Babylon am Schönhauser Tor zeigte ›Intimitäten‹ und ›Die schwebende Jungfrau‹. Im Puhlmann-Theater wurden ›Der fidele Bauer‹ und ›Herz über Bord‹ angeboten und im Lustspielhaus des Westens ›Der Triumph des Tobias‹ und ›Kikeriki‹.

Als erste Theateraufführung in Berlin zeigte am 27. Mai 1945 das Renaissance-Theater den altbewährten Schönthanschen Schwank ›Der Raub der Sabinerinnen‹, dem Fritz Erpenbeck bestätigte: ›Alles in allem: ein guter Auftakt zu der Melodie, auf die Berlin wartet.‹[2] Die Tribüne Victor de Kowas gab im Juni mit ihrem Kleinkunstprogramm ›Heute abend um 6‹ ganz klar ihre Orientierung auf Ablenkung zu erkennen, ebenso wie im August das Theater am Schiffbauerdamm unter der Interimsintendanz von Rudolf Platte mit dem Schwank ›Die spanische Fliege‹ von Arnold und Bach. Auch Karl Heinz Martin am Hebbel-Theater wußte, daß er dem Publikum nicht mit trockenen Lehrstücken kommen konnte. Er setzte bei aller Sozialkritik in seiner ›Dreigroschenoper‹-Inzenierung konsequent auf das Lustprinzip: den Spaß am Produzieren und das Vergnügen beim Zuschauen. Er ließ den ›Fröhlichen Weinberg‹ von Zuckmayer folgen und landete mit dem Molnárschen Volksstück ›Liliom‹ den populärsten Erfolg der Saison.

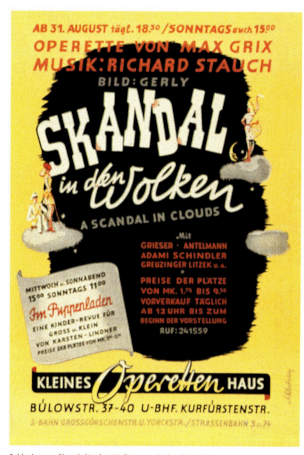

Schleebaum, ›Skandal in den Wolken‹ von Richard Stauch, Kleines Operetten-Haus, 30. 8. 1946. Plakat

Der umtriebige Boleslaw Barlog eröffnete sein Schloßpark-Theater am 3. November 1945 mit der Komödie ›Hokuspokus‹ von Curt Goetz und traf damit nach eigener Einschätzung genau ›ins Schwarze. Die Menschen waren so ausgehungert nach Fröhlichkeit und Humor und die Schauspieler so glücklich, wieder Theater spielen zu können, daß es ein mehr als erfreulicher Anfang wurde, der uns wochenlang ausverkaufte Häuser bescherte.‹[3] Barlogs eher anspruchsvolles Repertoire war stets durchmischt mit Aufführungen, in denen seine Truppe ihre Spielfreude ausleben konnte und das Publikum auf seine Kosten kam. So gelang ihm 1946 mit der amerikanischen Komödie ›Drei Mann auf einem Pferd‹ ein Serienerfolg von 291 ausverkauften Vorstellungen. Damit wurde das kleine Steglitzer Theater endgültig zur vielbeachteten Bühne von europäischem Ruf. In seinen Memoiren beschreibt Barlog die Anerkennung berühmter Kollegen: ›Eines Tages besuchte Gustaf Gründgens die Vorstellung und sagte beim

Verlassen des Theaters nur ein Wort: »Konkurrenz!« Das war ein Ritterschlag. Bertolt Brecht schrieb mir einen Brief: »Ich habe seit Chaplin nicht mehr so gelacht!« Das war ein Meisterbrief.‹[4] Friedrich Luft urteilte anläßlich der Curt-Goetz-Premiere ›Dr. med. Hiob Prätorius‹ über Barlogs lockeren Inszenierungsstil: ›Entspannung durch heiterste Wirkung. Befreiung durch Witz. Verzauberung durch Spiel. Sich zu fragen, ob diese Funktion der Bühne heute unwichtig sei, ob der Spaß in diesen Tagen einen unstatthaften Luxus bedeutet, hieße an dem Autor des Abends zum sauertöpfischen Spießer werden.‹[5]

Seit August 1946 verwirklichte Fritz Wisten mit sowjetischer Lizenz im Theater am Schiffbauerdamm seine Vorstellungen von einem komödiantischen Theater. Ursprünglich Schauspieler, legte er größten Wert auf die Ensemblebildung und setzte nicht auf gedankenschweres Lehrtheater, sondern die spielerisch-sinnliche Umsetzung der Idee des jeweiligen Werkes. Er sah sich in einer hohen gesellschaftlichen Verantwortung als Theaterleiter: ›Das Theater ist, wie Schiller einst sagte, »moralische Anstalt« und muß mit dem Maßstab gesellschaftlicher und künstlerischer Wahrheit gemessen werden. Es besitzt eine politische Aufgabe und soll kein reines Vergnügungsunternehmen sein.‹[6] Wisten eröffnete seine Intendanz mit der heiter-beschaulichen Idylle ›Maschenka‹ des Russen Afinogenow. Kam seine zweite Inszenierung ›Viel Lärm um nichts‹ wegen der noch mangelnden Ensemblebildung nicht voll zur Geltung, so ›folgten vielmehr, nach einer Unterbrechung durch zwei ernste – aber in ihrer Art gleichfalls komödiantisch betonte – Schauspiele, eine ganze Serie launig-beschwingter Aufführungen aus den verschiedensten Bezirken der dramatischen Literatur. Und wenn in Wistens jetziger Zwischenbilanz neben den großen Klassikern, neben dem politisch orientierten Zeitstück und dem gehobenen, meist sozialkritisch ausgerichteten Unterhaltungstheater das Heitere über ein Drittel des Gesamtraumes beansprucht, dann haben wir hier die Interpretation der eingangs zitierten Erklärung durch eine konsequente Bühnenpraxis: gutes Theater volkstümlich und Volkstümliches gut zu geben, das ist in der Tat das Prinzip.‹[7] Die Inszenierung der Liebes- und Verwechslungskomödie ›Don Gil von den grünen Hosen‹ des Spaniers Tirso de Molina in der Regie von Rochus Gliese, neben der Kalisch-Posse ›100 000 Thaler‹, der spanischen Komödie ›Crispin und der tugendhafte Glücksritter‹ von Benavente und dem klassischen Lustspiel ›Donna Diana‹ von Moreto, einer der stärksten Erfolge des Wisten-Ensembles, galt als hervorragendes Beispiel volkstümlichen Theaters: ›Prachtvolle Kostümbewegtheit […], bunter Intrigenwirbel, ausgelassenste Schelmenfreude und ein schnell verzaubertes Publikum, das sich mit einer hellen Bereitschaft von dem Komödienwirbel gefangennehmen ließ. Beifall über Beifall, Beifall in die Szene hinein, Beifall bei den turbulenten Abgängen, Beifall, der oft jedes Weitersprechen auf der Bühne unmöglich machte und den Theaterschluß gefährlich jenen Minuten zudrängte, die für das Erreichen der letzten U-Bahn Laufschritt empfahlen. […] Gliese hat ganz begriffen: in einer solchen Komödie muß wirklich allegrohaft gespielt, immerfort gespielt und weitergespielt werden. Das geschieht bei ihm vor und hinter dem Vorhang, die Auf- und Abtretenden treten sich förmlich auf die Füße. Und so gelang wieder das alte Theaterkunststück der gerafften Zeit: die Uhr hat unrecht, die Stunden vergingen wie im Fluge.‹[8] Der Bühnenraum mit Projektionen in satten Pastelltönen und die ausladend schönen, das Groteske betonenden Kostüme rundeten das Erlebnis auf ungewohnte Weise ab. War dem Kritiker des ›Neuen Deutschland‹ so viel Opulenz durch eine Nähe zum ›alten Staatstheaterstil‹ verdächtig, so lobte Friedrich Luft: ›Hier hat das Auge sein

Rotraut Richter als Wilhelmine und Kurt Waitzmann als Stullmüller in ›100 000 Thaler‹ von David Kalisch Theater am Schiffbauerdamm, 11. 7. 1947
Foto: Harry Croner

Rotraut Richter (1915 – 1947) wirkte nach kurzer Ausbildung bei Lothar Müthel und ihrem Debüt in Darmstadt in kleineren Filmrollen und am Kabarett, bevor sie 1935 als Edeltraut Panse in dem Stück ›Krach im Hinterhaus‹ im Theater am Schiffbauerdamm zum Publikumsliebling avancierte. Vor allem in dem Film ›Das Veilchen vom Potsdamer Platz‹ gelang ihr mit einer unnachahmlichen Mischung von Herz und Schnauze die Verkörperung der Berliner Göre schlechthin. Nach dem Krieg trat die gebürtige Berlinerin aus gutbürgerlichem Hause in ernsteren Charakterrollen am Jürgen-Fehling-Theater in Zehlendorf und im Renaissance-Theater auf, bevor sie im Theater am Schiffbauerdamm in der Kalisch-Posse ›100 000 Thaler‹ noch einmal alle Register urberlinischen Humors aufbot. Kurz nach der Premiere verstarb sie unerwartet an den Folgen einer Blinddarmoperation. Die Verwaltung der Stadt widmete der Volksschauspielerin ein Grabdenkmal mit der Aufschrift ›Unsere Rotraut Richter‹.

Roman Weyl, Bühnenbildentwurf zu ›Die Frau ohne Bedeutung‹ von Oscar Wilde, Tribüne, 12. 2. 1946

*Ursula Meißner als Donna Juana in ›Don Gil von den grünen Hosen‹ von Tirso de Molina
Theater am Schiffbauerdamm,
25.5.1947
Foto: Werner Borchmann*

Ursula Meißner (geb. 1925) wirkte nach ihrer Ausbildung bei Agnes Straub seit 1941 am Staatstheater Berlin, bis sie nach dem Kriege zu einer der ›Säulen‹ des Wisten-Ensembles am Schiffbauerdamm wurde. ›Es gab nicht viele Premieren, ohne daß ihr Name auf dem Theaterzettel stand. Sie spielte mit Elan so ziemlich alles, was da gut und teuer war – und nicht nur das. Sie kam uns klassisch und modern, keck und schüchtern, spröde und begehrlich, tollte in Hosen, schritt in Gewändern, tanzte in Kostümen über die Szene, stets mit der gleichen Anmut, immer eine Augenweide‹ (Hans Ulrich Eylau). Durch den überlegten Einsatz ihrer darstellerischen Mittel, brillanter Wortgewandtheit, katzenhafter Beweglichkeit und weiblicher Ausstrahlung wurde sie besonders in Rollen der klassischen Verskomödie zum Liebling des Publikums. So war sie eine kratzbürstig-liebende Beatrice in Shakespeares ›Viel Lärm um nichts‹, eine kluge ›Donna Diana‹ von Moreto, und als Donna Juana in Tirso de Molinas ›Don Gil von den grünen Hosen‹ zeigte sie in einer Hosenrolle ihr Verwandlungstalent.

Kurt Seifert als Vater in ›Der Herr im Haus‹ von Howard Lindsay und Russel Crouse, Renaissance-Theater, 6.11.1948. Foto: Harry Croner

Wohlgefallen. [...] Mit dieser Aufführung ist wieder etwas Farbe auf unsere Bühnen gekommen und eine Vortrefflichkeit im Optischen. Hier werden sich noch viele sattsehen.‹ [9]

Victor de Kowa hatte bereits am 1. Juni 1945 die Tribüne mit einem bunten Programm aus Vortrags- und Gesangsnummern eröffnet: ›Wir waren alle von einer ungeahnten Intensität. Unser Lebensmut, die Besessenheit, etwas wieder aufzubauen, puschten uns zu einem ungeheuren Fleiße auf.‹ [10] Trotz karger Dekorationen und Kerzenlicht auf der stromlosen Bühne rissen die wohl äußerlich ramponierten Darsteller das Publikum wie in einen Taumel: ›Erstaunlich war das nach dem, was wir alle durchgemacht hatten.‹ [11] Darsteller und Zuschauer, vereint durch das Kriegserlebnis, feierten im Theater mit kollektivem Lachen einen Akt der Befreiung – wenn auch nur wirksam bis zum Heimweg durch die Ruinen. Einen Monat lang riß der Strom der Erholungsuchenden, die oft nicht in bar, sondern mit Lebensmitteln, Zigaretten und Strümpfen bezahlten, nicht ab. Nach der Euphorie der direkten Nachkriegszeit baute de Kowa ein Repertoire aus Stücken von Curt Goetz, William Somerset Maugham, Oscar Wilde und Noël Coward und vor allem John B. Priestley auf, dessen sozialreformistischer Moralismus und optimistisch-romantisierende Grundhaltung de Kowa besonders entsprach. Er versuchte vor allem, durch Handwerk zu überzeugen. In einem Programm von 1946 heißt es: ›Zur Andacht zu führen, vermag aber auch das scheinbar Geringfügigste, wenn es nur wirklich schön und gekonnt ist. [...] Eine Hebung des Sinns für Qualität und allein schon dadurch ein Enthobensein aus dem engen, banalen Alltag in ein Reich des Geistes und

Szenenfoto mit Hildegard Knef in ›Drei Mann auf einem Pferd‹ von John C. Holm und George Abbott, Schloßpark-Theater, 16.8.1946. Foto: Abraham Pisarek

Hubert von Meyerinck als Roger Hilton, Käthe Haack als seine Frau Dorothy, Bruni Löbel und Inge Harbot als ihre Kinder Ann und Catherine sowie Heinz Lausch als Martin in ›Der erste Frühlingstag‹ von Dodie Smith, Komödie am Kurfürstendamm, 24. 5. 1947. Foto: Harry Croner

Charlotte Ried als Titania, Fritz Genschow als Oberon und Georg Thomalla als Puck in ›Ein Sommernachtstraum‹ von William Shakespeare, Theater am Kurfürstendamm, 17. 12. 1947. Foto: Harry Croner

*Victor de Kowa, um 1946
Foto: Werner Borchmann*

Victor de Kowa (1904 – 1973) zunächst Plakat- und Modezeichner, erhielt seine Schauspielerausbildung bei Erich Ponto in Dresden und war dort von 1918 bis 1923 engagiert. Nach Lübeck, Frankfurt am Main und Hamburg spielte er seit 1929 in Berlin bei Reinhardt, später am Staatstheater. Der seit 1933 vor allem als gutaussehender Charmeur im Film bekannte Schauspieler war aktiver Widerständler und bot in der zerbombten Stadt zusammen mit seiner Frau, der Sängerin Michi Tanaka, in seiner Villa vielen Künstlern Zuflucht. Als ›Civilian Director of Army Welfare Services Berlin Showboat‹ bespielte er das Renaissance-Theater mehrere Monate für Militärangehörige. Von 1945 bis 1950 Intendant der Tribüne, bot er als Schauspieler, Autor und Regisseur den Berlinern Unterhaltung der leiseren Art. In seinem Buch (Als ich noch Prinz war von Arkadien, 1955) beschrieb er den Zustand seines Theaters: ›Die Bestuhlung war in Ordnung. Auf der Bühne war alles kaputt. Der Vorhang war abgerissen. Alle Beleuchtungskörper waren zerschlagen. Den Flügel hatte man als Toilette benutzt. [...] Im Keller lagen tote Menschen.‹ De Kowa war nicht nur ein Darsteller widerspruchsreicher Figuren, sondern auch ein herausragender Komiker, der den Konversationston perfekt beherrschte und später zum Star auf allen Boulevardbühnen wurde.

der Schönheit. Alles das hervorgerufen durch ein vollendetes Stück Handwerk, ein sorgsamstes, einzigartiges Können. [...] Weswegen denn gehen wir in´s Theater? Ist es irgendwelcher tendenziöser Absichten wegen? Erhoffen wir Belehrung dort oder auch Bildung? Oder ist es nicht ganz einfach das Verlangen unterhalten, ob heiter oder ernst, und zwar gut unterhalten zu sein. [...] Daß wir aufatmend spüren, wie ungemein wohlig ein Hauch uns umweht von festlichem Zauber, den Bühne je und je befreiend zu geben vermag. Ein unbegreiflich herrlicher Ewigkeitsmoment.‹[12]

Achim von Biel hatte bereits am 26. März 1946 die Komödie mit ›Kabale und Liebe‹ von Schiller eröffnet. Als Auftakt für das aus Ruinen wiedererrichtete Theater am Kurfürstendamm wählte er ebenfalls einen Klassiker; wohl auch als Geste an die Konzession erteilende britische Besatzungsbehörde zeigte er den Shakespeareschen ›Sommernachtstraum‹. Schon Max Reinhardt hatte an diesen beiden Theatern seit 1924 bzw. seit 1931 das Repertoire auf Stücke mit Musik, auf Komödien und Schauspiele mit literarischem Anspruch gestellt. Diesem Konzept folgte von Biel für die Häuser, die er ausdrücklich nicht als Boulevardbühnen oder ›Gesellschaftstheater‹ verstand. Er wandelte es entsprechend der veränderten Zeit ab und wollte mit Stücken von Curt Goetz, William Somerset Maugham, Oscar Wilde, Nathaniel Samuel Behrmann, Carlo Goldoni, Terence Rattigan zwar –

›summarisch und umfassend ausgedrückt – dem Heiteren dienen. Jedoch nicht im Sinne jener vielberufenen und ramponierten heiteren Muse. Das Heitere, wie ich es verstehe, sei dem Ernst der Realität von heute und unserer Verantwortung ihr gegenüber abgerungen – als notwendiger Ausgleich, als Gesundung und Überwindung.‹[13] Das neue alte Theater am Kurfürstendamm, durch die Währungsreform stark geschwächt, wurde 1949 Haus der Freien Volksbühne.

1 Falk Harnack, Aufgaben des deutschen Theaters in der Gegenwart, in: Theater der Zeit, 5/1946, S. 10.
2 Fritz Erpenbeck, Berliner Zeitung, 9. 6. 1945.
3 Boleslaw Barlog, Theater lebenslänglich, München 1981, S. 75.
4 A. a. O., S. 78 f.
5 Friedrich Luft, Neue Zeitung, 29. 3. 1947.
6 Fritz Wisten, Telegraf, 6. 11. 1947.
7 Hans Ulrich Eylau, Die Inszenierungen, in: Komödiantisches Theater, hrsg. von Heinrich Goertz und Roman Weyl, Berlin (DDR) 1957, S. 67.
8 Walter Lennig, Berliner Zeitung, 28. 5. 1947.
9 Friedrich Luft, Neue Zeitung, 27. 5. 1947.
10 Victor de Kowa, Als ich noch Prinz war von Arkadien, Nürnberg 1955, S. 302.
11 A. a. O., S. 304.
12 Bertholt Jahn, in: Programmheft ›Was den Damen gefällt‹, Tribüne, 2. 10. 1946.
13 Achim von Biel, in: Programmheft ›Ein Sommernachtstraum‹, Theater am Kurfürstendamm, 17. 12. 1947.

Eine Geschichte, die man nicht vergessen sollte
Das Volkstheater Pankow

Bärbel Reißmann

Programmheft (Titelseite), 1948

Tivoli
Die Berliner Straße 27 in Pankow, jener Ort, an dem 1895 Max Skladanowsky und sein Bruder die erste Probevorführung ihrer Bioskopfilme durchführten, wurde 1945 wieder mit Leben erfüllt. Im Juli eröffnete das Volkstheater Pankow die Spielstätte mit Klabunds ›Der Kreidekreis‹. Bis Oktober diente die Bühne dem jungen Ensemble als Auftrittsort. Danach zogen verschiedene Operetten-Ensembles mit ihren Inszenierungen in das Haus. Rudolf Platte zeigte hier sein schon im Theater am Schiffbauerdamm erfolgreiches ›Bezauberndes Fräulein‹ von Ralph Benatzky mit Marina Ried in der Hauptrolle. Unter der Direktion von Kurt Werner führte Hans Kornowicz seit 1946 Operetten von Franz Lehár, Johann Strauß und Emmerich Kálmán auf. 1947 und 1948 übernahm Heinz Förster-Ludwig die Regie von vier weiteren musikalischen Bühnenwerken, bei denen Walter Schütze dirigierte. Seit den fünfziger Jahren wurde das Haus wieder als Kino genutzt. Nachdem in den neunziger Jahren die weitere Nutzung in Frage gestellt war, gründete sich der Verein ›Die ersten 100 Jahre Kino in Berlin e. V.‹, der sich um den Erhalt des Gebäudes bemühte. Trotz Denkmalschutzauflagen ist nur eine Ruine mit den vier Wänden des ›Skladanowsky-Zimmers‹ übriggeblieben.

Drei Wochen nach Kriegsende wurde in Pankow ein neues Theater gegründet. Junge Schauspieler und Interessierte, die durch Mundpropaganda von dem Vorhaben gehört hatten, konnten bei dem bekannten Filmschauspieler Theo Shall, der das Unternehmen im Auftrag des Volksbildungsamtes leiten sollte, vorsprechen.

Axel Triebel, Gertrud Eylitz, Ruth Schilling, Katja Wölk, Georg Michael Wagner und der kurz zuvor aus dem Konzentrationslager befreite Walter Schramm gehörten zu den ersten Ensemblemitgliedern, deren Zahl schnell anwuchs. Einen schriftlichen Vertrag gab es nicht, und die Gage bestand lediglich aus einer besseren Lebensmittelkarte. Mit großem Enthusiasmus begannen die Proben für die erste Inszenierung ›Der Kreidekreis‹ von Klabund, wobei die meisten der nahezu dreißig Theaterleute mit technischen Aufgaben betraut wurden. Der Schriftsteller Karl Grünberg, aus sowjetischer Emigration zurückgekehrt, übernahm die Schirmherrschaft und stellte den Kontakt zur Sowjetischen Kommandantur her. Durch seine Vermittlung erhielt das junge Ensemble Probenräume und einen Aufführungsort – das Filmtheater Tivoli in der Berliner Straße 27. Als Probenraum diente eine kleine Fabrikhalle in der Parkstraße. Im ersten Stock, in dem die Kulissen aufgebaut werden konnten, fanden die Proben statt, als Werkstatt diente der Hof.

›Wir hatten herrliches Wetter im Mai 1945, wir hatten uns ja unmittelbar nach der Kapitulation zusammengefunden und haben da also eifrig gehämmert und Kulissen hergestellt. Die Materialien dazu kamen aus einem Lager, das entweder in Blankenburg oder Buchholz gewesen sein muß. Ich erinnere mich noch, daß wir mit einem Pferdewagen, ich glaube wir waren zu dritt oder viert, dorthin gefahren sind, mit einer Genehmigung der Sowjetischen Kommandantur. In diesem Lager befanden sich Materialien, die benutzt wurden zur Ausschmückung Berlins während der Nazizeit. Diese

›Der Kreidekreis‹ von Klabund, Schauspiel-Ensemble Pankow im Tivoli, Juli 1945. Plakat

Walter Schramm als Fedja und Else Koenig als Mascha in ›Der lebende Leichnam‹ von Leo Tolstoi, Volkstheater Pankow, 9.8.1945. Foto: Abraham Pisarek

Gertrud Eylitz als Mila in ›Der wahre Jakob‹ von Franz Arnold und Ernst Bach, Volkstheater Pankow, 31.10.1945. Foto: Abraham Pisarek

›Die Prinzessin und der Schweinehirt‹,
Märchenspiel nach Hans Christian Andersen
Märchentheater der Stadt Berlin
im Theater am Schiffbauerdamm,
1.4.1949. Plakat

Märchentheater der Stadt Berlin

Das Märchentheater, ein schon während des Krieges in der Plaza am Küstriner Platz erfolgreich betriebenes Kindertheater, erlebte im Theater am Schiffbauerdamm im Dezember 1945 seine Wiedergeburt. Der ehemalige Leiter, Max Marfeld, brachte mit der Geschichte vom ›Glückspeter‹ die erste eigens für Kinder eingerichtete Inszenierung auf eine Nachkriegsbühne. Unter der Intendanz von Fritz Wisten, der das Theater im Sommer 1946 übernahm, fanden bis 1952 neun weitere Premieren statt. Russische Märchen begeisterten genauso wie traditionelle Texte nach den Gebrüdern Grimm in ihren phantasievollen Ausstattungen von Wolf Leder und Lotte Reiniger das Publikum. Hilde Körber, Rochus Gliese, Inge von Wangenheim, Hedda Zinner, Peter Neitsch und Franz Kutschera führten Regie und boten professionelles Theater für Kinder. ›Wenn an all den »Erwachsenen«-Theatern derselbe Ernst und dieselbe Gewissenhaftigkeit am Werke wären, dürfte man aufatmen‹ (Sonntag, 17.10.1948). Am 8. Februar 1950 beschloß die Regierung der DDR im Jugendgesetz, ein Zentrales Kindertheater in der Hauptstadt Berlin zu schaffen. Am 16. November 1950 wurde mit ›Du bist der Richtige‹ von Gustav von Wangenheim das neuerbaute ›Theater der Freundschaft‹ an der Parkaue in Lichtenberg eröffnet, das sich zum führenden Kindertheater der DDR entwickelte.

Ausschmückung war entstanden nach Entwürfen des damaligen Reichsbühnenbildners Benno von Arent, allgemein Reichsbübi genannt; sie bestand aus Stangen, aus unendlichen Metern rotem Sammet, aus goldenen Emblemen, und wir haben diese Materialien zu unserer Werkstatt gefahren und haben sie auseinandergenommen, vor allen Dingen wichtig waren natürlich diese Holzlatten und die Nägel. Wir haben die Nägel da rausgezogen und geradegeklopft, damit wir das neu zusammenfügen konnten. Und andere Dinge kamen aus persönlichen Spenden, zum Beispiel war unser Horizont, der Abschluß der Bühne, aus zusammengenähten Bettlaken gefertigt, auf die dann gemalt wurde.‹[1]

Am 1. Juli 1945 fand die Premiere von Klabunds ›Der Kreidekreis‹ im überfüllten Tivoli in Pankow statt. Neben dem Regisseur Theo Shall, der selbst die Rolle des Oberrichters übernahm, fanden vor allem die schauspielerischen Fähigkeiten von Walter Schramm als Mandarin Ma, Georg-Michael Wagner als Tschang-Ling, Joachim Cadenbach als Prinz Pao und Else Koenig als Gattin des Mandarins großen Beifall. Doris Masjos debütierte in der Rolle der Haitang und bezauberte durch ihre Zartheit. Die Kritikerin Ilse Jung feierte die Premiere in der ›Täglichen Rundschau‹ vom 4. Juli 1945 begeistert als ›Geburtsstunde eines neuen Theaters‹. Schnell hatte sich der Erfolg in der Stadt herumgesprochen, und die Besucher strömten ins Volkstheater Pankow, das schon am 10. Juli 1945 auf 6000 Zuschauer verweisen konnte. Nach dem gelungenen Auftakt ging das Ensemble an die weitere Umsetzung der hochgesteckten Ziele. In den Mitteilungsblättern des Schauspielensembles Pankow ›Das Stichwort‹, Heft 1, stellte der Redakteur Dr. Fritz Schlötermann sowohl diese Ziele: ›ein entfesseltes Theater der lebendigen Wirklichkeit [...] eine Revolutionierung der Bühne; denn bis heute ging es immer noch um Unterhaltung: wir wollen Haltung‹, als auch den künstlerisch ambitionierten Spielplan vor. Von den elf angekündigten Projekten folgte nach der Aufführung des Schwankes ›Der Lampenschirm‹ von Curt Goetz und einem Opernabend mit Szenen aus ›La Bohème‹ von Giacomo Puccini am 9. August 1945 die Premiere ›Der lebende Leichnam‹ von Leo Tolstoi. Walter Schramm führte Regie und übernahm selbst die Rolle des Fedja. Else Koenig überzeugte als Mascha, ansonsten blieb die Kritik eher verhalten.

Im September zog der Weggang von Theo Shall und anderen Schauspielern eine Reihe von Änderungen in der Leitung und dem Ensemble nach sich. Auch das künstlerische Ziel wurde neu bestimmt: ›Volkstheater im schönsten und wahrsten Sinne des Wortes, dem Volk dienen mit Schauspiel, Lustspiel und Schwank – unter weisem Verzicht auf die nur allzu kostspielige Oper.‹[2]

Das neue Konzept schien aufzugehen, die Inszenierung ›Die kluge Närrin‹ von Lope de Vega durch Fritz Schlötermann wurde ein großer Publikumserfolg, nicht zuletzt durch die eindrucksvolle

*Paul Bildt als Schuster Wilhelm Voigt in ›Der Hauptmann von Köpenick‹ von Carl Zuckmayer
Deutsches Theater, 2.9.1947
Foto: Harry Croner*

Paul Bildt (1885 – 1957)
Bereits in den zwanziger Jahren gehörte Paul Bildt zu den bekannten Schauspielern in Berlin. Nach einem Engagement an den Reinhardt-bühnen holte Leopold Jessner ihn 1926 ins Ensemble des Staatstheaters. Seine außerordentliche Wandlungs-fähigkeit konnte der Charakterspieler in Inszenierungen von Piscator, Brecht und Gründgens unter Beweis stellen. Auch für den Film gestaltete er mehr als 100 Rollen und erreichte damit große Popularität. Nach dem Krieg holte Gustav von Wangenheim den geachteten Schauspieler in die Leitung des Deutschen Theaters. Paul Bildt inszenierte Texte von Molière und Friedrich Wolf. Zum Theaterer-eignis wurde sein Schuster Voigt, den er in über 100 Vorstellungen in der Schumannstraße verkörperte. ›Paul Bildts physiognomische Echtheit spielt durch so viele unscheinbare mimische Variationen hindurch, daß dieses Grau-in-Grau eines preußi-schen Schicksals nie zum grauen Elend schauspielerischer Monotonie wird‹ (Paul Rilla, Berlinder Zeitung). Paul Bildt spielte in der Premieren-besetzung von ›Mutter Courage und ihre Kinder‹ den Koch, wechselte 1950 ans Schloßpark-Theater und ging 1954 an die Kammerspiele nach München.

Doris Masjos in der Titelrolle. Das Ensemble nahm außerdem bunte Abende mit Gesang und Tanz in das Repertoire, die dem Publikum ›vorwiegend heitere und rein unterhaltende Stunden gewähren‹. Zeitgleich begannen einige Ensemblemitglieder, auch Kindervor-stellungen, Kasperle- und Märchenspiele zu veranstalten. ›Wir haben eigentlich ziemlich schnell für Kinder gespielt und zwar Kasperle-spiele von dem Grafen Pocci. Also »Kasperle und sein Gretel« in allen möglichen Situationen. Wir brauchten dazu nur ein Podium. Ich kann mich daran besonders gut erinnern, weil ich die Gretel war, und wir haben viel in umliegenden Dörfern, zum Beispiel in Buchholz kann ich mich erinnern, gespielt, zum Teil in Wirtshausgärten, zum Teil auf zusammengestellten Tischen und wir hatten immer ein großes Kinderpublikum. Aber es kamen auch andere Inszenierungen für Kinder heraus, »Rotkäppchen«, das war aber später, »Schweinehirt«, »Aschenbrödel«, also ich muß sagen, das war sicher ein großes Ver-dienst dieses Theaters, daß es sich eben den Kindern zugewandt hat. Eine Aufgabe, die doch sehr ethischer Natur war und auf ungeheuer großes Interesse stieß.‹

Nach langem Ringen mit dem Bezirks- und Volksbildungsamt konnte das Volkstheater Pankow in der Aula der Anna-Magdalena-Bach-Schule in der Görschstraße 42 – 46 seine neue Spielzeit am 19. Oktober 1945 mit der Premiere ›Candida‹ von George Bernard Shaw eröffnen. Das Ensemble wertete diesen Schritt als einen Teil-erfolg in Richtung zu einem ständigen Theater im Konzerthaus Linder. Das Podium der Aula war vom Bezirksamt durch den Einbau eines Proszeniums zu einer akzeptablen Theaterbühne geworden,

Ankündigungsplakat ›Goethe-Abend‹

Walter Schramm als König und Herbert Gothe als Knecht in ›Frau Holle‹ nach dem Märchen der Brüder Grimm, Volkstheater Pankow, Dezember 1945. Foto: Abraham Pisarek

Walter Schramm als Tartuffe und Herbert Gothe als Orgon in ›Tartuffe‹ von Molière, Volkstheater Pankow, 22. 12. 1945. Foto: Abraham Pisarek

Aribert Wäscher als Harpagon in ›Der Geizige‹ von Molière Deutsches Theater, 28. 5. 1949 Tuschzeichnung: Paul Gehring

Aribert Wäscher (1895 – 1961) Über Engagements in Magdeburg und Köln kam Aribert Wäscher schnell an die großen Bühnen Berlins. 1919 zuerst am Kleinen Theater, dann bei den Reinhardtbühnen, am Lustspielhaus und der Volksbühne fand er seit 1926 seine künstlerische Heimat am Staatstheater und spielte dort unter Leopold Jessner und Jürgen Fehling. Nach Kriegsende gehörte er von der ersten Stunde an zum Ensemble des Deutschen Theaters und konnte sein Talent in vielen Inszenierungen präsentieren. Besonders eindrucksvoll war die Gestaltung seiner Rollen in Stücken von Carl Sternheim und den Komödien von Molière. ›Tartuffe – Aribert Wäscher. Der war klassisch. Keiner Übertreibung nachgebend, zu der diese Rolle reizen mag. Komik zumeist aus der Bewegung des Gesichts und aus der Stimme. Wie er plötzlich bei seinen lasterhaften Bemühungen um die Frau Orgons abbricht und die krötige, schmutzige, unverstellte, tiefe Stimme des wahren Scheusals durchkommen läßt – großartig‹ (Friedrich Luft). 1950 verließ Wäscher das Ensemble in der Schumannstraße und ging an Theater im Westteil der Stadt; vom Renaissance-Theater wechselte er zu Boleslaw Barlog und spielte bis 1955 am Schloßpark- und Schiller-Theater.

auf der am 31. Oktober 1945 schon die nächste Premiere stattfand. Mit der Inszenierung des Schwanks ›Der wahre Jakob‹ von Franz Arnold und Franz Bach bescherte das Volkstheater Pankow dem Publikum zwei Stunden unbeschwerte Heiterkeit. Die Erfolgsserie konnte im Dezember mit der Inszenierung des ›Tartuffe‹ von Molière fortgesetzt werden. Die Kritik bescheinigte Walter Schramm in der Titelrolle und Herbert Gothe als Orgon herausragende Leistungen und dem Ensemble solides Können, das der Aufführung ein ›sehr achtbares Niveau‹ sicherte.

Trotz der Kohlenknappheit kamen die Besucher auch im Januar 1946 in die Aula der Bach-Schule; ein weiteres Lustspiel ›Familie Hannemann‹ von Reimann und Schwarz zog die Zuschauer in ihren Bann und ließ die Kälte vergessen. ›Es war unheimlich kalt in dieser Aula, es war ja inzwischen Winter geworden, das Publikum in Mänteln oder in Decken gehüllt. Wir froren, stiegen zähneklappernd auf die Bühne, aber die Begeisterung war eigentlich nicht weniger geworden seit Mai 1945, und Publikum strömte. Probiert haben wir damals dann in einer Baracke in Schönholz, wo eben ein Lager für Fremdarbeiter während des Krieges entstanden war, und dort waren auch unsere Werkstätten.‹ Walter Schramm inszenierte im Februar 1946 das Schauspiel ›Der Staatsanwalt‹ von Karl Schüler. Mit seiner letzten Arbeit für das Volkstheater Pankow bewies er, daß das Ensemble in der Lage war, auch zeitnahe Stücke zu spielen.

Im März 1946 wurde Willy Linke zum neuen Intendanten des Volkstheaters berufen. Er wählte ›Leonce und Lena‹ von Georg Büchner als erste Premiere, und er gab den Schauspielern erstmals Verträge. ›Also mein Vertrag lief dann vom 8. April 1946 bis 31. Mai 1946, als jugendliche Charakterspielerin, Rollen nach Individualität und 200 Mark oder 225 Mark. Also das war für die damalige Zeit eine annehmbare Gage.‹ Unter dem neuen Theaterleiter Linke bekam das Spiel eine neue Qualität. In der Regie von Gabriele Hessmann, die bei Jürgen Fehling in Zehlendorf die Marthe Schwerdtlein im ›Urfaust‹ gespielt hatte, kam am 17. April 1946 ›Der zerbrochne Krug‹ von Kleist zur Aufführung. ›Ich erinnere mich eigentlich heute noch mit einer Rührung an die letzten Proben, die dort in dem Volkstheater Pankow stattgefunden haben, auf der Bühne dieser Oberschule in der Görschstraße, und zwar von Garcia Lorcas »Bluthochzeit«. Gabriele Hessmann spielte die Mutter, ich spielte die Frau des Leonardo und Willy Linke führte Regie, und wie ich mich erinnere oder glaube zu erinnern, waren diese Proben doch getragen von einer hohen künstlerischen Qualität. Ich habe mich ungeheuer wohl gefühlt bei diesen Proben, wie eigentlich kaum am Theater vorher, und das wurde ziemlich jählings unterbrochen, abgebrochen, weil das Theater schließen mußte. Das Ensemble stob in alle Winde auseinander. Aber nun ist alles Geschichte. Eine Geschichte, die man nicht vergessen sollte.‹

1 Gertrud Eylitz, Interview mit Bärbel Reißmann, 1990; sofern nicht besonders nachgewiesen, stammen die folgenden Zitate aus diesem Interview.
2 Das Stichwort, Mitteilungsblätter des Volkstheaters Pankow, Heft 5, 1945/46, S. 8.

O namenlose Freude! Nach unnennbarem Leide
Die Musik-Theater

Petra Louis

Irma Beilke als Manon in ›Manon‹ von Jules Massenet
Deutsche Staatsoper, 27. 1. 1948
Foto: Kurt Kreutzinger

Irma Beilke (1904 – 1989)
Die Sopranistin verlieh mit ihrer hell leuchtenden, beweglichen Stimme vielen Partien besonderen Ausdruck. So 1945 in der ›Fidelio‹-Inszenierung als Marzelline und in Smetanas ›Verkaufter Braut‹ als Marie. Nach Engagements in Oldenburg (1928) und Leipzig (1930) gehörte sie seit 1936 zum Ensemble des Deutschen Opernhauses, an dem sie bereits 1926 als Brautjungfer im ›Freischütz‹ debütierte. Von 1941 bis 1945 sang sie auch an der Wiener Staatsoper. Seit 1946 war sie häufig an der Deutschen Staatsoper zu hören, deren Ehrenmitglied sie 1980 wurde. Zu ihrem Repertoire gehörten die Colombine in ›Arlecchino‹ von Busoni, die Regina in ›Mathis der Maler‹ von Hindemith die Despina in ›Così fan tutte‹, das Blondchen in der ›Entführung aus dem Serail‹, die Traviata sowie die Mimi in ›La Bohème‹. Sie war die Susanna in ›Figaros Hochzeit‹ und die Sophie im ›Rosenkavalier‹ von Strauss. Sie gab zahlreiche Gastspiele in europäischen Opernhäusern und auf Festspielen. Seit 1954 unterrichtete sie in einem eigenen Gesangstudio und war von 1958 bis 1969 als Professorin an der Musikhochschule Berlin tätig.

Der betäubende Lärm der Bomben, Geschütze und Gewehre war verstummt. In ihrem Nachhall ertönte im Frühjahr 1945 das Zwitschern der Vögel als erstes Singen. Sehr bald verbreiteten sich auch der Gesang erstklassiger Künstler und der Klang virtuos gespielter Instrumente. Die Darstellungen auf der Bühne mit ihren beeindruckenden Bildern und Stimmungen vermochten schnell, die Zuschauer in ihren Bann zu ziehen. Anfangs traten kleine Ensembles an die Öffentlichkeit, die vor allem das heitere Genre pflegten. Die großen Berliner Musiktheater boten im Sommer zunächst Konzerte und Ballett-Aufführungen. Mit der neuen Spielzeit folgten dann die Eröffnungspremieren. Sie waren Feste des Neubeginns und ein symbolischer Ausdruck des Glücks, der Freude und Dankbarkeit über den Frieden, die errungene Freiheit und die hoffnungsfrohe Erwartung an eine neue Zeit. Das Publikum nahm diese Premieren mit tiefen Emotionen, großer Anerkennung und stürmischer Begeisterung auf. Die Inszenierungen hatten eine unvergeßliche und aufrüttelnde Wirkung. ›O welch ein Augenblick!‹ Nach diesem Finale des ›Fidelio‹ von Ludwig van Beethoven am 4. September in der Städtischen Oper, ›das die Solisten Karina Kutz in der Titelrolle, Günther Treptow als Florestan, Hans Wocke, Hans Heinz Nissen, Irma Beilke, Erich Witte und Wilhelm Schirp auf der Szene versammelte, brach jubelnder Beifall los.‹[1] Ebenso vier Tage später in der Deutschen Staatsoper nach der Premiere von ›Orpheus und Eurydike‹ von Christoph Willibald Gluck. Die Kraft der Liebe und des Mutes sind die Motive, die beide Opern verbinden. Orpheus symbolisiert außerdem die Kraft, die von der Kunst des Gesanges und des Kitharaspiels ausgeht. ›Durch welche Zauberkraft […] beuget alles sich und seiner hohen Kunst.‹[2]

Vor den Premieren hatte es viele Probleme gegeben. Insbesondere fehlte es an Materialien für die Ausstattung. Die künstlerischen und technischen Ensembles bewiesen in höchstem Maße Engagement und Improvisationstalent, Kreativität und Phantasie. Die gefundenen schlichten, aber eindrucksvollen Lösungen sind, an heutigen Maßstäben gemessen, kaum vorstellbar. Eine Treppenkonstruktion, auf der die verschiedenen Orte der Handlung nur angedeutet waren, prägte das Bühnenbild von ›Orpheus und Eurydike‹. Die Kostüme des Chores der Städtischen Oper wurden aus Verdunklungspapier, die der Staatsoper aus gewaschener Dekorationsleinwand gefertigt. Die Protagonisten bekamen Kostüme nach Entwürfen von Robert Herlth, mit stimmungsvollen Farbtönen. Diese ersten Inszenierungen fanden auch in der Presse eine nachhaltige Resonanz. Die Kritiker urteilten anerkennend: ›In idealer Verkörperung des leidgeprüften Paares »Orpheus und Eurydike« erlebten wir […] Anneliese Müller und Tiana Lemnitz. Am Gesangsstil der beiden erfreute die überzeugende Innerlichkeit, die Gluck für diese Rollen – und nicht nur für sie allein – aus seinem starken künstlerischen Empfinden gewonnen hatte. Auch die musikalische Leitung Karl Schmidts machte uns diesen Gluck zum Erlebnis und sicherte neben der reifen Kunst des Titelpaares der Aufführung trotz allem eine begeisterte Aufnahme durch das ausverkaufte Haus.‹[3] Die ›Fidelio‹-Aufführung ›wurde den hohen Anforderungen, die wir nicht nur um der Kunst, sondern ebensosehr um des hohen sittlichen Wertes der Beethovenschen Schöpfung Willen erheben müssen, musikalisch in idealer Weise gerecht. […] Die Zuhörer, die das Haus in allen seinen Teilen füllten, standen ganz im Banne des musikalischen Erlebnisses und überschütteten dankbar alle Mithelfer zum großen Erfolg des Premierenabends mit Beifall.‹[4] Doch diese Erfolge konnten die Ensembles nicht in ihren vertrauten Spielstätten feiern. ›Des Frühlings Kommen, das heitre warme Sonnenlicht […]‹[5] sich im Staub der Trümmer brach: Die Staatsoper Unter den Linden und das Deutsche Opernhaus in der Bismarckstraße waren völlig ausgebrannt. Vom Metropol-Theater in der

›O namenlose Freude! Nach unnennbarem Leide‹, Karina Kutz als Leonore und Günther Treptow als Florestan im II. Akt, 5. Szene in ›Fidelio‹ von Ludwig van Beethoven, Städtische Oper, 4. 9. 1945. Foto: Abraham Pisarek

Robert Herlth, Kostümfigurine ›Orpheus‹ zu ›Orpheus und Eurydike‹ von Christoph Willibald Gluck, Deutsche Staatsoper, 8. 9. 1945

Margarete Klose als Dalila in ›Samson und Dalila‹ von Camille Saint-Saëns Deutsche Staatsoper, 6. 10. 1948 Foto: o. A.

Margarete Klose (1899/1902–1968) Mit ihrer strahlenden, warm timbrierten Altstimme, ihrer tiefen Musikalität und Darstellungskunst gestaltete sie viele Partien auf unvergleichliche Weise. Eine ihrer großen Kreationen war der Titelheld im ›Orpheus‹ von Gluck, den sie auch im Eröffnungskonzert der Deutschen Staatsoper 1945 sang. Nach Ihrem Debüt 1927 als Manja in der Operette ›Gräfin Mariza‹ am Stadttheater Ulm, nach Engagements in Kassel und Mannheim wurde sie 1931 an die Berliner Staatsoper berufen, an der sie bis zum Ende ihrer Karriere 1961 blieb. Sie trat von 1949 bis 1955 auch an der Städtischen Oper auf und hatte von 1949 bis 1960 große Erfolge an der Komischen Oper. Neben ihren Wagner-Partien Brangäne im ›Tristan‹, Ortrud im ›Lohengrin‹, Fricka, Erda und Waltraute im Nibelungenring ragten aus ihrem Bühnenrepertoire heraus: die Carmen von Bizet, die Amneris in ›Aida‹, die Azucena im ›Troubadour‹, die Eboli in Verdis ›Don Carlos‹, die Küsterin in ›Jenufa‹, die Czipra im ›Zigeunerbaron‹, die Klytämnestra in ›Elektra‹ und die alte Gräfin in ›Pique Dame‹ von Tschaikowski. Sie war außerdem eine hochgeschätzte Konzert-, Oratorien- und Liedsängerin, die an vielen Häusern in aller Welt auftrat.

Rita Streich als Gilda in ›Rigoletto‹ von Giuseppe Verdi Deutsche Staatsoper, 20. 9. 1945 Foto: Kurt Kreutzinger

Rita Streich (1920–1987)
Dank ihrer brillanten Stimme konnte die Sopranistin an der Staatsoper 1946 als Olympia in ›Hoffmanns Erzählungen‹ von Offenbach und als Blondchen in Mozarts ›Entführung aus dem Serail‹ ihre ersten großen Erfolge feiern. ›Rita Streich gibt ihr das unbekümmert Resolute, diesseitig Fröhliche der Jugend. Ihre zarte Glockenstimme klettert mühelos zum dreigestrichenen E‹ (Kurier, 11. 6. 1946). Große Erfolge feierte sie als Zerbinetta in ›Ariadne auf Naxos‹ von Strauss (1949), mit der sie bereits 1943 debütiert hatte. Bis 1950 blieb sie an der Staatsoper, sang auch an der Komischen Oper und wechselte dann an die Städtische Oper, der sie bis 1953 angehörte; danach war sie bis 1972 Mitglied der Wiener Staatsoper. Sie feierte bei Festspielen in Bayreuth und Salzburg sowie bei Gastspielen in aller Welt große Erfolge. Zu ihrem Repertoire gehörten: das Ännchen im ›Freischütz‹, die Königin der Nacht in der ›Zauberflöte‹, die Zerline im ›Don Giovanni‹, die Despina in ›Così fan tutte‹, die Sophie im ›Rosenkavalier‹, die Susanna in ›Figaros Hochzeit‹. Sie feierte auch in Konzerten und bei Liederabenden große Erfolge. Seit 1974 war sie als Gesangspädagogin tätig.

Behrenstraße stand nur noch der Zuschauerraum. Generaloberst Bersarin hatte ursprünglich den Plan, Berlins Opernleben in einem Unternehmen mit allen geeigneten Kräften zu konzentrieren. Der ehemalige Generalintendant der Preußischen Staatstheater, Heinz Tietjen, wurde mit sofortiger Wirkung provisorisch zum ›Leiter aller Operntheater der Stadt Berlin‹ ernannt. Damit der Spielbetrieb sobald wie möglich aufgenommen werden konnte, bildeten jeweils einige Ensemblemitglieder beider Opernhäuser eine Gruppe, um die noch in Berlin lebenden einstigen Kollegen zu suchen, eidesstattliche Erklärungen bezüglich deren Nicht-Parteimitgliedschaft einzuholen und die Ensembles wiederaufzubauen. Aufgrund von Vorwürfen, während des Nationalsozialismus wiederholt Ensemblemitglieder denunziert zu haben, wurde Tietjen Anfang Juni 1945 von seiner Funktion wieder entbunden. Die Leitung des Deutschen Opernhauses erhielt Michael Bohnen und die der Deutschen Staatsoper Ernst Legal; W. Fritzenwallner wurde Direktor des Metropol-Theaters. Ihre wichtigste Aufgabe bestand zunächst darin, geeignete Spielstätten zu finden. Im Blickpunkt aller stand der weitgehend intakte Admiralspalast am Bahnhof Friedrichstraße. Viele Künstler fühlten sich mit diesem einstigen Revue- und Operetten-Theater eng verbunden.

Im Vergleich zu den anderen Häusern waren die Narben, die der Krieg hinterlassen hatte, gering. Das Gebäude befand sich in einem noch relativ guterhaltenen Zustand. Auf Anordnung der Sowjetischen Kommandantur vom 30. Juni 1945 wurde der Admiralspalast der Staatsoper zugesprochen. Das enttäuschte Metropol-Theater-Ensemble, das bereits seit Mitte Mai mit den Aufräumarbeiten begonnen hatte, zog Ende Juli 1945 ins Kino Colosseum in der Schönhauser Allee. Das Deutsche Opernhaus etablierte sich als Städtische Oper im Theater des Westens in der Kantstraße, der einstigen Volksoper. In einem Interview erzählte Bohnen später: ›Als wir im Mai das Haus in der Kantstraße in Augenschein nahmen, lag die Decke unten im Parkett, das Foyer war voller Leichen, das Ganze schien ein abbruchreifer Trümmerhaufen zu sein. Wir standen dem mit ganzen vier, noch dazu haarlosen Besen gegenüber. Zugegriffen haben wir dann alle.‹[6] Die Sänger und Musiker der Staatsoper hatten sich ebenso an den Aufräumarbeiten beteiligt.

Ende September 1946 kam dann auch das Berliner Operetten-Publikum in hellen Scharen zur Eröffnungspremiere des Metropol-Theaters: ›Paganini‹ von Franz Lehár. Das dankbare Publikum lachte herzlich und ließ sich schnell von dem munteren Spiel, der köstlichen Gebärdenkomik und dem Gesang verzaubern. Es erfreute sich an dem hübschen Bühnenbild, den prächtigen Kostümen und den gewünschten Dakapos. Es war ein Premierenabend, dessen voller Erfolg ›lange vor Beendigung der Vorstellung entschieden war: Beifall über Beifall, Blumen über Blumen, Vorhang um Vorhang. Die freudige

Szenenfoto zu ›Paganini‹ von Franz Lehár, Metropol-Theater, 28. 9. 1945. Foto: Abraham Pisarek

Überraschung im Hause war groß, als inmitten der gefeierten Mitwirkenden Meister Lehár persönlich erschien und dem Ensemble, dem Orchester und seinem temperamentvollen Leiter Egon Herz sowie dem Publikum für den glücklichen Abend dankte.[7] Zu diesem Zeitpunkt waren Ensemble, Publikum und Kritiker noch sicher, nach der Rekonstruktion des Hauses in der Behrenstraße dorthin zurückzukehren. Daß dies nicht so sein würde, dafür legte ein Mann im Dezember 1945 im Hebbel-Theater einen Grundstein: Walter Felsenstein. Er inszenierte ›Pariser Leben‹ von Jacques Offenbach. Das Publikum sollte wenigstens für ein paar Stunden die Misere des Lebens vollkommen vergessen. Er wollte die Menschen im besten Sinne zur Lebensfreude hinreißen. Felsenstein hatte das Originallibretto neu übersetzt und ein spielfreudiges Ensemble geformt, das seinen konzeptionellen Forderungen entsprach: den schauspielerisch begabten Sänger oder den mit Stimme begabten Schauspieler. Die Inszenierung war, angeregt von den klangvollen und begeisternden Melodien, temperamentvoll und präzise dargebracht, ein farbenfroher Ausdruck von großem Optimismus. Die Vorstellungen versetzten das Publikum in eine Atmosphäre musikalischer Heiterkeit, die als ein triumphierender Taumel der Lebenslust alle szenischen Elemente vereinte. Die Zuschauer konnten zwei Stunden von Herzen lachen und sich entspannen. Fasziniert spendeten sie nach der Rückkehr aus dem Reich der Phantasie sehr lange Applaus. Felsensteins legendäre Inszenierung errang beim begeisterten Publikum viel Aufmerksamkeit[8] und brachte zwei Jahre später für das Musiktheater im allgemeinen und Berlin im besonderen die eigentliche Erneuerung. Aufgrund dieser überaus erfolgreichen Regiearbeit, die sein besonderes Inszenierungskonzept bereits erkennen ließ, erhielt Felsenstein die Lizenz für die Errichtung der Komischen Oper in der Behrenstraße. Zur Eröffnung am 23. Dezember 1947 inszenierte er ›Die Fledermaus‹ von Johann Strauß.

Der Euphorie nach Kriegsende und dem hoffnungsvollen Neubeginn folgten Jahre schwieriger Entwicklungen und Enttäuschungen. Die ursprünglichen Wünsche mußten sich den realen gesellschaftlichen, politischen und wirtschaftlichen Möglichkeiten beugen. Machtkämpfe der Alliierten, ideologische Gegensätze, finanzielle Probleme, wie die Geldknappheit und die doppelte Währung, sowie Schwierigkeiten bei der Materialbeschaffung waren Belastungen, die alle Berliner Musiktheater-Unternehmen hatten. Ausdruck dessen war, daß die Städtische Oper erst ab 17. November 1948 beheizt wurde, daß Kontraktbrüche zum Alltag der Deutschen Staatsoper gehörten und daß in der Städtischen Oper und im Metropol-Theater die Direktionen in den ersten Jahren häufig wechselten.

Das Metropol-Theater spielte zehn Jahre in Prenzlauer Berg und versprühte von dort sein Kolorit. Dem ersten Intendanten W. Fritzenwallner folgte sehr bald Hanns Hartmann. Die klassische Operette

Josef Burgwinkel als Baron von Gondremark und Irmgard Armgart als Pauline in ›Pariser Leben‹ von Jacques Offenbach Komische Oper, 10.2.1951 Foto: Abraham Pisarek

Josef Burgwinkel (1895 – 1966) Als Bariton begann er 1918 seine Bühnenlaufbahn in Wuppertal-Barmen. Von 1921 bis 1924 sang er am Nationaltheater Mannheim und wirkte danach ein Jahr an der Münchener Staatsoper. Im Verlauf seiner Karriere wechselte er mehrmals das Stimmfach, so daß er über ein sehr umfangreiches Repertoire verfügte. Als Tenor kam er 1926 nach Berlin an das Deutsche Opernhaus und gehörte bis 1937 dem Ensemble an. Er sang zunächst heldische Partien wie den Parsifal und den Tannhäuser, später lyrische Partien und Rollen für Spieltenor. 1943/44 war er am Theater am Nollendorfplatz, 1945 kam er an die Berliner Staatsoper, an der er Partien aus dem Baritonfach wie den Rigoletto und Eugen Onegin sang. Schließlich trat er, 1948 bis 1950, am Berliner Metropol-Theater als Agamemnon in ›Die schöne Helena‹ auf. Seit 1949 sang er ebenfalls an der Komischen Oper, den Baron Weps im ›Vogelhändler‹, den Don Curzio in ›Figaros Hochzeit‹, den Dr. Bartolo in ›Der Barbier von Sevilla‹ und sogar Baßpartien wie den Wirt Lutter in ›Hoffmanns Erzählungen‹. Zuletzt trat er nur noch in Sprechrollen wie Samiel in ›Der Freischütz‹ auf.

›Pariser Leben‹ von Jacques Offenbach, Hebbel-Theater, 6.12.1945. Programmheft (Titelseite)

Die Musik-Theater 47

Hans Busch als Caramello in ›Eine Nacht in Venedig‹ von Johann Strauß Metropol-Theater, 4. 6. 1949 Foto: Harry Croner

Hans Busch (geb. 1913)
Der Tenor begann seine Bühnenkarriere 1937 mit einem Engagement in Tilsit und war in den folgenden Jahren in Detmold, Glogau und Brüx tätig. 1941 kam er nach Berlin an das Theater am Nollendorfplatz, an dem er vor allem Operettenpartien übernahm. 1947 holte ihn Walter Felsenstein an die Komische Oper. In der Eröffnungsvorstellung ›Die Fledermaus‹ betörte ›Hans Busch mit seinem hohen C‹ (Nacht-Express, 24. 12. 1947) als Kammersänger Alfred. Er war ein begabter Komödiant, der mit seinem temperamentvollen, frechen und munteren Spiel als Erster Strolch in ›Die Kluge‹ von Orff und als Junker Bleichenwang in ›Was ihr wollt‹ von Kusterer das Publikum faszinierte. Er sang in den folgenden Jahren viele Partien verschiedener Fächer: Adam in ›Der Vogelhändler‹, Basilio in ›Figaros Hochzeit‹, Conte Riccardo in ›Die vier Grobiane‹, Gherardo in ›Gianni Schicchi‹, Jean Frick in ›Pariser Leben‹, Kilian in ›Der Freischütz‹, Monostatos in ›Die Zauberflöte‹, einen Lampenanzünder in ›Manon Lescaut‹ und Pasqua in ›Il Campiello‹ von Wolf-Ferrari. Er trat als Gast am Staatstheater Kassel, an der Berliner Staatsoper als Brighella in ›Ariadne auf Naxos‹ und am Metropol-Theater auf.

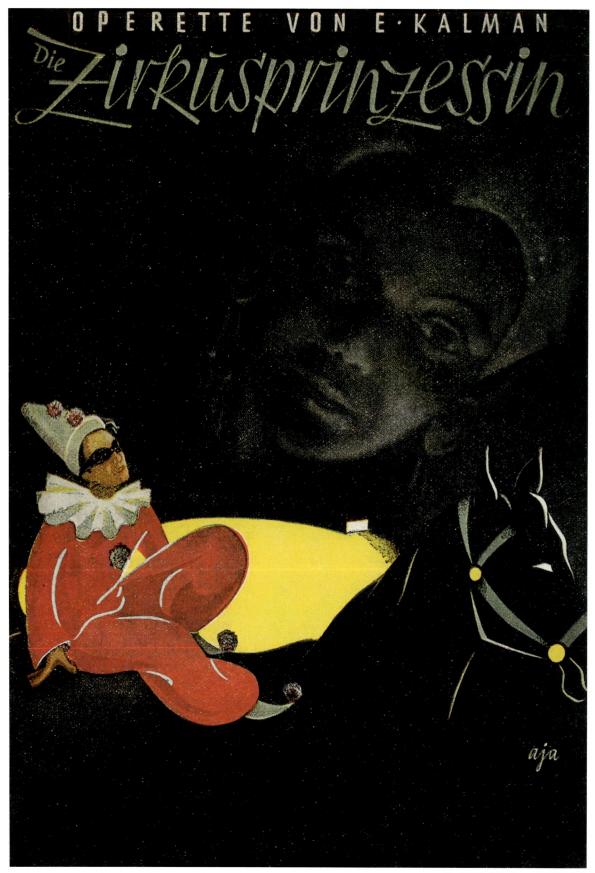

›Die Zirkusprinzessin‹ von Emmerich Kálmán, Metropol-Theater, 10. 6. 1946. Programmheft (Titelseite)

bildete in den ersten Nachkriegsjahren den Schwerpunkt des Repertoires. Im Dezember inszenierte Eduard Rogati die seit vielen Jahren nicht mehr gespielte Operette ›Die Dollarprinzessin‹ von Leo Fall ebenfalls mit großem Erfolg. Die Kritiker lobten besonders die Leistung des Dirigenten Egon Herz. Nach ›Ein Walzertraum‹ und ›Pünktchen und Anton‹ folgte im Juli 1946 ›Die Zirkusprinzessin‹ von Emmerich Kálmán. Paul Westermeier, der die Rolle des Prinz Sergius Wladimir spielte, schrieb in einem Brief: ›Mein lieber Friedrich! Heute mit Dank Deine Einschreiben erhalten. Ich und Lotte finden es wirklich rührend von Dir, uns Zigaretten zu schicken. Hab vielen Dank und auch noch für den schönen Gries. Ja, lieber Fritze, hier ist es schwer, aber es geht trotz aller Widerstände vorwärts. Auch stecken wir schon wieder in neuen Proben zu »Zirkusprinzessin«. Die Rolle habe ich ja schon in der Behrenstraße vor soviel Jahren gespielt. […] Ich versuche so nach und nach wieder den alten Metro-Stamm heranzuziehen, wenn Rollen für sie da sind. Im September soll unser altes Metro wieder eröffnet werden, aber, wer weiß, ob es bei dem festgesetzten Termin bleibt? Und ob unser jetziger Intendant Hartmann es übernimmt, ist auch noch nicht sicher. Man weiß ja nie.‹[9] Das Repertoire wurde dann mit ›Das Dreimäderlhaus‹, ›Nächte in Shanghai‹, ›Emil und die Detektive‹ und ›Die lustige Witwe‹ erweitert. Die Bühnenbilder und Kostüme für diese Operette von Franz Lehár in der Regie von Max Marfeld entwarf der Ausstattungsleiter Wolf Leder, der mit seinen Entwürfen vielen Inszenierungen ein ganz besonderes Gepräge gab. Seine Leistungen waren vor allem deshalb so bemerkenswert, weil in dem ursprünglichen Kino der Bühnenraum sehr begrenzt war. Das Metropol-Theater wurde 1947 kurzzeitig von Rudolf Platte und dann kommissarisch von Ernst Legal geleitet, bis Arthur Maria Rabenalt die Intendanz übernahm. Er hatte es sich zur großen Aufgabe gemacht, neben der Traditionspflege vor allem auch neue Operetten zu fördern. Auf den Spielplan kamen ›Die schöne Helena‹ von Jacques Offenbach und ›Die Kinokönigin‹ von Jean Gilbert. Diese Inszenierung der textlich vom Regisseur Max Marfeld und musikalisch vom Dirigenten Herbert Kawan bearbeiteten Berliner Operette war ein großer Publikumserfolg. Nach ›Eine Nacht in Venedig‹ von Johann Strauß und ›Die Dubarry‹ von Karl Millöcker in der Bearbeitung von Theo Mackeben schied Rabenalt am 31. Dezember 1949 aus dem Amt. Die Realisierung von Ur- und Erstaufführungen gelang erst seinem Nachfolger Hans Pitra, der im März 1950 Intendant wurde. Zunächst folgte noch Altbewährtes wie ›Frasquita‹, ›Die Banditen‹ und ›Der Bettelstudent‹, bevor seit 1951 erste Ergebnisse des Erneuerungsstrebens verzeichnet werden konnten. Inszeniert wurden: ›Frau Luna 51‹, eine Bearbeitung der Lincke-Operette, ›Lied der Sehnsucht‹ sowie die Uraufführungen ›Treffpunkt Herz‹ und ›An beiden Ufern der Spree‹. Herausragende Ensemblemitglieder waren Ilse Hülper, Cordy Milowitsch, Margot Pretell, Oda Troll, Sonja Ziemann, Adi Appelt, Erich-Karl Brandes, Emil Frickartz, Gerhard Frickhöffer und Fred Kronström. 1955, nach der Wiedereröffnung der Deutschen Staatsoper Unter den Linden, zog das Metropol-Theater dann in den Admiralspalast.[10]

Auch bei der Städtischen Oper waren die ersten Nachkriegsjahre durch einen häufigen Wechsel der Intendanten gekennzeichnet. Michael Bohnen geriet in die Kontroversen der Alliierten. Außerdem hatte er Probleme mit seinem Ensemble und der Presse. Im Frühjahr 1947 wurde er zunächst beurlaubt und trat schließlich zurück. Bis zum Sommer 1948 lag die Leitung des Hauses in der Ver-

Anny Schlemm als Zdenka in ›Arabella‹ von Richard Strauss Deutsche Staatsoper, 19.12.1950 Foto: Kurt Kreutzinger

Anny Schlemm (geb. 1929)
Als sie 1949 an der Komischen Oper und an der Staatsoper auftrat, lag ihr Debüt in Halle gerade ein Jahr zurück. Bereits am Beginn ihrer langen Bühnenkarriere fiel ihre ungewöhnliche Begabung auf. Sehr bald waren die Kritiker des Lobes voll. ›Anny Schlemm ist der keckste, präzisest jubelnde Page Oskar, den man sich wünschen kann‹ (Neue Zeitung, 19.10.1949); sie ›ist die Stimme und Gestalt der Marie. Keine Kostümfigur, sondern ein festes bäuerliches Mädchen, wie sie als hinreißender Mozartscher Cherubin ein tapsiger und schlaksiger Junge war. Ihre erstaunliche Jugend verträgt sich mit einer musikalischen Sicherheit, die jeden Einsatz nicht aus den Noten, sondern aus der Situation zu holen scheint. Ihr Ton entwickelt so viel Volumen wie Feinheit‹ (Berliner Zeitung, 12.9.1950). In den nächsten Jahren sang die Mezzosopranistin die Agathe im ›Freischütz‹, die Zerline im ›Don Giovanni‹, die Despina in ›Così fan tutte‹. Sie wirkte in vielen berühmten Inszenierungen von Walter Felsenstein mit, in ›Ritter Blaubart‹ von Offenbach (1963) als Boulotte, der Partie, die ihre Glanzrolle wurde. Sie gab Gastspiele in aller Welt und trat bei Festspielen auf. Sie kann noch im hohen Alter mit ihrem Gesang und ihrem Spiel das Publikum verzaubern.

Wolf Leder, Bühnenbildentwurf zu ›Die lustige Witwe‹ von Franz Lehár, Metropol-Theater, 25.12.1947

Heinz Tietjen bei einer Probe zu ›Tannhäuser‹ von Richard Wagner mit Martha Musial als Elisabeth Städtische Oper, 8.12.1949 Foto: Harry Croner

Heinz Tietjen (1881–1967)
Der Intendant der Städtischen Oper, Dirigent und Regisseur war umstritten. Die Inszenierung der Opern Richard Wagners bildeten den Schwerpunkt in seinem Regieschaffen. ›Eine Wagner-Aufführung von einer stilistischen Strenge und Höhe wie der »Tannhäuser« der Städtischen Oper ist heute in Deutschland und wahrscheinlich in der Welt ohne Vergleich. Die innere Spannung dieser Inszenierung, die die ins Ornamentale spielenden Bühnenbilder von Emil Preetorius mit einer realistischen, auch den Einzug der Gäste noch in allen mimischen Einzelheiten ausspielenden Bewegungsregie verbindet, die Sicherheit, mit der diese Gegensätze nicht zum Experiment gespitzt, sondern zum ruhenden Ganzen ausgeglichen werden, das alles steckt ein Feld für künftige Arbeit ab, in dem vielfältige Konzeptionen Raum finden können‹ (Der Tagesspiegel, 16.4.1950). Die Rolle der Elisabeth wurde für die erfolgreiche Sopranistin Martha Musial (1905–1995) zu einer ihrer wichtigsten.

antwortung wechselnder Triumvirate.[11] Am 5. August 1948 wurde Heinz Tietjen, nachdem er entnazifiziert worden war, zum Intendanten der Städtischen Oper berufen, eine umstrittene Entscheidung. Tietjen wollte nicht mehr an die Vergangenheit erinnert werden und allen Kritikern beweisen, zu welchen Taten er noch fähig war. Es gelang ihm in den Jahren seiner Amtszeit, die Städtische Oper zu ersten neuen Höhepunkten zu führen. ›Aber er kann zum Ende der Intendanz seinem Anspruch und der künstlerischen Entwicklung seiner Zeit immer weniger entsprechen. So wird er 1953 enttäuscht, verbittert und unverstanden aus seinem Amt scheiden.‹[12] In der Ära Tietjen hatte die Städtische Oper Anschluß an ein internationales Niveau erreicht, besonders verdienstvoll waren die Verpflichtungen namhafter Dirigenten wie Leo Blech, seine Unterstützung des Dramaturgen und späteren Stellvertreters Julius Kapp und die Engagements wichtiger Sänger-Persönlichkeiten. Zu den herausragenden Künstlern des Ensembles gehörten: Elisabeth Grümmer, Johanna Blatter, Traute Richter, Elfride Trötschel, Helene Werth – und bei den Herren Mathieu Ahlersmeyer, Hans Beirer, Herbert Brauer, Gottlob Frick, Josef Greindl, Helmut Krebs, Josef Metternich. Gäste waren u. a. Christel Goltz, Max Lorenz und Helge Roswaenge. Anerkennung galt auch seinen Verdiensten um den Aufbau des Balletts. Mit Tietjen begann ›eine Epoche der Hochspannung, des universalen, die Premieren häufenden Opernthaters, in deren Mitte die Erneuerung des Wagnerschen Musikdramas und die Pflege des Œuvres von Richard Strauss standen.‹[13] Tietjen arbeitete besonders eng mit dem Bühnenbildner Emil Preetorius zusammen; außerdem beschäftigte er den genialen Josef Fenneker, der als Maler der Wagnerszenerie galt.[14] Er

Josef Greindl als Philipp II. in ›Don Carlos‹ von Giuseppe Verdi Städtische Oper, 18.11.1948. Foto: o. A.

hatte die Bühnenbilder für die wohl herausragendste Inszenierung dieser Jahre geschaffen: Giuseppe Verdis ›Don Carlos‹, die erste Regiearbeit von Heinz Tietjen seit Übernahme seiner Intendanz.

Ludwig Suthaus als Tannhäuser in ›Tannhäuser‹ von Richard Wagner, Städtische Oper, 8.12.1949. Foto: Abraham Pisarek

Umjubelt waren auch die ersten Auftritte des jungen Dirigenten Ferenc Fricsay am Pult der Städtischen Oper und des jungen Gast-Baritons Dietrich Fischer-Dieskau in der Rolle des Posa. Das Repertoire wurde noch auf deutsch gesungen. Trotz vieler Erfolge wurden die Stimmen der Kritiker jedoch immer belastender: Tietjen überzog permanent seinen Etat, im Führungsteam kam es verstärkt zu künstlerischen Auseinandersetzungen, und die Besucherzahlen gingen 1952 zurück. Tietjens Intendantentätigkeit endete mit der Spielzeit 1953/54. Allerdings kehrte er noch mehrmals als Gastdirigent an die Städtische Oper zurück.[15]

Im Gegensatz zum Metropol-Theater und zur Städtischen Oper lag die Intendanz der Deutschen Staatsoper seit 1945 in einer Hand, in der Verantwortung von Ernst Legal. Nach der erfolgreichen Eröffnung entwickelte er mit seinem Ensemble eine große künstlerische Aktivität. ›Rigoletto‹, ›Eugen Onegin‹, ›Tiefland‹, ›Hänsel und Gretel‹, ›Madame Butterfly‹, ›Die Entführung aus dem Serail‹, ›Der Mantel‹ und ›Arlecchino‹ bildeten die Grundlage des neu aufzubauenden Repertoires. Von besonderer Bedeutung und ein weiteres Zeichen für den Neuanfang war die Inszenierung der lange verbotenen Oper ›Hoffmanns Erzählungen‹ von Jacques Offenbach. Ernst Legal führte, wie schon 1929 an der Kroll-Oper, selbst Regie. Er ›wird zum Virtuosen in der Realisierung des Hoffmannesken. [...] Auf der Höhe der letzten Etappe Hoffmanns im Hause Crespels spukt es telekinetisch, Wände blähen sich und schwanken, und Doktor Mirakel klappert mit feurigem Fläschchen. Das Dämonische, Hintergründige dieser glänzend durchgearbeiteten Aufführung wird bis in Maske und Haltung der Nebenfiguren, bis in die Kostüme Palms vorgetrieben.‹[16] In der Titelrolle beeindruckte Erich Witte. Der Intendant Ernst Legal führte bis 1953 in zehn weiteren Inszenierungen Regie, u.a. in ›Pelleas und Melisande‹, ›Arabella‹, ›Sadko‹, ›Der Barbier von Bagdad‹ oder ›Euryanthe‹. Er wurde in der Anzahl nur vom Oberspielleiter Wolf Völker übertroffen, der zum Beispiel auch bei ›Der fliegende Holländer‹, ›Pique Dame‹, ›Der Rosenkavalier‹, ›Mathis der Maler‹, ›Jenufa‹, ›Tosca‹, ›Boris Godunow‹, ›Parsifal‹ und ›Macbeth‹ sein Talent bewies. Sehr erfolgreich war die Inszenierung von Verdis ›La Traviata‹, die durch das gelungene Zusammenwirken des ganzen Ensembles, insbesondere auch mit dem Bühnen- und Kostümbildner Paul Strecker, alle Erwartungen übertraf. Die Aufführung, der Partitur folgend, aus der Musik inszeniert, klang harmonisch mit der Ausstattung zusammen. Die Zuschauer und Kritiker lobten die glänzende, sehens- und hörenswerte Neuinszenierung, die bis Juni 1955 181 Wiederholungen erreichte. Ernst Legal motivierte auch Sänger wie Karl August Neumann, Paul Schmidtmann und Erich Witte zu inszenieren. Frida Leider wurde zudem von Legal mit der Leitung der Studiobühne beauftragt. Einige der bedeutendsten Ensemblemitglieder waren: Elisabeth Aldor, Erna Berger, Karola Goerlich, Tiana Lemnitz, Anneliese Müller sowie Peter Anders, Willi Domgraf-Fassbaender, Alfred Hülgert, Heinrich Pflanzl, Jaro Prohaska, Kurt Rehm. Zu den Stützen des Ensembles von der ersten Stunde an gehörten auch der Kostümbildner Curt Palm und der Chorleiter Karl Schmidt. Als Dirigenten wirkten Johannes Schüler, Joseph Keilberth und Leopold Ludwig. Besondere Bemühungen verwandte Legal darauf, einen namhaften Dirigenten als musikalischen Oberleiter an das traditionsreiche Haus zu binden. Doch Künstler wie Leo Blech, Otto Klemperer, Bruno Walter und

Dietrich Fischer-Dieskau als Posa in ›Don Carlos‹ von Giuseppe Verdi Städtische Oper, 18.11.1948 Foto: Harry Croner

Dietrich Fischer-Dieskau (geb. 1925) ›In Berlin bin ich nacheinander Schulkind, Student, Rekrut, Opernsänger und Hochschulprofessor gewesen. [...] Tietjen war in Not um einen lyrischen Bariton für seine erste Premiere »Don Carlos« von Verdi, die kurz bevorstand. Er hatte von mir gehört und bestellte mich zum Vorsingen. Ich folgte ihm widerstrebend. [...] »In vier Wochen werden Sie bei mir den Posa singen.« Mir schlotterten die Knie.‹ Die in seiner autobiographischen Schrift ›Nachklang‹ geäußerten Sorgen waren unbegründet, wie die Premieren-Kritik bewies: ›Eine Entdeckung: der blutjunge Dietrich Fischer-Dieskau als Posa; ein tenoraler Bariton von beeindruckendem Timbre, erstaunlich müheloser Tongebung und einer Musikalität, die ihm über alle Fährnisse des ersten Auftretens half. Er sollte eine große Karriere vor sich haben‹ (Die Welt, 20.11.1948). Diesem großen Erfolg schlossen sich viele weitere an, sowohl in der Charlottenburger Oper als auch in München und Wien, bei den Festspielen von Salzburg, Schwetzingen und Bayreuth. Er trat mit einem breiten Repertoire in vielen Opernhäusern auf und wurde vor allem auch als ausdrucksstarker Lied-Interpret weltberühmt. Er war und ist Dirigent, Musikschriftsteller, Hochschulprofessor und Maler.

Szenenfoto zu ›Hoffmanns Erzählungen‹ von Jacques Offenbach, Deutsche Staatsoper, 10.4.1946. Foto: Abraham Pisarek

Ernst Legal bei einer Probe zu ›Hänsel und Gretel‹ von Engelbert Humperdinck
Deutsche Staatsoper, 22.12.1945
Foto: Abraham Pisarek

Ernst Legal (1881–1955)
›Unsere Hände waren zwar leer, aber wir selbst waren voll Entschlossenheit, den Kampf um Rettung unseres kostbarsten Kulturgutes aufzunehmen‹, schrieb der Intendant der Deutschen Staatsoper unter dem Titel ›Auf neuen Wegen zu alter Kunst‹ (Der Morgen, 13.8.1945). Ernst Legal war ein einzigartiger Theaterenthusiast. Er wird als charmanter, ehrlicher, kluger und hilfsbereiter Mann charakterisiert. Dem Theater und den Menschen des Theaters gehörten seine Liebe und sein ganzes Engagement. Er war ein faszinierender Schauspieler, schrieb viele Theaterstücke, inszenierte zahllose Schauspiele und Opern. Er leitete verantwortlich große Theater. Besonders wertvoll für seine Arbeit an der Deutschen Staatsoper waren die Erfahrungen seines Wirkens an der Kroll-Oper von 1928 bis 1931. Hier hatte Legal ›Salome‹, ›Carmen‹, ›Neues vom Tage‹, ›Die verkaufte Braut‹ und ›Leben des Orest‹ inszeniert, zumeist mit Otto Klemperer am Pult. In seiner Antrittsrede vor dem Ensemble der Deutschen Staatsoper 1945 versprach er, ›den Betrieb der Staatsoper nach besten Kräften zu fördern und seine Geschlossenheit zu bewahren.‹

Wilhelm Furtwängler wollten die Verantwortung für das Orchester nicht übernehmen. Sie gaben nur wenige Gastdirigate. Einzig Erich Kleiber bekundete aufrichtiges Interesse und kehrte seit 1951 immer wieder an die Staatsoper zurück. Er unterstützte Ernst Legal bei den Verhandlungen mit der DDR-Regierung über die Zukunft des Opernhauses Unter den Linden. Seine überzeugende Argumentation und die Versicherung, an die Staatsoper zurückzukehren, beförderten die Entscheidung zum Wiederaufbau. Am 17. Juni 1952 fand, unter Kleibers Teilnahme, die Grundsteinlegung statt. In den ersten Nachkriegsjahren sollte die Staatsoper das kulturelle Bindeglied zwischen beiden Systemen bleiben. So intensiv sich der bürgerliche Humanist Legal voller Enthusiasmus auch für die Staatsoper und ihr Ensemble engagierte und versuchte, alle Schwierigkeiten zu meistern, so beherrschend wurde seit 1951 die stalinistische Politik. Legals Arbeit wurde immer mehr kritisiert, kontrolliert und reglementiert. Als im Sommer 1952 Mitarbeiter, die im Westteil der Stadt wohnten, während seiner Abwesenheit entlassen wurden, reichte er seine Kündigung ein; in offizieller Lesart schied er aus gesundheitlichen Gründen aus.

Nachdem die Euphorie der unmittelbaren Nachkriegszeit abgeklungen war, mußten sich die Intendanten der Berliner Musiktheater in Ost und West alsbald mit ähnlichen Vorwürfen, wenn auch unter verschiedenen Vorzeichen und mit spezifischen Auswirkungen, auseinandersetzen; Felsenstein nahm dabei eine Sonderposition ein. Die Spielpläne wurden als zu konventionell, die Inszenierungen als zu konservativ, veraltet und wenig ansprechend bewertet. Die Kritiker beklagten insbesondere auch ein zu geringes Engagement für moderne Experimente. Gab es wirklich zuwenig Neues zu entdecken, dominierte der Wille, an dem vertrauten Alten festzuhalten, oder war es doch unter der Berücksichtigung der komplizierten Verhältnisse und der sich daraus ergebenden realen politischen und wirtschaftlichen Bedingungen nicht anders möglich? Musiktheater in anderen Großstädten waren auch nicht innovativer, und im übrigen wurden auch in Berlin einige Opern und Operetten uraufgeführt. Die täglichen Bemühungen der Intendanten, um die Grundlagen für ein funktionierendes Unternehmen zu schaffen, nahmen überhand; zudem galt es, ein vielfältiges Repertoire aufzustellen, das die Standardwerke der Opernliteratur umfaßte, ebenso wie die Bildung guter

Josef Fenneker, Bühnenbildentwurf zu ›Don Carlos‹ von Giuseppe Verdi, Städtische Oper, 18.11.1948

Paul Strecker, Bühnenbildentwurf ›Landhaus in der Nähe von Paris‹ zu ›La Traviata‹ von Giuseppe Verdi, Deutsche Staatsoper, 23. 11. 1946

Erich Witte als König Gustaf von Schweden in ›Ein Maskenball‹ von Giuseppe Verdi
Deutsche Staatsoper, 16. 10. 1949
Foto: Kurt Kreutzinger

Erich Witte (geb. 1911)
Nach seinem Debüt 1930 und den ersten Jahren in Bremen und Bremerhaven wurde der Tenor 1938 nach New York engagiert, gab Gastspiele in Wien, Monte Carlo und Buenos Aires. 1941 kam er an die Berliner Staatsoper und gastierte in den ersten Jahren nach dem Krieg auch oft an der Städtischen Oper. Er sang den Jaquino im ›Fidelio‹ im Deutschen Opernhaus und den Lenski in ›Eugen Onegin‹ in der Staatsoper, den Linkerton in ›Madame Butterfly‹, den Hoffmann, den Parsifal, den Peter Grimes, den Romeo. Er war der Erik in ›Der fliegende Holländer‹, der Offizier in ›Cardillac‹ und der Matteo in ›Arabella‹. Seit 1951 führte er auch Regie. In Frankfurt am Main war er von 1961 bis 1964 an der Oper als Oberspielleiter tätig und kehrte danach als Sänger und Regisseur wieder an die Deutsche Staatsoper zurück. Zu seinem Repertoire gehörten auch der Nando in ›Tiefland‹, David in den ›Meistersingern‹, Florestan im ›Fidelio‹ und der Loge im Ring-Zyklus. Er trat mehrfach sehr erfolgreich bei den Bayreuther Festspielen auf. Seit 1970 war er als Dozent an der Musikhochschule Berlin tätig.

Ensembles. Generell wurde am Mehrspartenbetrieb festgehalten, so daß sich auch die Orchester und die Ballettensembles entwickeln konnten. Trotzdem: ›Der Elan nach dem Krieg hat zu bemerkenswerten Ergebnissen geführt.‹[17]

Im Sommer 1952 hatten die Künstler der Berliner Musiktheater ihre vorübergehenden Spielstätten angenommen. So sprachen die Mitglieder der Staatsoper von ›ihrem geliebten Admi‹, der Städtischen Oper von ›ihrer‹ Oper, die im Westteil der Stadt das einzige Musiktheater war. Es gab einige Künstler, die an verschiedenen Häusern wirkten – die Sänger Irma Beilke, Margarete Klose, Erich Witte, Josef Burgwinkel, Anny Schlemm, Rita Streich, die Bühnenbildner Josef Fenneker, Heinz Pfeiffenberger, Lothar Schenk von Trapp und Werner Kelch. In den sieben ersten Spielzeiten gab es an den Berliner Musiktheatern nur wenige spielfreie Tage – es wurden 172 Opern und Operetten inszeniert! – ›O namenlose Freude! Nach unnennbarem Leide.‹

1 Hans Borgelt, Das war der Frühling von Berlin oder Die goldenen Hungerjahre. Eine Berlin-Chronik, München 1993, S. 41 f.
2 Die Furien, in: Christoph Willibald Gluck, Orpheus und Eurydike, 2. Aufzug, 1. Auftritt Nr. 15.
3 M-e., Der Morgen, 11. 9. 1945.
4 M-e., Der Morgen, 6. 9. 1945.
5 Rocco, in: Ludwig van Beethoven, Fidelio 1. Akt, 12. Auftritt.
6 Wiederaufbau der alten Städtischen Oper. Michael Bohnen über seine Pläne, in: Der Berliner, 2. 2. 1946.
7 M-e., Der Morgen, 30. 9. 1946.
8 ›Dieses »Pariser Leben« war das größte Nachkriegsgeschäft [...], ausverkauft auf Wochen hinaus [...] und jeden Abend saßen drin: die Russen, die Amerikaner, die Engländer, die Franzosen – denen allen das sehr gefiel.‹ (Walter Felsenstein, in: Akademie-Gespräche der Akademie der Künste zu Berlin, 12., 14. und 15. 7. 1971, Tondokument.)
9 Paul Westermeier, Brief an einen Unbekannten, 13. 5. 1946, Theatersammlung Stadtmuseum Berlin.
10 Hans Pitra blieb bis zu seinem Tode 1977 sehr erfolgreicher Intendant des Metropol-Theaters.
11 Einem Triumvirat von Robert Heger, Peter von Hamm und Werner Kelch folgte im März 1948 kurz Werner Jacob, dem sich wiederum bis August 1948 ein Direktorentrio von Walter Paproth, Werner Kelch und Robert Heger anschloß.
12 Raimund le Visieur, Aus dem Nichts ein neuer Klang. Die Städtische Oper 1945 – 1961, in: 100 Jahre Theater des Westens 1896 – 1996, Berlin 1996, S. 211.
13 Werner Oehlmann, Der Tagesspiegel, 7. 11. 1962.
14 Fenneker, der ›die Bühne in barocker Farbenglut überschüttende Maler‹. (Werner Oehlmann, a. a. O.)
15 Am 21. 6. 1961, seinem 80. Geburtstag, dirigierte er ein letztes Mal in der Städtischen Oper ›Ariadne auf Naxos‹.
16 Fritz Brust, Gruseln in der Oper, in: Der Berliner, 13. 4. 1946.
17 Walter Felsenstein, a. a. O.

Mit dem Willen allein ist es nicht getan
Ur- und Erstaufführungen im Musiktheater

Bianca Oestmann

*Elisabeth Grümmer als Octavian in ›Der Rosenkavalier‹ von Richard Strauss
Städtische Oper, 2. 10. 1950
Foto: Abraham Pisarek*

Elisabeth Grümmer (1922 – 1986) Nach dem Besuch der Schauspielschule in Meiningen/Thüringen debütierte die Sopranistin 1940 im ›Parsifal‹ am Stadttheater von Aachen. 1942 folgte ein Engagement an das Stadttheater von Duisburg. 1946 wechselte sie an die Städtische Oper Berlin. Großen Erfolg hatte sie 1947 in der Rolle der Ellen Orford in ›Peter Grimes‹ von Benjamin Britten. ›Sie gibt dieser Gestalt frauliche Schlichtheit, die in ihrem herrlich timbrierten Sopran schwingt‹ (Berliner Zeitung, 25. 5. 1947). Es folgte die Partie der Micaëla in ›Carmen‹ (12. 7. 1947), die Partie der Agathe in ›Der Freischütz‹ (7. 10. 1947): ›Sie spielt die Agathe nicht, sie ist eine Agathe: mit zart verhaltener Innigkeit und keuscher Reinheit des Stimmklangs‹ (Berliner Zeitung, 9. 10. 1947). Es folgten Auftritte in München, Hamburg, Rom, Paris und an anderen großen Theatern in aller Welt. Elisabeth Grümmer war sowohl Gast bei den Bayreuther und Salzburger Festspielen als auch an der Metropolitan Opera New York. 1972 nahm sie ihren Bühnenabschied in Berlin als Marschallin im ›Rosenkavalier‹.

Im Rahmen der Berliner Wochen englischer Musik wird am 23. Mai 1947 als Berliner Erstaufführung Benjamin Brittens Oper ›Peter Grimes‹ in der Städtischen Oper gegeben, zwei Jahre nach der Uraufführung im Juni 1945 in London. Die positive Resonanz dieser Inszenierung, für die Werner Kelch verantwortlich zeichnet, dokumentieren die Kritiken: ›Es steht zu hoffen, daß die überraschend gut gelungene Aufführung [...] mehr bedeutet als nur eine höfliche Verbeugung vor einer Besatzungsmacht. [...] Das Publikum folgte dem Werk mit einer steigenden Ergriffenheit und feierte am Ende die Darsteller und die künstlerischen Leiter der Aufführung [...] durch lang anhaltenden Beifall.‹[1] Doch sind neue Opernwerke auf der Bühne der Städtischen Oper eher die Ausnahme. So wird ›Peter Grimes‹ achtmal gegeben, ›Circe‹ (18. Dezember 1948) von Werner Egk immerhin 18mal. Uraufführungen von Heinrich Sutermeister, die beiden Einakter ›Das Fingerhütchen‹ und ›Die Füße im Feuer‹ (12. Februar 1950), werden siebenmal gespielt und ›Amphitryon‹ (13. März 1951) von Robert Oboussier nur achtmal.[2] Zum ersten Mal in Berlin wird am 17. Mai 1951 Werner Egks ›Columbus‹ gezeigt. Ursprünglich für den Rundfunk konzipiert, wird nun das Werk mit Tanzeinlagen für die Opernbühne eingerichtet. ›Der Versuch gelang dank der Zusammenarbeit aller Beteiligten über Erwarten gut.‹[3] Mit lang anhaltendem Beifall reagiert das Publikum auf diese Aufführung. ›Ein ungewöhnlicher Abend, Diskussionsstoff für alle, die neue Wege für das Musiktheater suchen.‹[4] Trotz der positiven Kritiken bezeugen die geringen Aufführungszahlen einen mangelnden Zuspruch des Publikums. Die Presse spricht denn auch von einer eher unwillkürlichen Spielplangestaltung: ›Der moderne Spielplan der Städtischen Oper ist ein Produkt des Zufalls, der sich anbietenden Gelegenheiten, nicht einer überlegenen, zwingenden Konzeption.‹[5] Die mehrmaligen Intendantenwechsel haben sicher zu dieser Kritik am Spielplan beigetragen. Michael Bohnen bleibt zwei

Elisabeth Grümmer als Ellen Orford und Erich Witte als Peter Grimes in ›Peter Grimes‹ von Benjamin Britten, Städtische Oper, 23. 5. 1947. Foto: Harry Croner

Jahre an der Städtischen Oper. Ein Triumvirat – Peter von Hamm, Robert Heger, Werner Kelch – übernimmt die Leitung, dem Werner Jacob folgt. Im März 1948 wird Walter Paproth geschäftsführender Direktor, bis am 5. August Heinz Tietjen schließlich berufen wird.

Das Metropol-Theater in der Schönhauser Allee zeigt als erste Uraufführung nach 1945 Friedrich Schröders ›Nächte in Shanghai‹, inszeniert von Eduard Rogati. Die Premiere am 14. Februar 1947 hinterläßt bei Presse und Publikum ein positives Echo. ›Mit einem Wirbel von bezaubernden Einfällen, ausstattungsgemäß und kostümlich […] im Stil alter Metropol-Operetten hat Eduard Rogati dieses flirrende Geflimmer mit turbulentem Leben gefüllt. Die Pointen und Gags sprühen übermütig Funken, schlagen szenische Kapriolen – und gehen zur richtigen Minute los.‹[6] Gerade dieser ›alte Metropol-Operetten-Stil‹ ruft auch Widerspruch hervor; ein derartiges Werk kurz nach dem Krieg, in einer Zeit, in der die Berliner noch in Trümmern hausen, auf die Bühne zu bringen, ›als sei nichts geschehen in und um Berlin‹.[7] Erst drei Jahre später folgt mit ›Treffpunkt Herz‹ die nächste Uraufführung. Seit März 1950 ist Hans Pitra Intendant des Metropol-Theaters. Rückblickend erläutert er seine Pläne zur Leitung der Operettenbühne: ›Für mich gab es nur einen Weg, den des Neuen: Trennung vom überkommenen klischeehaften, kommerziellen Kitsch und Hinwendung zu glaubhafter Darstellung und logischer, unterhaltsamer Handlung.‹[8] Der Intendantenwechsel ist eine ›deutliche Zäsur in der Geschichte des Metropol-Theaters; [es] erfolgte eine entscheidende Neuorientierung seiner gesellschaftlichen Position und künstlerischen Aufgabenstellung.‹[9] In dem Erfolg von ›Treffpunkt Herz‹ von Herbert Kawan am 19. Dezember 1951 unter der Regie des Intendanten sehen die Kritiker einen neuen anspruchsvolleren Operettenstil und konstatieren eine Wiedergabe des Zeitgeistes auf der Bühne: ›Mit Volldampf fährt der Metropol-Theater-Expreß in das ersehnte Land der neuen Operette.‹[10] Die Handlung führt den Zuschauer nicht mehr in die Ferne, sondern auf einen Umsteigebahnhof in der Provinz. Schlechte Zugverbindungen bringen Schornsteinfeger, eine Münchener Ballett-Truppe, arbeitslose Zimmerleute und andere Reisende zusammen; ein Treffpunkt von Menschen aus allen Teilen Deutschlands. Es werden jedoch auch Stimmen laut, für die das Stück noch nicht zeitnah genug ist: ›Die Auseinandersetzung mit den Zeitproblemen hätte auch hier deutlich spürbar werden müssen, ebenso wie dementsprechend eine realistische Inszenierung erforderlich gewesen wäre.‹[11] Die Gegenwarts-Revue ›An beiden Ufern der Spree‹ von Gustav von Wangenheim, eine Auftragsarbeit für das Metropol-Theater, hat seine Uraufführung am 3. April 1952, komponiert von Bruno Aulich, Ernst Roters und Paul Dessau. Eine verworrene Handlung – die Gegenüberstellung von wilhelminischer Zeit und Gegenwart mit einem Zeitsprung ins Mittelalter – ruft bei Publikum und Presse Ablehnung hervor. Lieder-

Ilse Hülper als Helena in ›Die schöne Helena‹ von Jacques Offenbach Metropol-Theater, 26. 5. 1948 Zeichnung: Benz

Ilse Hülper (geb. 1919)
Nach ihrer Gesangsausbildung an der Berliner Musikhochschule und dem Besuch der Schauspielschule des Staatstheaters Oldenburg war die Sopranistin engagiert in Oldenburg, Cottbus und Fürth. Nach dem Krieg begann sie ihre Bühnentätigkeit am Hebbel-Theater in ›Pariser Leben‹ (8. 12. 1945) und war von 1946 bis 1950 an das Metropol-Theater verpflichtet. Großen Erfolg hatte Ilse Hülper in der Uraufführung ›Nächte in Shanghai‹ (14. 2. 1947). Überzeugend verkörperte sie die Partie der Hanna Glawari in ›Die lustige Witwe‹ (25. 12. 1947): ›Lieben Sie schönen Gesang? Ilse Hülper, die Diva des Hauses, eine Hanna Glawari von begehrenswertem Exterieur, singt ihnen das Wiljalied und das Duett vom dummen, dummen Reitersmann so, daß man sie gleich auf die Bühne der Staatsoper stellen könnte‹ (Die Neue Zeitung, 6. 1. 1948). Von 1951 bis 1952 trat sie im Theater am Nollendorfplatz und als Gast an der Städtischen Oper auf. Danach war Ilse Hülper bis 1967 in Berlin nur noch gastweise tätig.

Szenenfoto zu ›An beiden Ufern der Spree‹ von Bruno Aulich, Paul Dessau und Ernst Roters, Metropol-Theater, 3. 4. 1952. Foto: Abraham Pisarek

*Fred Kronström als Calchas
in ›Die schöne Helena‹
von Jacques Offenbach
Metropol-Theater, 26. 5. 1948
Zeichnung: Benz*

Fred Kronström (1899 – 1993)
Nach einer Ausbildung an der Max-Reinhardt-Schule erhielt Fred Kronström Engagements beim Stummfilm und an der Hamburger Volksoper. Von 1945 bis 1972 war er an das Metropol-Theater verpflichtet. Seinen ersten Auftritt hatte er im Colosseum in einem ›Operettenabend‹ am 2. 8. 1945. In der ersten Inszenierung nach dem Krieg sang er die Partie des Dick in ›Die Dollarprinzessin‹ (22. 12. 1945). In ›Die lustige Witwe‹ (25. 12. 1947) reüssierte er als Baron Mirko Zeta: ›Mit gebotener lässiger Würde spielt recht humorvoll Fred Kronström den um die Millionen der lustigen Witwe ängstlich besorgten Diplomaten‹ (Lothar Band, 1. 1. 1948). In ›Die schöne Helena‹ (26. 5. 1948) war er in der Partie des Calchas überzeugend: ›Fred Kronström nahm sich geistvoll des zwielichtigen Chefaugurs Calchas an‹ (Tagesspiegel, 29. 5. 1948). ›Durch Kronströms Einfühlungsvermögen gewinnen Charaktere, die er darstellt, Echtheit und Lebensfülle‹ (W. P. Seiferth).

›Nächte in Shanghai‹ *von Friedrich Schröder, Metropol-Theater, 14. 2. 1947. Programmheft (Titelseite)*

Gisela Appelt, Kostümfigurinen zu ›Ruslan und Ludmilla‹ von Michail Glinka, Deutsche Staatsoper, 20. 5. 1950

Caspar Neher, Kostümfigurinen zu ›Das Verhör des Lukullus‹ von Paul Dessau, Deutsche Staatsoper, 17. 3. 1951

Curt Palm, 1958
Foto: Hainer Hill

Curt Palm (1896 – 1980)
In den zwanziger Jahren wurde Palm als Kostümgestalter an die Preußischen Staatstheater Berlin verpflichtet – nach exzeptionellen Kostümentwürfen in Magdeburg und Wiesbaden. Seine Arbeitsweise unterschied sich grundlegend von den bisherigen Verfahren der Kostümgestaltung. Er führte das Bemalen und Spritzen von Kostümen ein. Neue Materialien wurden auf ihre Bühnentauglichkeit hin geprüft. Das Kostüm sollte die soziale und psychische Situation der Rolle bereits nach außen hin signalisieren. Genaue Kenntnis des Stückes und eine enge Zusammenarbeit mit Darstellern und Regisseuren war die Basis seiner Arbeit. ›Dadurch wurde das erste Mal die künstlerische »Kostümgestaltung« zu einem wichtigen und autonomen Zweig des modernen Theaters‹ (Reinhard Heinrich). Nach dem Krieg arbeitete Curt Palm als Direktor des Kostümwesens weiterhin für die Staatsoper. Als Leiter der zentralen Staatlichen Kostümwerkstätten war er auch für das Deutsche Theater, das Berliner Ensemble verantwortlich. 1961, nach dem Bau der Berliner Mauer, kehrte er nicht nach Berlin zurück; er arbeitete bis 1966 für das Bayerische Staatsschauspiel München. Von 1953 bis 1970 war Curt Palm auch für die Bayreuther Festspiele tätig.

*Rudolf Schock als Hoffmann
in ›Hoffmanns Erzählungen‹
von Jacques Offenbach
Deutsche Staatsoper, 10. 4. 1946
Foto: Kurt Kreuzinger*

Rudolf Schock (1915 – 1986)
Nach seiner Gesangsausbildung in Berlin und Hannover bekam der Tenor sein erstes Solistenengagement von 1937 bis 1940 in Braunschweig. 1945 wurde er an das Staatstheater Hannover verpflichtet. Seine ersten Auftritte in Berlin hatte Rudolf Schock an der Deutschen Staatsoper in der Rolle des Kronthal in ›Der Wildschütz‹ und als Hoffmann. Es folgte die Partie des Leandro in ›Arlecchino‹ von Ferruccio Busoni. Die Kritik bescheinigte ihm ein komödiantisches Talent, das die gesanglich anspruchsvolle Partie überzeugend auf der Bühne darstellt. 1950 reüssierte er in der Deutschen Staatsoper in ›Liebestrank‹ als Nemorino: ›Herrlich blüht sein junger Tenor […]. Stürmischer Beifall zwingt ihn zur Wiederholung […] und da hört man erst richtig, was Schocks Belcanto zu leisten vermag‹ (Hans Borgelt, 2. 7. 1950). Es folgten Engagements in London, Wien, Hamburg und Bayreuth. Mit Operetten, Film- und Schallplattenaufnahmen wurde er einem großen Publikum bekannt. Schock war der erfolgreichste deutsche Filmsänger seiner Generation. In ›Du bist die Welt für mich‹ stellte er den unvergessenen Richard Tauber dar, an den nicht nur Schocks Stimme, sondern auch seine Karriere erinnerte.

texte wie ›Ich liebe dich, enttrümmere mich‹ und ›Haben Sie schon mal ein Haus gebaut‹ stoßen auf Empörung: ›Bereits nach der Pause verließen die Zuschauer in großen Scharen geräuschvoll den Saal.‹[12] Mit Schlagzeilen wie ›Pfiffe im Metropol‹ und ›Eine Revue erschlug den Humor‹ artikulierte die Presse ihr Mißfallen. ›Der Verfasser hat allzu Lehrhaftes in das Kunterbunt seiner Revue hineingepackt, ohne zu einer lebensechten Gestaltung seiner Ideen zu gelangen. […] Mit dem Willen allein ist es nicht getan.‹[13] Rückblickend wird diese Inszenierung als ein ›Versuch‹ gewertet, bei dem ›zugleich auch Grenzen von Möglichem und Machbarem‹[14] erkennbar sind.

Die Deutsche Staatsoper zeigt als deutsche Erstaufführung am 10. April 1947 ›Sadko‹ von Rimski-Korssakow. Unter der Regie des Intendanten Ernst Legal – ›Man wird etwas Neues kennenlernen können‹[15] – wird eine ›Märchenoper‹ auf die Bühne gezaubert. Die Verbindung der realen Welt des Seefahrers Sadko, der von Nowgorod aus neue Handelswege erschließen und damit neuen Reichtum gewinnen will, mit der irrealen Welt des Zaubers fasziniert die Zuschauer. Eingebunden in einen ›beispiellosen Aufwand an Kostümen, Dekorationen und technischen Hilfsmitteln‹[16], ist die Inszenierung ein Erfolg; die Zuschauer danken mit stürmischem Beifall. Trotz dieses Erfolges ist es schwer, das Publikum an ungewohnte Musik heranzuführen. Ernst Legal beschreibt in einem Interview, welche Konsequenzen sich aus der mangelnden Akzeptanz neuer Bühnenwerke für die Staatsoper ergeben: ›Wenn das Berliner Publikum unseren Bemühungen um die moderne Musik weiterhin die Gefolgschaft versagt, werden wir uns eines Tages ganz auf konventionelle Spielpläne […] beschränken müssen. […] Konzerte mit moderner Musik, mit Hindemith und Mahler z. B., sind nur einmal gut besucht, ihre Wiederholungen gähnend leer.‹[17]

Am 17. November 1950 wird eine weitere russische Märchenoper erstmals in Berlin gezeigt, ›Ruslan und Ludmilla‹ von Michail Glinka. Wie schon zuvor bei ›Sadko‹ macht wieder das Zusammentreffen der Welt der Zauberer und der bösen Mächte mit der Wirklichkeit den Reiz des Werkes aus. Die Musik Glinkas ›klingt modern im besten Sinne des Wortes‹.[18] Die Inszenierung des Sängers Paul Schmidtmann stößt dagegen auf massive Kritik. ›Der Regisseur […] zeigte jedoch eine Mischung von starrem, szenischem Oratorium, grotesker Ausstattungsrevue und Mystik, die dem Stück ganz fremd ist.‹[19] Auch die negative Beurteilung der Sängerführung wird der Regie angelastet. Besonders die Darstellung des Fürsten Swetosar wird kritisiert: ›Das war kein Mensch, sondern ein wandelnder Mantelträger.‹[20] Die Inszenierung wird abgesetzt, und am 20. Mai 1951 bringt Intendant Ernst Legal das Werk in eigener Regie erneut auf die Bühne. Diesmal sparen die Kritiker nicht an Lob: ›Farbenprächtig und in epischer Breite zog dieses Volksmärchen […] an uns vorüber. Die Menschen in diesem Geschehen, das nicht mehr in mystisch-dunkler Unverständlichkeit blieb, waren dem Leben entnommen.‹[21]

Zwischen der ersten und der zweiten ›Ruslan und Ludmilla‹-Inszenierung liegt die Premiere von ›Das Verhör des Lukullus‹, uraufgeführt am 17. März 1951. Das Libretto geht zurück auf ein Hörspiel, das Bertolt Brecht 1939 geschrieben hat. Die Vertonung sollte nach dem Willen Brechts Igor Strawinsky vornehmen, aber nach seiner Absage fällt die Aufgabe Paul Dessau zu. Schon im Vorfeld gibt es erhebliche Widerstände gegen dieses Projekt. Bereits zu der ersten

Szenenfoto zu ›Sadko‹ von Nikolai Rimski-Korssakow, Deutsche Staatsoper, 10. 4. 1947. Foto: Harry Croner

Alfred Hülgert als Lukullus in ›Die Verurteilung des Lukullus‹
Deutsche Staatsoper, 12.10.1951. Foto: o. A.

Inszenierung von ›Ruslan und Ludmilla‹ im November 1950 wird in der Presse der Leitung der Deutschen Staatsoper ein ›volksfremder‹ Inszenierungsstil vorgeworfen. ›Es muß Schluß gemacht werden mit der Herrschaft der Schatten auf der Bühne [...], mit der Verhöhnung der Zuschauer [...] durch eine Handvoll tatenloser Mystiker und Formalisten, die sich in die Leitung eingeschlichen haben. Es muß Schluß gemacht werden mit der hoffnungslosen Rückständigkeit, die aus den meisten ihrer Inszenierungen spricht. [...] Die Kunst und Kultur der neuen demokratischen Gesellschaft darf von der sterbenden kapitalistischen Gesellschaft nicht deren degenerierende Kultur übernehmen und pflegen.‹[22] Diese Kampagne gegen den Führungsstil der Deutschen Staatsoper überträgt sich nun auch auf die Aufführung von Dessaus ›Verhör des Lukullus‹. Mit der Anweisung im Protokoll vom 12. März 1951 des Sekretariats des ZK der SED hat die Premiere unter Ausschluß der Öffentlichkeit stattzufinden und muß vom Spielplan genommen werden.[23] Eine Absetzung der Premiere war zeitlich nicht mehr möglich, deshalb wird versucht, die Aufführung zu steuern. Die Eintrittskarten werden an die FDJ, Volkspolizei, Betriebe und Parteileitung gegeben. Doch werden Karten auch weiterverkauft. Die Verurteilung des Angriffskrieges und die Verdammung des Aggressors in Gestalt des römischen Feldherrn Lukullus, der darauf aus war, den Osten zu erobern, wird vom Publikum mit anhaltendem Applaus bedacht. Die ›West‹-Presse, die sich Karten verschaffen kann, äußert sich positiv: ›Werk und Aufführung waren großes Theater – so fern dem immer rücksichtsloser vertretenen Schematismus der sowjetischen Kulturpropaganda, so hintergründig unrealistisch, so streng formalistisch gebunden, so weit ab von aller billigen »Volksverbundenheit«, daß die Aufregung der amtlichen Kulturpedanterie nur zu begreiflich erscheint.‹[24] Im ›Neuen Deutschland‹ ist dagegen von einem ›mißlungenen Experiment‹ die Rede. ›Die Inszenierung ist ein Musterbeispiel dafür, daß die besten Mittel unfruchtbar werden, wenn es der Kunst an ideologischer Klarheit fehlt.‹[25] Besonders die Musik Paul Dessaus wird dem Einflußbereich Strawinskys zugeschlagen und heftig attackiert: ›Igor Strawinsky [...] ist ein fanatischer Zerstörer der europäischen Musiktradition. Als Häuptling der formalistischen Schule bestreitet er, daß die Musik einen anderen »Inhalt« als rhythmische Spielereien haben könnte. [...] Eine Musik, die ihre Hörer mit Mißtönen und intellektualistischen Klügeleien überschüttet, bestärkt den rückständigen Teil des Publikums in seinen Auffassungen und stößt den fortschrittlichen Teil vor den Kopf.‹[26]

Die ›Formalismus-Debatte‹ führt schließlich zu inhaltlichen und musikalischen Veränderungen. Die Anzahl der Szenen wird auf zwölf reduziert und die Anklage gegen Angriffskriege verstärkt. Unter dem Titel ›Die Verurteilung des Lukullus‹ wird die Oper am 12. Oktober 1951 ein zweites Mal aufgeführt. Jetzt spricht die Presse von einer ›Meisterleistung der Staatsoper. Aber die Aufnahme des Werkes war kühl.‹[27] Insgesamt ist die Reaktion in der Presse zwar positiv, wenn auch die Musik Paul Dessaus noch immer befremdlich wirkt: ›Seine Musik ist nicht bequem, scheint uns aber in ihrer künstlerischen Aussage dem ethischen und aufklärerischen Wert des Librettos aufs Trefflichste angepaßt.‹[28]

Die Deutsche Staatsoper, die seit Oktober 1949 dem Ministerium für Volksbildung unterstand, wurde weiterhin gegängelt. Inszenierungen, die nicht dem ›sozialistischen Niveau‹ entsprachen, waren unerwünscht und wurden in der Öffentlichkeit angeprangert. Zunehmend wurden dem Intendanten Ernst Legal Entscheidungen aus den Händen genommen. Er reichte im August 1952 seine Demission ein.

Paul Dessau und Bertolt Brecht, 1951
Foto: Willy Saeger

Paul Dessau (1894 – 1979)
Von 1925 bis 1933 war Paul Dessau Erster Kapellmeister der Städtischen Oper Berlin. Nach dem Machtantritt der Nationalsozialisten emigrierte er 1933 in die USA. Dort lernte er 1942 Bertolt Brecht kennen. Nach seiner Rückkehr nach Berlin 1948 komponierte er ›Das Verhör des Lukullus‹ nach einem Text von Brecht. Die Premiere am 17. 3. 1951 fand unter Ausschluß der Öffentlichkeit statt; die ›Formalismus-Debatte‹ nahm an Schärfe zu: ›Formalismus ist eine der wesentlichen Verfallserscheinungen der bürgerlichen Kunst und Literatur der Neuzeit [...]; Mangel an Gefühlsgehalt infolge Fehlens der tragenden Melodie bei Überbetonung des Rhythmischen, Häufung von Dissonanzen bis zum Atonalismus, naturalistische Nachahmung außermusikalischer Erscheinungen [...], Flucht in die Vergangenheit durch verspielte Übernahme ehemals gültiger Formen [...]; innerliche Abwendung vom realen Leben und Fortschritt (Mystizismus, subjektive Selbstzerfleischung); Proklamierung einer musikalischen kosmopolitischen »Esperanto«-Sprache ohne nationale und individuelle Eigenart, also unter Verzicht auf das nationale Erbe‹ (Lexikon in 2 Bänden, Leipzig 1956). Es mutet schon seltsam an, wenn das offizielle ›kulturpolitische Wörterbuch‹, erschienen 1970, mit einem Text Brechts aus dem Jahr 1938 zu argumentieren versucht: ›Unser Kampf gegen den Formalismus würde sehr schnell selber zu hoffnungslosem Formalismus, wenn wir uns auf bestimmte (historische, vergängliche) Formen festlegten.‹

---

1 Erwin Kroll, Der Tagesspiegel, 24. 5. 1947.
2 Vgl. Detlef Meyer zu Heringdorf, Das Charlottenburger Opernhaus 1912–1961, Phil. Diss. FU Berlin 1988.
3 Karl Rehberg, Telegraf, 19. 5. 1951.
4 Hans Heinz Stuckenschmidt, National-Zeitung, 19. 5. 1951.
5 Werner Oehlmann, Der Tagesspiegel, 9. 7. 1952.
6 Heinz Ritter, Telegraf, 16. 2. 1947.
7 Otto Schneidereit, Berlin, wie es weint und lacht, Berlin (DDR) 1968, S. 310.
8 Hans Pitra, 75 Jahre Metropol-Theater – 75 Jahre Operette, in: Metropol-Journal, Sonderheft, Teil I, 1973, S. 3.
9 Karl-Heinz Siebert, Zeitgenössisches Schaffen im Metropol-Theater nach 1945, in: Studien zur Berliner Musikgeschichte, Berlin (DDR) 1989, S. 390.
10 National-Zeitung, 20. 12. 1951.
11 Leo Berg, Berliner Zeitung, 10. 12. 1951.
12 Telegraf, 5. 4. 1952.
13 National-Zeitung, 5. 4. 1952.
14 Karl-Heinz Siebert, a. a. O., S. 393.
15 Berliner Zeitung, 10. 4. 1947.
16 Hans Heinz Stuckenschmidt, Neue Zeitung, 12. 4. 1947.
17 Berliner Zeitung, 10. 4. 1947.
18 Leo Berg, Berliner Zeitung, 19. 11. 1950.
19 National-Zeitung, 21. 11. 1950.
20 Leo Berg, Berliner Zeitung, 19. 11. 1950.
21 Leo Berg, Berliner Zeitung, 22. 5. 1951.
22 Neues Deutschland, 22. 11. 1950.
23 Das Verhör in der Oper, hrsg. von Joachim Lucchesi, Berlin 1993, S. 82.
24 Der Tagesspiegel, 20. 3. 1951.
25 Neues Deutschland, 22. 3. 1951.
26 A. a. O.
27 Carl Friedrichs, National-Zeitung, 14. 10. 1951.
28 Heino Lüdicke, Neue Zeit, 14. 10. 1951.

Was ich hier spielen will, weiß ich
Die Komische Oper

Bianca Oestmann

Walter Felsenstein, 1959
Foto: Eva Kemlein

Walter Felsenstein (1901 – 1975)
Von 1923 bis 1932 war Walter Felsenstein an Theatern in Lübeck, Mannheim und Basel schauspielerisch tätig. Er begann seine Regiearbeit an der Oper in Köln von 1932 bis 1934. Es folgten die Städtischen Bühnen Frankfurt am Main, das Stadttheater Zürich, das Schiller-Theater Berlin und unzählige Gastinszenierungen im In- und Ausland. Im Dezember 1945 inszenierte Walter Felsenstein ›Pariser Leben‹ im Hebbel-Theater. Die positive Resonanz bewirkte die Lizenz-Vergabe am 5. 6. 1947 für die ›neue‹ Komische Oper, die er bis zu seinem Tod leitete. Merkmale seiner Leitung waren der Aufbau eines Ensembles, das Erarbeiten eines Repertoires, ein genaues Studium der Vorlage, das oftmals zu einer Neuübersetzung führt. Dies erforderte lange Probenzeiten. Felsensteins Konzeption beinhaltete ein Zusammenwirken von Sprech- und Musiktheater. Populäre Opern und Operetten wurden in neu bearbeiteter Fassung auf die Bühne gebracht.

Das Metropol-Theater in der Behrenstraße 55 war, verglichen mit anderen Theatergebäuden in der Stadt, in einem vergleichsweise guten Zustand. Der Befehl des Generalleutnants Smirnow vom 5. Februar 1946 verfügt die Wiederherstellung des Theatergebäudes. Doch die Versorgungslage der Stadt verzögert den Beginn der Baumaßnahmen. Zu diesem Zeitpunkt wird noch von einer Nutzung durch das Metropol-Theater, übergangsweise im Kino Colosseum in der Schönhauser Allee untergebracht, ausgegangen. Im Verlauf des Jahres 1946 ändert die sowjetische Militär-Verwaltung ihre Pläne und wünscht sich Walter Felsenstein als Leiter einer ›Komischen Oper‹ in der Behrenstraße, der bereits im Dezember 1945 im Hebbel-Theater mit einer fulminanten Inszenierung von ›Pariser Leben‹ reüssierte. Jedoch ist Felsenstein nicht bereit, ein reines Operettentheater zu leiten. In seiner Rede aus Anlaß der Lizenzüberreichung am 5. Juni 1947 erläutert er den Charakter des neuen Hauses: ›Was in diesem Theater gespielt werden soll und wie es gespielt werden soll, ist für den Theaterkenner mit dem Sammelnamen »Opéra comique« unmißverständlich bezeichnet. Obwohl die wörtliche deutsche Übersetzung »Komische Oper« seltsamerweise nicht dasselbe bedeutet, kommt sie dem, was gemeint ist, immerhin noch am nächsten. […] Was ich hier spielen will, weiß ich.‹[1] Und weiter erläutert er seine Konzeption für das Haus: ›Es wird nur das gespielt werden, was so gespielt werden kann, wie es gespielt werden muß. Eine Selbstverständlichkeit und doch die schwerste Verpflichtung und die wesentlichste Rechtfertigung des neuen Unternehmens in einer Zeit, da die Nachwirkungen einer totalen Zerstörung und die aus aller Bedrängnis wachsenden Erneuerungstendenzen zu einer wachsamen Prüfung der Dinge auf ihren wirklichen und bleibenden Wert herausfordern. […] Es soll versucht werden, mit der Zeit die kostbarsten Werke des klassischen heiteren Musiktheaters auf die Interpretationspotenz und auf die Wirkung zu bringen, die sie in ihrer Entstehungszeit hatten, mit der sie Triumphe feierten und woher sie dem Theater überhaupt ent-

Elisabeth Grümmer als Bauerntochter und Josef Herrmann als König in ›Die Kluge‹ von Carl Orff, Komische Oper, 25. 5. 1948. Foto: Harry Croner

›Der Vogelhändler‹ von Carl Zeller, Komische Oper, 8. 12. 1949. Programmheft (Titelseite)

Sonja Schöner als Ännchen in ›Der Freischütz‹ von Carl Maria von Weber Komische Oper, 9. 4. 1951 Foto: Eva Kemlein

Sonja Schöner (geb. 1929) Die Sopranistin hatte von 1948 bis 1961 ein Engagement an der Komischen Oper. Unter der Leitung Walter Felsensteins sang sie vornehmlich Partien im Fach der Koloratursoubrette, seltener lyrische Sopranpartien. Ihren ersten Auftritt in Berlin hatte sie in ›Die Fledermaus‹ (23. 12. 1947) in der Rolle des Stubenmädchens Adele als Zweitbesetzung. In der Inszenierung von ›Orpheus in der Unterwelt‹ (22. 8. 1948) sang sie die Partie des Cupido. Es folgte die Rolle der Arsena in ›Der Zigeunerbaron‹ (14. 4. 1949). Überzeugend war sie als Briefchristel in ›Der Vogelhändler‹ (8. 12. 1949). In der Presse wurde ihr sängerisches und schauspielerisches Talent hervorgehoben: ›Sonja Schöner, deren gesangliche Feinheit sich schauspielerisch immer anmutiger überträgt‹ (Berliner Zeitung, 10. 12. 1949). In ›Pariser Leben‹ (10. 2. 1951) sang und spielte sie die Rolle der Baronin Christine in bezwingender Manier. Von 1962 bis 1968 sang sie an den Städtischen Bühnen in Frankfurt am Main und gastierte wiederholt an der Städtischen Oper Berlin.

Die Komische Oper

Bernhard Korsch (links) als Tinca in ›Der Mantel‹ von Giacomo Puccini Komische Oper, 17.5.1952 Foto: Abraham Pisarek

Bernhard Korsch (1911 – 1953)
Von 1929 bis 1932 studierte der Tenor Gesang in Berlin. Seine Bühnenlaufbahn begann er 1934 am Stadttheater von Heilbronn. Es folgte das Stadttheater von Halberstadt (1935 – 1936) und das Theater von Rudolstadt (1936 – 1937). Ein Engagement am Theater im Admiralspalast Berlin schloß sich an. Über Erfurt, Potsdam, Nordhausen und nach seinem Einsatz beim Militär engagierte Walter Felsenstein Korsch an die Komische Oper. Seine Antrittsrolle war Der Mann mit dem Maulesel in ›Die Kluge‹ (25.5.1948) von Carl Orff. In der Inszenierung von ›Was ihr wollt‹ (8.7.1949) von Arthur Kusterer spielte er den Narren. Gerade in dieser Rolle kam Korschs komödiantische Begabung zum Ausdruck. Es folgten Gesangspartien als Dorfbürgermeister Schneck in ›Der Vogelhändler‹ (8.12.1949), als Musikmeister Basilio in ›Figaros Hochzeit‹ (24.1.1950), als Schuhmacher Jean Frick in ›Pariser Leben‹ (10.2.1951) und am 17.5.1952 die Partie des Tinca in ›Der Mantel‹ von Giacomo Puccini.

scheidende Antriebe gegeben haben. Von da her soll dieses Theater einer zeitgenössischen Produktion Anregung und Auftrieb geben, nachdem ein großer Zweig der Gattung Operette sich vom elementaren und künstlerischen Theater allzu weit entfernt hat.‹[2] Folgerichtig erhält das Theater die Bezeichnung ›Komische Oper‹.

Am 23. Dezember 1947 eröffnet Felsenstein mit der ›Fledermaus‹ von Johann Strauß. Die Kritik äußert sich vorwiegend positiv. Die Operette ›war gleichzeitig wirkliche Komödie und wirkliche Oper. Dies bedeutet, daß die ganze von Komik durchdrungene Handlung durch eine musikalisch dramaturgische Entwicklung bestimmt und inspiriert war. Diesem Grundsatz wurde alles untergeordnet, von der Geste des Darstellers bis zum Moment, wo die Bühne sich an diesem oder jenem Punkt zu drehen begann und die szenischen Ereignisse sich entfalteten.‹[3] Mit dieser Inszenierung knüpft Felsenstein an ›Pariser Leben‹ zwei Jahre zuvor an, mit der Absicht, Opern bzw. Operetten zu ›entstauben‹. Für ihn sind Musik und Theater auf der Opernbühne gleichwertig. Ausgehend von der Partitur, vom Urtext, oftmals neu übersetzt, wird mit den Sängern jede Geste, jede mimische Regung erarbeitet. Dieses genaue Befragen der Originalvorlage geht jedoch manchen Opernbesuchern zu weit. ›Früher gab man die »Fledermaus« zu Silvester oder zu Fasching, weil die Musik moussiert. Die Aufführung Felsensteins eignet sich eher für die Tagung eines theaterwissenschaftlichen Kongresses.‹[4] Die Frage, ob ein drittes Opernhaus für Berlin notwendig sei, hat diese Inszenierung eindeutig bejaht. ›In Berlin ist ein neues Theater eröffnet, ein Theater, das berufen ist, das verlorengegangene Genre der musikalischen Komödie in ihrer ganzen ästhetischen und sozialen Fülle wiederherzustellen, und ein gutes Omen hierfür ist der große künstlerische Erfolg des ersten Stückes.‹[5] Mit jeder weiteren Inszenierung verwirklicht Walter Felsenstein seine Opernreform. In langen Probenzeiten, die er fordert und die ihm eingeräumt werden, erarbeitet er mit den Sängern zuerst die Textverständlichkeit und bezieht dann die Musik mit ein – ›Sie müssen vom Text her kommen, aber singen‹ (Walter Felsenstein). Ein Beispiel für die Umsetzung der gesanglichen Darstellung auf der Bühne ist die Inszenierung ›Die Kluge‹, aufgeführt am 25. Mai 1948, von Carl Orff: ›Die komödiantische Vitalität der singenden Darsteller war bis auf ihren Urgrund freigelegt. Bewegung, Mimik, Tonfall zeigten bei allen Darstellern virtuose Vielseitigkeit und Differenziertheit.‹[6] Der nächste große Wurf gelingt Walter Felsenstein mit ›Carmen‹ von Georges Bizet am 4. Januar 1949. Es war nicht das erste Mal, daß er sich mit diesem Werk beschäftigte. Sowohl in Köln als auch in Zürich setzte er sich bereits mit dem Text auseinander: ›Ich hatte den Ehrgeiz, die französischen Reime im Deutschen entsprechend wiederzugeben. Es wurde die erste, fast wörtliche Übersetzung der »Carmen« ins Deutsche.‹[7] Schlagzeilen wie ›Entoperte Carmen‹[8] oder ›Bizets Carmen – ganz neu‹[9] zeigen, daß er seine Ansicht von einem neuen Musiktheater überzeugend umgesetzt hat: ›Hier ist nichts mehr dem Zufall überlassen; wie unter dem Mikroskop treten Züge der mimischen und gestischen Handlung hervor, die zur Partitur eine ganz neue Beziehung anknüpft.‹[10]

Die Inszenierung des ›Vogelhändlers‹ von Carl Zeller, erstmals gezeigt am 8. Dezember 1949, wird eine der meistgespielten Operetten in der Ära Felsenstein. Die Erarbeitung und Umsetzung des Werkes auf die Bühne führt er mit der gleichen Präzision durch wie auch bei der Oper ›Carmen‹. ›Man vergißt fast, daß es ja »nur« Operette ist. Auf den Brettern stehen Menschen, und die, die eigentlich keine Menschen mehr sind, nämlich die blaublütigen Hofschranzen […] werden kräftig parodiert.‹[11] Am 10. Februar 1951 steht eine neue Inszenierung von ›Pariser Leben‹ auf dem Spielplan: ›Der Zuschauer wird fast verwirrt von dem prasselnden Feuerwerk dieses entfesselten, turbulenten und zugleich minuziös durchgearbeiteten Theaters.‹[12] Die Leichtigkeit des Spiels verknüpfen die Sänger mit äußerster Intensität und Genauigkeit. Doch nicht nur die Solisten bieten exzellentes Musik-Theater, auch der Chor überzeugt in seinen Leistungen. Felsenstein nimmt ihm seine starre Position, indem er jeden Choristen in das Bühnengeschehen einbindet. Mit seiner Regiekonzeption baut er kontinuierlich ein Ensemble auf, das seine Inszenierungen zu einem sicheren Erfolg führt und die Ausnahmestellung Felsensteins im Musiktheater begründet.

Nach fünfjährigem Bestehen der Komischen Oper zieht die Presse ein positives Resümee: ›Er ist Sturm gelaufen gegen den »Gewohnheitsunfug« des Repertoirebetriebes, gegen die Konvention, gegen die Verfälschung des Ideengehalts großer Meisterwerke, gegen die Gedankenlosigkeit der Sänger, gegen das falsche Pathos und die Teilnahmslosigkeit des Chores. Er hat eine Reihe von Werken bis auf den Grund durchleuchtet, hat sie in ihrer Wirklichkeit so lebendig erschlossen, daß sie die heutigen Menschen packten und wie neu erschienen.‹[13] Andererseits wird die mangelnde Repräsentanz zeitgenössischer Opernwerke beanstandet. Die Entscheidung Felsensteins für die Inszenierung eines bestimmten Werkes ergibt sich beim Studium des Librettos bzw. der Partitur. Es entsteht eine theatralische Imagination[14], die den Produktionsprozeß auslöst. Ohne diese Einfühlung in das Werk ist eine Darstellung auf der Bühne für ihn nicht möglich. ›Zweifellos würde die Begegnung des Felsensteinschen Musiktheaters mit der zeitgenössischen musikalischen Bühnenliteratur an Umfang und Intensität gewinnen, wenn diese Werke ihrerseits Musiktheater so »brauchten« und »provozierten«, wie es bestimmte klassische Werke tun. Genauer gesagt: Wenn auch Librettisten und Komponisten mehr an den von Felsenstein erkannten und praktizierten Gesetzen der Dramaturgie des Musikalischen Theaters interessiert wären.‹[15]

1 Walter Felsenstein und Joachim Herz, Musiktheater, Leipzig 1976, S. 21 f.
2 A.a.O., S. 22 f.
3 Margaritha Slutzkaja, Tägliche Rundschau, 25.12.1947.
4 Der Kurier, 27.12.1947.
5 Margaritha Slutzkaja, Tägliche Rundschau, 25.12.1947.
6 Karl Rehberg, Telegraf, 27.5.1948.
7 Walter Felsenstein und Siegfried Melchinger, Musiktheater, Bremen 1961, S. 52 f.
8 Telegraf, 6.1.1949.
9 Die Welt, 6.1.1949.
10 Hans Heinz Stuckenschmidt, Neue Zeitung, 8.1.1949.
11 Heinz Ritter, Telegraf, 10.12.1949.
12 Carl Friedrichs, National-Zeitung, 13.2.1951.
13 Carl Friedrichs, National-Zeitung, 18.5.1952.
14 Walter Felsenstein und Siegfried Melchinger, Musiktheater, a.a.O., S. 28 f.
15 Götz Friedrich, Walter Felsenstein. Weg und Werk, Berlin (DDR) 1961, S. 53.

Szenenfoto zu ›Carmen‹ von Georges Bizet, Komische Oper, 4. 1. 1949. Foto: Jürgen Simon

Gerhard Niese als Ottokar in ›Der Freischütz‹ von Carl Maria von Weber Komische Oper, 9. 4. 1951 Foto: Eva Kemlein

Gerhard Niese (geb. 1906)
Nach einer Banklehre und Auftritten als Chorsänger erhielt der Bariton von 1924 bis 1930 eine Ausbildung zum Solisten in der Gesangs- und Opernschule in Rostock. Während seiner Banktätigkeit trat er wiederholt als Konzert- und Oratoriensänger auf. 1947 gastierte Niese in der Rolle des Tonio in ›Der Bajazzo‹ von Ruggiero Leoncavallo an der Städtischen Oper Berlin. Es folgte ein Engagement an die Komische Oper von 1948 bis 1955. Zu seinen Rollen zählten der Escamillo in ›Carmen‹ (4. 1. 1949) von Georges Bizet, der Orsino in ›Was ihr wollt‹ (8. 7. 1949) von Arthur Kusterer, die Partie des Kruschina in ›Die verkaufte Braut‹ (9. 9. 1950) von Friedrich Smetana, die Rolle des Freundes des Matrosen in ›Der arme Matrose‹ (20. 10. 1950) von Darius Milhaud und als Ottokar in ›Der Freischütz‹ (9. 4. 1951) von Carl Maria von Weber. Wiederholte Gastauftritte führten 1955 zur Aufnahme in das Staatsopern-Ensemble. 1972 nahm Gerhard Niese seinen Abschied von der Opernbühne.

Szenenfoto zu ›Pariser Leben‹ von Jacques Offenbach, Komische Oper, 10. 2. 1951. Foto: Jürgen Simon

Die Komische Oper

Er sprühte Musikalität
Der Sänger und Gesangspädagoge Jean Nadolowitsch

Ines Hahn

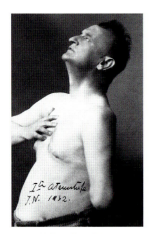

Jean Nadolowitsch bei der Demonstration der 1. Atemstufe, 1932
Foto: o. A.

Jean Nadolowitsch (1875 – 1966) war berühmt dafür, daß er während seiner Vorträge in der Lage war, die entscheidenden Punkte seiner Theorien durch Demonstrationen am eigenen Körper praktisch vorzuführen. So ließ er eine Serie von Fotos anfertigen, die ihn bei der Vorführung der vier Atemstufen zeigen. Die erste Atemstufe (Brust rein, Bauch raus!), in der nur das Zwerchfell arbeitet, entspricht dem natürlichen Atmen im Liegen und ist besonders zur Erzeugung tiefer Töne geeignet. Nach seiner Auffassung versetzt die antagonistische Anwendung der verschiedenen Atemstufen und die fortwährende Veränderung der sogenannten Stütze den Sänger in die Lage, bewußt Einfluß auf die Tonqualität zu nehmen. Nadolowitsch machte auch den Versuch, durch Röntgenaufnahmen seines Brustkorbes beim Singen seine Thesen zu erhärten.

›Er lebt, er ist wieder da!‹ Dieser Ruf verbreitete sich schnell in Berlin unter seinen ehemaligen Mitarbeitern und Schülern. Der im August 1945 aus dem Konzentrationslager Theresienstadt in seine Wahlheimat zurückkehrende Arzt und Musikpädagoge fand zunächst bei seiner Mitarbeiterin Ilse Braune eine Unterkunft – seine alten Unterrichts- und Wohnräume waren ausgebombt. Von hier aus begann er sofort mit unermüdlicher Leidenschaft den Wiederaufbau dessen, was seit fast dreißig Jahren sein Lebenswerk war: Das Internationale Institut für angewandte Atem- und Stimmphysiologie und Pädagogik. Als er es im Jahr 1917 gründete, hatte der am 6. September 1875 in der rumänischen Bukowina geborene Sohn eines Bauern bereits ein bewegtes Leben hinter sich.

Nach dem Besuch des Alumnats in Jassy absolvierte er dort seit 1893 ein fünfjähriges Medizinstudium. Daß er gleichzeitig Unterricht am Italienischen Konservatorium nahm, war bestimmend für seinen späteren Lebensweg; erhielt er doch neben der Gesangsausbildung durch seine medizinischen Studien auch Einblicke in die körperlichen Gegebenheiten und Zusammenhänge des menschlichen Organismus, der ja letztlich in seiner Gesamtheit das Instrument des Sängers ist. Nach einer kurzen Zeit als Lehrer an einer Volksschule legte er 1900 sein Examen als Reserveoffizier ab und setzte in verschiedenen Städten Europas seine wissenschaftlichen und musikalischen Studien fort. 1902 ging er an das Wiener Konservatorium zu Joseph Gänsbacher, und noch vor dem Abschluß der Ausbildung gelang dem jungen Sänger ein erster großer Erfolg bei seinem Debüt in Graz als Faust und Don José. Dies bestärkte ihn darin, sich jetzt ganz seiner Sängerlaufbahn zu widmen.

Bei einem folgenden Gastspiel in Wien sah ihn Hans Gregor, der mit dem ehrgeizigen Plan umging, in Berlin eine private Oper zu gründen. Die Eröffnung der Komischen Oper am 18. November 1905 mit Offenbachs ›Hoffmanns Erzählungen‹ wurde für das neue Opernhaus zum fulminanten Auftakt und für den bis dahin in Berlin noch unbekannten Nadolowitsch in der Titelrolle zum künstlerischen Durchbruch. Er spielte den Hoffmann hier mehr als 500mal. In den sechs Jahren des Bestehens der Oper beeindruckte der Tenor in 15 Inszenierungen mit seinen intelligent durchgearbeiteten Leistungen und wurde so zum idealen Typ des Gregorschen Sänger-Darstellers. Berlin wurde für ihn zum Lebensmittelpunkt. Von hier aus unternahm er Gastspielreisen an die großen Opernhäuser von Wien, Prag, London und Paris, an denen er sich als lyrischer Tenor von Weltrang zeigte. Der Ausbruch des Ersten Weltkrieges beendete diese Karriere.

Als rumänischer Staatsangehöriger und Reserveoffizier mit Auftrittsverbot belegt, wandte sich Nadolowitsch wieder der Medizin zu und erlangte 1915 den Doktorgrad an der Friedrich-Wilhelms-Universität in Berlin. Zunächst widmete er sich ärztlicher Tätigkeit, behandelte Kriegsgeschädigte, beseitigte durch Atemtherapie Krampfzustände und Gehstörungen, bis er 1917 seine Erfahrungen als Sänger und Arzt beruflich verband, indem er ein Gesangsinstitut in der Ludwigkirchstraße 12 gründete. In seinem Institut, einer Lehrstätte für Sänger, Stimmbildner, Stimmärzte, aber auch Heilstätte für Stimmleidende, legte er den Schwerpunkt auf die Erforschung der körperlichen Vorgänge beim Singen und begründete damit das Fach der Angewandten Stimm- und Atemphysiologie. Um ständigen Austausch bemüht, stellte er die Ergebnisse seiner praktischen und theoretischen Arbeit in Vorträgen in Wien, Prag, Mailand, Rom, Neapel, Bern, London und Paris einem kritischen Publikum vor. Als das Institut Ende der zwanziger Jahre staatlich anerkannte Schule für Stimmbildung wurde, stellte er als Lehrer neben den Assistentinnen Ilse Braune und Hilde Haasen, seiner späteren Frau, drei weitere Sänger

Operettenabend mit Schülern des Instituts Nadolowitsch im Tusculum – Tempelhof, 30. 4. 1948. Plakat

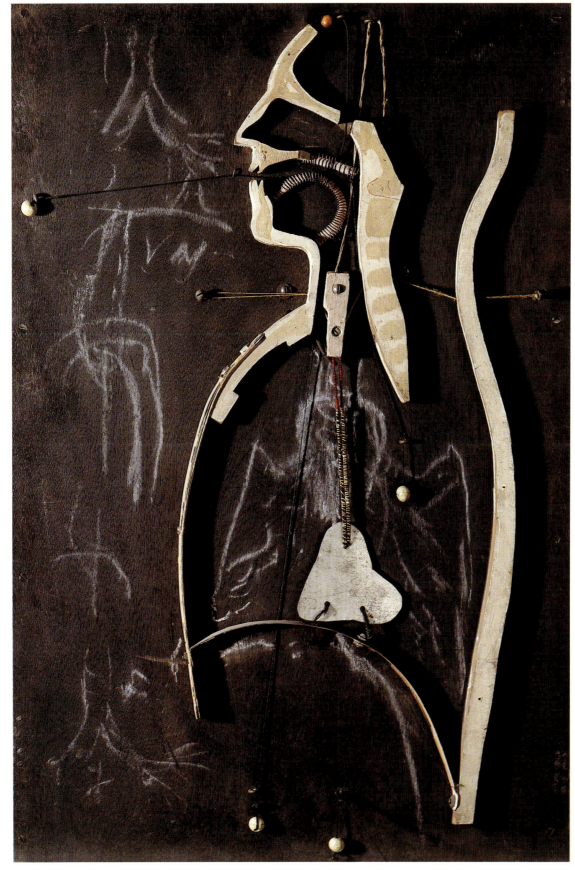

Funktionsmodell der Atmungsorgane des Menschen, als Unterrichtsmittel entwickelt und verwendet im Institut Nadolowitsch

Irmgard Armgart, Postkarte
Foto: Dührkoop
Rückseitig gewidmet: ›Meinem lieben verehrten Meister und Freund Herrn Doktor Jean Nadolowitsch in dankbarer Herzlichkeit gewidmet.
Irmgard Armgart Weihnachten 1961‹

Irmgard Armgart (1908 – 1982)
Die Sopranistin studierte bei Jean Nadolowitsch und Maria Ivogün in Berlin. Nach ihrem Debüt in Coburg 1930 kam sie über Beuthen, Bremerhaven und Königsberg 1939 an die Staatsoper Berlin, an der sie bis 1944 regelmäßig tätig war und in den fünfziger Jahren gastierte. 1948 bis 1962 Mitglied der Komischen Oper, konsultierte die bereits erfahrene Sängerin weiterhin ihren alten Lehrer. Es ist bemerkenswert, daß sich oft über Jahrzehnte ein vertrauensvoll-freundschaftliches Verhältnis zwischen dem Lehrer und seinen Schülern hielt. Aus dem umfangreichen Repertoire der Armgart seien nur Susanna und Cherubino in ›Figaros Hochzeit‹, Konstanze und Blondchen in ›Die Entführung aus dem Serail‹, Papagena in ›Die Zauberflöte‹ und die Butterfly erwähnt. Sie machte sich bis 1965 auch als Konzertsängerin mit ihren Auftritten in den Musikzentren Europas einen Namen.

Boris Greverus als Don Carlos in ›Don Carlos‹ von Giuseppe Verdi Städtische Oper, 18.11.1948 Foto: Harry Croner

Boris Greverus (geb. 1904) war Schüler von Ernst Grenzebach und Jean Nadolowitsch. Er debütierte 1929 am Nationaltheater Mannheim und war bis Mitte der dreißiger Jahre am Stadttheater Essen, am Deutschen Landestheater Prag, am Stadttheater von Graz und am Hessischen Staatstheater in Wiesbaden engagiert. 1936 – 1938 am Theater der Jugend in Berlin tätig, gab er häufig Gastspiele an verschiedenen Bühnen. Der Tenor war von 1945 bis 1961 Mitglied der Städtischen Oper Berlin. Er trat hier als Florestan im ›Fidelio‹, als Max im ›Freischütz‹, als Gabriele Adorno in ›Simone Boccanegra‹, als Alvaro in ›Macht des Schicksals‹, als Radames in ›Aida‹, als Rodolfo in ›La Bohème‹, als Cavaradossi in ›Tosca‹ und Don José in ›Carmen‹ in Erscheinung. In seiner Verkörperung des Don Carlos bestätigte ihm der Kritiker Josef Rufer: ›Großer Verdi-Abend in der Städtischen Oper […]. Boris Greverus, in bester stimmlicher Form, sparte nicht mit tenoralen Glanzlichtern‹ (Die Welt, 20.11.1948). Anfang der sechziger Jahre gehörte er zum Ensemble des Theaters des Westens und wirkte hier in der deutschen Erstaufführung des Musicals ›My Fair Lady‹ mit. Er hatte auch als Konzert-, Oratorien- und Liedsänger eine erfolgreiche Karriere.

ein. Sie alle waren von ihm ausgebildet. Nadolowitsch hielt jahrelang Vorträge für den Kulturfonds der Genossenschaft Deutscher Bühnenangehöriger und an der Lessing-Hochschule Berlin.

Mit der Machtübernahme der Nationalsozialisten begannen für den international bekannten Sänger und Pädagogen einschneidende berufliche Einschränkungen. 1935 wurde ihm aus ›rassischen‹ Gründen jegliche Lehrtätigkeit verboten. Die 1927 erhaltene deutsche Staatsbürgerschaft wurde ihm aberkannt. Sein Fremdenpaß vom 1. März 1940 weist ihn aus als ›Johannes Nadolowitsch, Dr. med., Stimmphysiologe, staatenlos‹. Im Juli 1944 wurde er nach Theresienstadt deportiert. Während seiner Abwesenheit führten seine Assistentinnen das Institut weiter, so daß der inzwischen 70jährige den Schülerkreis bei seiner Rückkehr nicht gänzlich zerstreut vorfand; aber wertvolle Unterrichtsmittel und Notenmaterial waren zerstört, und vor allem mußten neue Räume beschafft werden. Seit November 1945 hieß es dann wieder:

Internationales Institut für angewandte
Atem- und Stimmphysiologie und Pädagogik
Berlin-Halensee, Westfälische Straße 38, Vorderhaus 3. Etage
Ausbildung für Oper, Konzert und Funk
Stimmliche und dramatische Ausbildung bis zur künstlerischen Reife für Oper, Operette, Konzert, Oratorium, Rundfunk, Schauspiel und Rede.

Bis Februar 1946 war ein Schülerkreis von etwa 80, bis Mai von fast 140 Schülern aufgebaut. Das Honorar richtete sich je nach den Möglichkeiten der Auszubildenden und lag zwischen 60 und 140 Mark im Monat. Nach der Währungsreform bemühte sich Nadolowitsch um Stipendien für Schüler aus dem Ostteil der Stadt. Nadolowitsch hatte in den Jahrzehnten seiner Tätigkeit ein System entwickelt, das ihm nach eingehender Untersuchung der körperlichen Merkmale, der Gesamtstatur, der Lungen-, Herz- und Schädelform ermöglichte, die optimale Stimmlage seiner Schüler zu ermitteln. Jeder Schüler erhielt

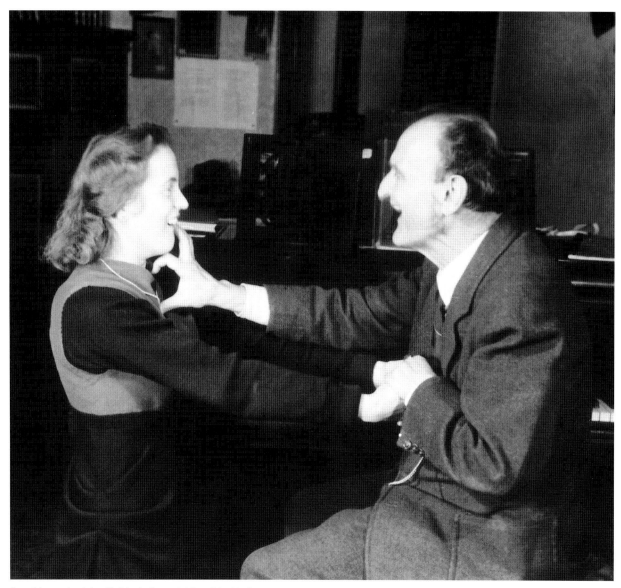

Unterrichtsstunde mit Jean Nadolowitsch, vor 1950. Foto: Heinz Matthes

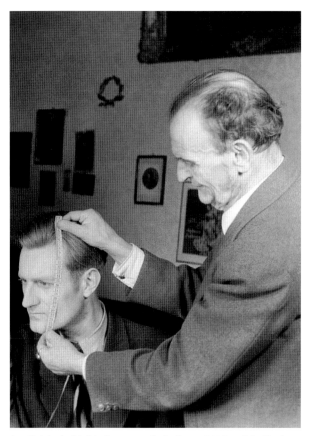

Jean Nadolowitsch bei der Vermessung des Kopfes, vor 1950. Foto: Heinz Matthes

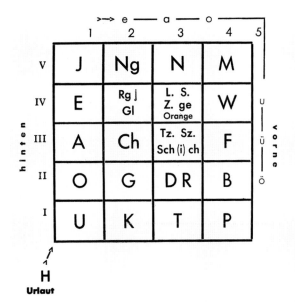

Das physiologisch-pädagogische Lautsystem des Jean Nadolowitsch

Adelheid Müller-Hess, o. J. Foto: Willy Saeger

Adelheid Müller-Hess (1909–1964) hatte als Bühnen- und Konzertsopranistin in den dreißiger Jahren große Erfolge in Berlin. Die Schülerin Jean Nadolowitschs mußte als Jüdin ihre Karriere nach 1933 aufgeben. Beim Jüdischen Kulturbund trat sie in Berlin 1941 als Solistin auf. 1942 wurde sie in das Konzentrationslager Auschwitz deportiert. Sie überlebte und kam nach ihrer Befreiung nach Berlin zurück. In den Jahren 1945 bis 1953 sang sie an der Deutschen Staatsoper, an der sie unter anderem 1946 als Brautmutter in der Uraufführung der Oper ›Postmeister Wyrin‹ von Florizel von Reuter mitwirkte. Seit 1950 war sie auch der Komischen Oper Berlin verbunden, an der sie die Kathinka in der ›Verkauften Braut‹ von Smetana sang. Zu ihrem Repertoire gehörten weiterhin die Rosalia in ›Tiefland‹ von d'Albert, die Petrowna in der ›Zarenbraut‹ von Rimski-Korssakow, die Frau des Dorfrichters in ›Jenufa‹ und die Eule sowie die Försterin im ›Schlauen Füchslein‹ von Janáček. Nach Beendigung ihrer Karriere war sie an der Berliner Musikhochschule als Professorin tätig.

nach einem individuellen Ausbildungsplan zwei Lektionen in der Woche. Ein ehemaliger Korrepetitor des Instituts beschrieb ihn als pädagogischen Magier: ›Er erschloß dem Begabten geheime Welten des Tönens. […] Er ließ mit dem Leib, nicht mit dem Kehlkopf singen. […] Stimmheisere Sänger heilte er in etwa drei Stunden. […] Er lehrte, mit dem ganzen Leib zu tönen; er war einer der ersten physiognomisch begabten Phänomenologen des Gesangs, er sprühte Musikalität.‹[1]

Nadolowitsch lehrte nach einem von ihm entwickelten physiologischen Lautsystem. Er teilte die Resonanzräume des Sängers in vier Ebenen, lehrte die präzise Beherrschung der Resonatoren und die elastische Steuerung der Atemmenge durch seine Atemstufenlehre. Seine Art des Singens und Singenlehrens war eine glückliche Synthese von naturwissenschaftlicher Forschung und künstlerisch-intuitiver Wahrnehmung. Nadolowitsch nahm bald die Tradition seiner 1921 eingeführten Donnerstagsvorträge wieder auf. Diese offenen Abende für ein Publikum von Schülern, Pädagogen, Sängern und interessierten Laien leitete er jeweils mit einem wissenschaftlichen Vortrag ein, anschließend gab er die Möglichkeit zur Diskussion und zu musikalischen Darbietungen der Anwesenden. Der Lehrer griff dann korrigierend, stimmbildend ein. Seine Lehre ist durch stenografierte Mitschriften seiner Vorträge erhalten, die bereits in den fünfziger Jahren zusammengestellt und veröffentlicht wurden; eine aktualisierte und erweiterte Ausgabe ist im Jahr 2000 erschienen.[2]

Öffentliche Hauskonzerte gehörten zum festen wöchentlichen Programm. Seine Schüler stellten ihre Fähigkeiten in Aufführungen des Berliner Tonkünstler-Vereins und in Podien-Opernabenden in verschiedenen Sälen der Stadt vor. Die gebotenen Vorträge wollten keine ›fertigen Leistungen‹ zeigen, ›sondern je nach Begabung und Stand der Ausbildung, den Weg erkennen lassen, der zu den gesetzten Zielen führen soll. Auffallend dabei ist die zwanglose Natürlichkeit, mit der selbst mäßiges Stimmaterial locker anspricht und in seinen Grenzen zu bestmöglichen Ergebnissen kommt.‹[3] Waren vor 1945 so namhafte Schüler wie Joseph Schwarz, Irmgard Armgart und für kurze Zeit auch Adele Sandrock an seinem Institut, so gingen aus seiner Lehrstätte auch nach dem Krieg Sänger an große Musiktheater Deutschlands.

Neben der Arbeit an seinem Institut war Nadolowitsch von 1945 bis 1949 als Dozent an den Volkshochschulen Wilmersdorf und Wedding tätig. Er hielt Referate in der Reihe ›Vortragsabende‹ des Berliner Tonkünstler-Vereins, dessen Ehrenmitglied er 1950 wurde. Bis zu seinem Tode im Jahr 1966 bildete er Hunderte von Sängern aus und nahm Korrekturen an verbildeten, versungenen, ermüdeten und kranken Stimmen vor.

---

1 W. Leibbrand, Musikalität und Medizin, in: Fortschritt der Medizin, 24/1966, S. 939.
2 Die Stimmbildungslehre des Dr. Jean Nadolowitsch, hrsg. von Günther Baum, Hamburg (aktualisierte und erweiterte Ausgabe) 2000.
3 Walther Hirsch, Gesangsstudio Jean Nadolowitsch, in: Die Musikblätter, o. J., Theatersammlung Stadtmuseum Berlin.

Varieté und Wärmehalle
Der Palast der 3000

Angelika Ret

Kurt Hilscher, Programmheft Palast der 3000, August 1950

Kurt Hilscher (1904 – 1980)
Nach seiner Ausbildung in Dresden und München entwarf Kurt Hilscher Kostüme und Dekorationen für Theater und Film. 1927 wurde er Mitarbeiter der Werbeagentur von Rossigny und Lavignac in Paris, seit 1934 arbeitete er als freischaffender Maler und Graphiker in Berlin. Tänzerinnen und Artistinnen in farbenfroher Leichtigkeit kennzeichneten Kurt Hilschers Stil auf Plakaten und Programmheften für Varieté, Kabarett und Zirkus. Nach dem Krieg galt Kurt Hilschers Interesse dem historischen Kostüm. Bis 1949 erschienen vier Bände seiner Kostümkunde. Nach der Währungsreform erhielt der Künstler wieder verstärkt Aufträge von der Industrie, den Firmen Leichner und 4711. Der Apollo-Musikverlag und Zeitschriftenredaktionen der Nachkriegszeit bemühten sich um ihn. Zahlreiche Plakate und Programm-Titelblätter enstanden für den Berliner Friedrichstadtpalast, das Metropol-Theater und verschiedene Filmverleihfirmen.

Am 17. August 1945 fand im früheren Großen Schauspielhaus Max Reinhardts die Eröffnungsvorstellung des Palasts der 3000 statt.[1] Das Haus hatte den Zweiten Weltkrieg schwer beschädigt überstanden. Die große Drehbühne, der Schnürboden sowie sämtliche Kulissen waren zerstört; eingestürzte Wände, Deckenrisse, meterhoher Schutt und Brandspuren boten ein Bild der Verwüstung. Trotz fehlenden Baumaterials und mit Hilfe nur weniger Handwerker war jedoch in kürzester Zeit Platz für 3000 Zuschauer geschaffen worden.

Eine Frau, Marion Spadoni, erhielt von der Sowjetischen Militäradministration die Lizenz zum Spielbetrieb für ein Varieté im Theaterbau Am Zirkus 1. Sie investierte fast ihr gesamtes Vermögen in die Aufräumarbeiten und Reparaturen sowie für die ersten Ausstattungen der Programme, die monatlich wechselten. Zunächst mußte noch vor dem Eisernen Vorhang gespielt werden. Mit phantasievollen Prospekten gelang es Paul Seltenhammer, Chefgestalter seit 1946, auf der nur sechs Meter tiefen Vorbühne einen scheinbar weitläufigen Raum und den lebendigen Rahmen für Artistik und Tanzbilder zu schaffen. Kulissen und Kostüme entstanden aus Wehrmachtskisten und Tarnnetzen, aus Fallschirmseide und Bettlaken. Farbenfrohe Plakate von Seltenhammer, Franz Zemlika und Kurt Hilscher warben auf etwa 20 Litfaßsäulen inmitten der Trümmerstadt für die Palast-Programme.

Unmittelbar nach Kriegsende hatten sich bereits zahlreiche Künstler in der Artistenagentur von Paul Spadoni gemeldet.[2] Zu den ersten Gästen im Palast gehörten viele, die bereits vor dem Krieg Erfolge im Berliner Wintergarten oder in der Scala gefeiert hatten, wie beispielsweise der Jongleur King Repp, Albert und Elly van de Velde, die Musikalclowns ›3 Truzzis‹, Crockers Braunbären-Dressur oder Frank und Eugenie Kremo. Bis Januar 1946 gastierte das ehemalige Ufa-Filmballett Sabine Ress; Solisten waren Irmgard Kern, Valentin Froman sowie Natascha Trofimowa, spätere Solistin an der Deutschen Staatsoper. Bereits im Februar 1946 präsentierten sich mit den Valty-Girls erstmals die Damen des seit März fest installierten Hausballetts mit einem Faschingstanz. Gewagte Kostüme und das erste improvisierte Szenenbild von Paul Seltenhammer – vier Masken aus Pappe kaschiert und eine fünfstufige Revuetreppe – rundeten den erfolgreichen Auftritt ab. Seit diesem Jahr verfügte der Palast sowohl über ein eigenes Orchester unter Leitung von Ralph Zürn[3] als auch über seine erste Girl-Reihe, Grundstein für das bis heute mit seiner prachtvollen Ausstattung, Präzision und Ausstrahlung einmalige Revueballett in Europa. Aufwendige Tanzbilder und klassische Einstudierungen machte das Hausballett zum eigentlichen Star der Programme. Die gelungene Dramaturgie der glanzvollen Schlußbilder und auch der Erfolg zahlreicher Gastchoreographen und Ballettsolisten trugen dazu bei.

Im August 1946 sorgte erstmals Jens Keith[4], gleichzeitig als Choreograph an der Städtischen Oper tätig, für die Einstudierung der Tänze ›Spieluhr‹ mit Ursula Deinert und ›Fata Morgana‹. Bis 1950 choreographierte er annähernd 25 Revuebilder für das Ensemble. Namhafte Tänzer, die an den Berliner Opernhäusern engagiert waren, wirkten in Gastrollen mit, Gert Reinholm, Gisela Deege und Edel von Rothe von der Deutschen Staatsoper 1950 in ›Der Abenteurer von Venedig‹. Choreographien und Einstudierungen übernahmen ferner Jockel Stahl und Erika Smetana (1946/47), Rudolf Kölling (1947/48), Daisy Spies (1950), Rolf Arco, Egon Wüst und Bernhard Woisin. Im April 1947 inszenierte Tatjana Gsovsky das Bild ›Im spanischen Hafen‹ mit den Solisten Ljena Gsovsky und Michael Piel. Jean Weidt brachte im Januar 1951 mit Michael Piel ›Till Eulenspiegels Streiche‹ auf die Bühne. In dieser Zeit des Neubeginns bot das Varieté die Möglichkeit,

Paul Seltenhammer, Kostümfigurine zu dem Tanzbild ›Hochzeit an der Spree‹, 1948

Paul Seltenhammer, Palastvarieté, 1946. Plakat

Lene Ludwig, um 1950
Foto: Ilse Buhs

Lene Ludwig (1908–1995)
Lene Ludwig erhielt am Deutschen Opernhaus Berlin eine klassische Ballettausbildung. Begeistert vom modernen Tanzstil Mary Wigmans, begann sie 1925 ein Zusatzstudium bei Jutta Klamt, einer Laban-Schülerin. 1927 lernte sie den Kunstmaler Peter Ludwig kennen. Gemeinsam planten sie ein Puppentheater für Erwachsene, die ›Komödie der Holzköpfe‹. Peter Ludwig entwarf später Masken, mit denen neben Lene Ludwig auch andere namhafte Tänzer, wie Harald Kreutzberg, auftraten. In ihrer Varieté-Darbietung parodierte Lene Ludwig Stars wie Greta Garbo oder Adele Sandrock. Im Zweiten Weltkrieg verlor die Künstlerin fast alles, allein der große Requisitenkoffer mit Masken und Kostümen blieb ihr. Zunächst fand die Familie im Heimatort Hof Zuflucht, wo Lene Ludwig eine Tanzschule gründete. Nach der Aufhebung der Blockade kehrte sie 1949 nach Berlin zurück. Hier trat sie 1955 zum letzten Mal im Friedrichstadtpalast auf.

*Wanda & Amand
mit Marimbaspielern, 1948
Foto: James J. Krugmann*

Wanda und Amand Frichie

Wanda stammte aus einer bekannten Marionettenspielerfamilie. Ihre Eltern gründeten 1913 ›Teubers Marionetten‹. Das kleine Theater, bestehend aus Orchester, Zuschauern in Logen und Schauspielern auf der Bühne, gastierte weltweit bis 1939. In diesem Jahr heirateten Wanda und Amand, der aus der traditionsreichen Artistenfamilie Girardi kam. Beide wurden mit ihren Marionetten gefeierte Varietéstars. Die Bomben des Krieges zerstörten die Marionettenbühne im Keller des elterlichen Hauses in der Berliner Ritterstraße. Nur die schönsten Puppen konnte Wanda bei ihrer Evakuierung retten, indem sie sie in einem Vorgarten vergrub. Alle Marionetten sind Handarbeit, sie wurden immer wieder neu gekleidet, bemalt und frisiert. Im Weihnachtsprogramm 1945 gastierten Wanda & Amand im Palast der 3000. 1948 verließen die Künstler Deutschland und begannen in den USA eine zweite Karriere, bis sie sich 1974 in Florida zur Ruhe setzten.

Der Jongleur King Repp im Palast der 3000, Prospektentwurf: Paul Seltenhammer, Februar 1947. Foto: Walter Weitzer

Die Valty-Girls in einem Faschingstanz, Februar 1946. Foto: Walter Weitzer

mit seiner programmatischen Vielfalt neben Artistik, Vortrag und Revuetanz auch klassisches Ballett und Charaktertanz sehr publikumswirksam zu präsentieren.

In die Direktionszeit von Marion Spadoni fiel auch die Gründung des bis heute bestehenden Kinderensembles. Sie selbst lieferte die Ideen und inszenierte die ersten Programme, im Dezember 1945 das Märchenspiel ›Weihnachtszauber‹. In den kalten Wintermonaten 1946/47 stellte Marion Spadoni ihr Haus kostenlos als Wärmehalle zur Verfügung. Für Tausende Menschen wurden in den Wandelgängen Tische und Stühle aufgestellt, es entstanden Spielzimmer für Kinder und Leseräume für Studenten. Mittags gab es eine heiße Brühe und kostenlos Brot für die Jüngsten. Zum einjährigen Bestehen des Palastes übergab Frau Spadoni dem Oberbürgermeister Berlins, Dr. Arthur Werner, den Reinerlös der Festvorstellung für die notleidende Bevölkerung der Stadt. Sie spendete in die Fonds der Internationalen Artistenloge und für die Opfer des Faschismus.

In den nur zwei Jahren ihres Wirkens gehörte Marion Spadoni mit ihrem großen persönlichen Engagement zu den wichtigsten Persönlichkeiten des wiedererstehenden kulturellen Lebens Berlins. Ihr Pachtvertrag mit der Deutschen Nationaltheater AG war im August 1945 geschlossen, im Dezember 1946 schließlich bis November 1957 verlängert worden. Der privaten Unternehmerin wurde jedoch 1947 die Urkunde zum Fortbestand ihrer Konzession nicht mehr ausgehändigt. Die unter Vorwänden betriebene Enteignung entsprach offenkundig den Interessen der Kulturfunktionäre, die eine räumliche Umverteilung der Ostberliner Theater vorgesehen hatten. Der Palast war ›verplant‹: Hier sollte das Ensemble des Metropol-Theaters einziehen, das bis dahin im Kino Colosseum in der Schönhauser Allee untergebracht war.

Jedoch: das Varieté blieb! Im August 1947 übernahm der ehemalige Verwandlungskünstler Nicola Lupo, seit 1945 Mitarbeiter von Marion Spadoni, die Leitung des Hauses, das gleichzeitig in städtische Verwaltung überging und in Friedrichstadtpalast umbenannt wurde. Der Magistrat gab jetzt Gelder für die weitere Sanierung frei. 1949 wurden die Außenfassaden sowie das Bühnenhaus mit Drehbühne und 23 Meter hohem Schnürboden wiederhergestellt. Erst dieser großzügige Um- und Ausbau ermöglichte technisch aufwendigere Produktionen, vor allem Inszenierungen größerer Tanzbilder,

›Märchenfahrt in den Carneval‹. Programmzettel

ja ganzer Ballette. So choreographierte im Januar 1953 Anni Stoll-Peterka, Ballettmeisterin am Metropol-Theater, das Ballett ›Coppelia‹ mit den Solisten Stephanie Cvernova und Tom Schilling. Gleichzeitig mit Anni Peterka wurde auch der Kostüm- und Bühnenbildner Wolf Leder fest engagiert. Er übernahm im Haus für viele Jahre die Ausstattungen erfolgreicher Ballett- und Revuebilder.

Gottfried Herrmann, Direktor des Friedrichstadtpalastes in den fünfziger Jahren, verwirklichte schließlich neue Ideen: Aus der bisherigen Kombination von artistischen Nummernprogrammen mit Tanzbildern entstanden homogene, von einer Handlung getragene Varieté-Revuen. Diese dramaturgische Konzeption hat sich bis heute im Haus an der Spree erfolgreich erhalten.

Gisela Deege und Frantisek Karhanek als ›Mädchen und Teufel‹, Juni 1947.
Foto: Walter Weitzer

Marion Spadoni in ihrem Büro, 1946
Foto: K. L. Haenchen

Marion Spadoni (1905 – 1998)
Marion Spadoni war die Tochter des Kraftjongleurs Paul Spadoni und der Schulreiterin Mary Schumann, Pflegetochter von Ernst Schumann und Nichte des erfolgreichen Zirkusdirektors Albert Schumann. Dieser hatte 1904 das Zirkusgebäude am Spreeufer von den Renz-Erben gekauft und in Berlin wieder anspruchsvollen ›Pferdezirkus‹ inszeniert. Seit frühester Kindheit war Marion Spadoni mit dem Haus Am Zirkus 1 vertraut; in dieser Manege lernte sie reiten. Gemeinsam mit ihrer Schwester trat sie als Kunstreiterin auf, sie konnte perfekt tanzen und begeisterte ihr Publikum mit einer eigenen Zauberschau. Während des Krieges war Marion Spadoni wie viele ihrer Berufskollegen zu Wehrmachtstourneen verpflichtet. Diese Engagements wurden 1947 als Vorwand für ihre Enteignung benutzt. Marion Spadoni floh schließlich aus dem Ostsektor der Stadt und zog später nach Rom. Erst wenige Jahre vor ihrem Tod kehrte sie nach Berlin zurück.

1 Am Zirkus 1: 1867 Erste Berliner Markthalle, seit 1873 Zirkus (Salamonsky, Renz, Schumann), 1919 Großes Schauspielhaus Max Reinhardt, 1924 Eric Charell, 1933 Theater des Volkes.
2 Paul Spadoni, der Vater von Marion Spadoni, war selbst gefeierter Kraftjongleur und leitete nach seinem Unfall seit den zwanziger Jahren eine der führenden Künstleragenturen in Berlin. 1922 organisierte er eine erste Tournee deutscher Artisten in die Sowjetunion und hielt seither den Kontakt dorthin.
3 Im Frühjahr 1950 übernahm Karl Stäcker die musikalische Leitung des Orchesters. Er hatte unter Eric Charell als Korrepetitor im Großen Schauspielhaus seine Laufbahn begonnen.
4 Jens Keith war 1931/32 im Berliner Wintergarten als einer der ›Sechs von der Staatsoper‹ neben Elisabeth Grube, Daisy Spies, Isabelle Brunch, Rudolf Kölling und Rolf Arco aufgetreten. Mit Arbeiten für Film und Revue – z. B. 1942 in der Plaza ›Traum vom Glück‹ – war der Choreograph besonders während des Krieges viel beschäftigt.

Ballett als Ausdrucksform zum Aufspüren menschlicher Wahrheiten
Tanztheater

Angelika Ret

Wolf Leder, 1941
Foto: Rudolph

Wolf Leder (geb. um 1905)
Wolf Leder studierte an der privaten Kunst- und Kunstgewerbeschule von Albert Reimann und nahm Unterricht bei Cesar Klein in der Akademie der Künste. Sehr bald wurde er von ihm als Bühnenbildassistent zu den Barnowsky-Bühnen vermittelt. Seit den dreißiger Jahren entstanden großartige Ausstattungen für Theater und Film in Berlin und München, in London, Göteborg und Stockholm. 1939 wurde Wolf Leder Chefausstatter am Varieté Plaza. Nach Kriegsende holte ihn Rudolf Platte für die satirische Revue ›Höllenparade‹ von Horst Lommer an das Theater am Schiffbauerdamm. Überaus produktiv arbeitete Wolf Leder für das Metropol-Theater, das Theater des Westens, die Komische Oper, die Deutsche Staatsoper und die Volksbühne. Mehr als 40 Jahre war er Kostüm- und Bühnenbildner des Friedrichstadtpalastes. ›Leder ist ein Zauberer, dem Musik und Rhythmus, Melodie und Wort in die Pinsel zu kriechen scheinen‹, schrieb die ›Berliner Palette‹ 1949. Heute ist es ihm eine große Genugtuung, immer noch tätig zu sein.

Der Tanz, eine der ältesten menschlichen Lebensäußerungen, fand nach dem Grauen des Zweiten Weltkrieges sofort wieder den Zuspruch eines großen Publikums. Musik und die Sprache der Bewegungen weckten neue Emotionen und boten ästhetischen Genuß inmitten der Trümmer, trotz Leid und aller Provisorien. So war es nicht verwunderlich, daß die Berliner Opernhäuser bereits in der ersten Spielzeit Ballettaufführungen planten. Noch vor der Premiere des ›Fidelio‹ der Städtischen Oper im Theater des Westens stand ein großer Gala-Ballettabend auf dem Spielplan, arrangiert von Jens Keith. Seine choreographischen Arbeiten beschränkten sich, mit Ausnahme der ›Josephslegende‹ von Richard Strauss 1946, im wesentlichen auf unspektakuläre Inszenierungen der kleinen Form. Anläßlich des Ballettabends der Spielzeit 1947/48[1] schrieb die Presse: ›Jens Keith, mit einem sensiblen Gefühl für die Pantomime begabt, verzichtete […] auf die tänzerische Qualität der Musik, des Themas und

Curt Palm, Kostümfigurine zu ›Bolero‹ von Maurice Ravel
Deutsche Staatsoper, 27. 2. 1946

Curt Palm, Kostümfigurine zu ›Bolero‹ von Maurice Ravel
Deutsche Staatsoper, 27. 2. 1946

seiner Solisten. Er charakterisierte die Figuren, anstatt sie tanzen zu lassen, er betonte handlungsmäßig die Folklore des Sujets, statt sie tänzerisch zu transportieren.‹[2] Jens Keith arbeitete bis 1952/53 als Ballettmeister an der Städtischen Oper, zum Schluß gemeinsam mit Gustav Blank. Zu einem herausragenden künstlerischen und gesellschaftlichen Ereignis wurde am 8. Oktober 1949 die Berliner Erstaufführung des Faust-Balletts ›Abraxas‹ in der Choreographie von Janine Charrat als Gast aus Paris. Orchester und Ballett der Städtischen Oper bewiesen ein anerkannt hohes Leistungsvermögen und Ausdruckskraft. Einen ebenso spektakulären Erfolg in diesem Haus sollte erst wieder Tatjana Gsovsky 1953 mit ihrer ›Hamlet‹-Choreographie feiern. Unmittelbar nach Kriegsende hatte zunächst die Deutsche Staatsoper die erfolgreiche Künstlerin und Pädagogin mit dem Wiederaufbau von Ensemble und Repertoire betraut. Die Truppe bestand nur noch aus fünf Solo- und 34 Gruppentänzern, die gemeinsam mit Absolventen der Gsovsky-Schule die erste vielbeachtete Ballettpremiere im Admiralspalast am 27. Februar 1946 bestritten. ›Tatjana Gsovsky hatte sich gewünscht, daß eine Tanzpremiere ein ebensolches Ereignis sein möchte wie eine Theaterpremiere. Dieser Wunsch ist an ihrem Ballettabend in der Staatsoper in Erfüllung gegangen. Mit Fug und Recht. Es war ein Abend, der ein Markstein im Aufbau einer neuen deutschen Tanzkunst bedeutet. Will man eine zusammenfassende Formulierung für diesen großen Erfolg, so könnte er eine lebendige Rehabilitierung und ein glänzender Triumph des klassischen Balletts genannt werden.‹[3] Glucks ›Don Juan‹ mit Rolf Jahnke und Regina Gallo bildete den klassischen Auftakt, es folgten ›Daphnis und Chloe‹ mit der Musik von Maurice Ravel, getanzt von Sybill Werden und Gert Reinholm, dem die Kritiker bereits nach diesem Auftritt den Weg in eine große Zukunft voraussagten. Den furiosen Schlußpunkt des Abends setzte der ›Bolero‹ von Maurice Ravel. Tatjana Gsovsky tanzte selbst neben Michael Piel das Solo. Ihr Temperament wurde gleichsam zum zündenden Funken für die geradezu Tanzbesessenheit ausstrahlende gesamte Gruppe – so schrieben in den folgenden Tagen die Kritiker. Die Inszenierungen des Abends markierten einen programmatischen Neubeginn im Ballettschaffen, indem klassisches wie modernes Bewegungsvokabu-

Paul Strecker, Kostümfigurinen zu ›Nobilissima Visione‹ von Paul Hindemith Deutsche Staatsoper, 22.12.1946

Paul Strecker (1898–1950)
Nach dem Studium der Malerei an der Münchener Akademie siedelte Paul Strecker 1922 nach Berlin über. Erste Arbeiten stellten die Galerien Cassirer und Flechtheim aus. Seit 1924 wurde Paris für zwanzig Jahre die zweite Heimat, während in Deutschland seine Werke nach 1933 als entartet galten. Nach dem Krieg widmete sich Paul Strecker zunehmend dem Theater. 1946 begegnete er in Berlin der Choreographin Tatjana Gsovsky. Für den ersten Ballettabend der Deutschen Staatsoper in der Spielzeit 1945/46 – ›Daphnis und Chloe‹ und ›Bolero‹ – entstanden auch seine ersten Entwürfe. Mit 24 Ausstattungen für Berliner Theater war Paul Strecker zwischen 1946 und 1950 einer der gefragtesten Bühnen- und Kostümbildner der Stadt. In seinem Tagebuch notierte er am 6.7.1947: ›Die Theater berennen mich mit Aufträgen für Bühnenbilder.‹ Strecker arbeitete nicht nur für die Staatsoper, sondern auch für das Deutsche Theater, das Theater in der Kastanienallee, das Theater am Kurfürstendamm und das Schloßpark-Theater. Er leitete außerdem eine Klasse für Malerei an der Hochschule für Bildende Künste und stellte regelmäßig eigene Werke in den Berliner Galerien Gerd Rosen und Bremer aus.

Wolf Leder, Bühnenbildentwurf zu ›Alborada‹ von Joaquin Rodrigo, Komische Oper, 18.2.1953

Ilse Meudtner, um 1946
Foto: Werner Borchmann

Ilse Meudtner (1912–1990)
Nach ihrer sportlichen Karriere als Kunstspringerin absolvierte Ilse Meudtner ein Tanz- und Gymnastikstudium an der Skoronel-Trümpy-Schule in Berlin. Daneben studierte sie Kunstgeschichte sowie Bühnenbild- und Kostümkunde. Sie absolvierte eine USA-Tournee mit Harald Kreutzberg sowie Engagements als Solotänzerin in Essen und Darmstadt. 1935 wurde Ilse Meudtner Mitglied des Ballettensembles der Staatsoper Unter den Linden. Das Publikum feierte die Künstlerin mit ihren heiteren und grotesken Tänzen auf zahlreichen Soloabenden im In- und Ausland, später auch an der Front. Nach mehreren Spanien-Reisen und intensiven Flamenco-Studien wurde Ilse Meudtner zur Protagonistin des spanischen Tanzes in Deutschland. 1949 choreographierte sie gemeinsam mit Sabine Ress die legendäre ›Carmen‹-Inszenierung an der Felsenstein-Bühne, an der sie 1951 ihr Engagement als Ballettmeisterin und Erste Tänzerin antrat.
Ein Bühnenunfall zwang sie, 1955 ihre Tanzkarriere zu beenden.

lar bewußt genutzt wurde. Mit dem ›Bolero‹, den der Tänzer mehr erfühlen als erhören muß, schuf Tatjana Gsovsky eine Choreografie von nachhaltiger Wirkung auf das damalige Publikum. Eindrucksvoll begründete sie ihre choreographischen Entscheidungen: ›Ich empfinde den Wechsel der Tonart als Einleitung zu einer Katastrophe, die aus dem Zusammenprall von abstrakter Mechanik und subjektivem Gefühl mit Naturnotwendigkeit erfolgen muß. Sie gibt damit gleichzeitig der bis ins Unerträgliche gesteigerten Spannung eine befreiende Lösung: ein junges Mädchen, arm und reizlos, schon in der Kleidung von der zweckbestimmten Koketterie der anderen Tänzerinnen unterschieden, tritt unter die orgiastisch-rotierende Menge. Vielleicht sucht sie ihren Geliebten. [...] Aber Gefühl und Einfalt, die nichts wissen vom brutalen Zueinander, Miteinander, Gegeneinander der Geschlechter, haben hier nichts zu suchen. Und so fällt das Mädchen, unter all der senkrechten Ekstase die einzige Horizontale. Aber die Lawine, die über sie hinwegtobt, gerät durch dieses Hindernis selbst aus der kreisenden Bahn und muß in einem tobsüchtigen Finale zerschellen.‹[4] Paul Streckers Bühnenbild unterstrich in gelungenem Zusammenspiel von Licht, Farbe und Raum die Wirkung der Szene: eine ganz in Schwarz gehaltene Taverne, abgesetzt weiße Deckenbalken und Treppenstufen, darüber in der Mitte eine riesenhafte, kreisrunde Lampe, die die Tanzenden in ihren Lichtkreis bannt; dazu die Kostüme von Curt Palm, hochgeschlossene, den Körper eng umschließende Kleider in brennendem Ziegelrot bis Rosa.

Mit der folgenden Premiere am 22. Dezember 1946 wurde Tatjana Gsovskys Anliegen noch sinnfälliger. ›Diese Ballettmeisterin strebt mit den Mitteln des alten »klassischen« Balletts über die pantomimische, ans Persönliche gebundene Ausdruckskunst von gestern hinaus zu neuer, absolut tänzerischer Organik.‹[5] Strawinskys ›Petruschka‹, ›Nobilissima Visione‹ von Paul Hindemith sowie ›Der Pfeil‹, ein Ballett des zeitgenössischen Opernkomponisten Fried Walter, standen auf dem Programm – ›Ballett in drei Spielarten‹.

Deutlich kontrovers von der Kritik aufgenommen wurde die Premiere am 17. September 1947: ›Der Nachmittag eines Fauns‹ mit Rolf Jahnke in der Titelrolle gemeinsam mit ›Goyescas‹ zu Enrique Granados Klavierpoesien. Den Abschluß bildete erneut der ›Bolero‹, aber ›nur‹ als Ersatz für Rossini-Respighis ›Zauberladen‹, für den die Noten nicht rechtzeitig eingetroffen waren.[6] Sieben Jahre zuvor hatte die Aufführung der ›Goyescas‹ Tatjana Gsovskys Berufsverbot zur Folge gehabt. Jetzt feierte sie das Publikum stürmisch. Während die ›Berliner Zeitung‹ ein ›einfallsloses Libretto. [...] Alles andere aber betont theatralisch, reißerisch und dekorativ‹ kritisierte, resümierte

Rolf Jahnke in ›Petruschka‹ von Igor Strawinsky, Deutsche Staatsoper, 22. 12. 1946. Foto: Werner Borchmann

Tatjana Gsovsky, um 1946. Foto: Werner Borchmann

Harald Kreutzberg in ›Der König und der Tod‹, 1948
Foto: Siegfried Enkelmann

Maskentänze

Der Gebrauch von Masken läßt sich bis in früheste Zeiten der Menschheit zurückverfolgen. Tier- und Dämonenmasken dienten in kultischen Tänzen zur Lockung, Beschwörung, zum Heilen oder dem Fluch. Die Antike benutzte die magische Wirkung der Masken für ihr Theater, zur Darstellung der Götter ebenso wie zur Karikatur ihrer Bürger. Bis ins 20. Jahrhundert hatte die Maske ihre Zauberwirkung nicht verloren, und Künstler wie Mary Wigman, Harald Kreutzberg, Oda Schottmüller, Rolf Arco und Natascha Trofimowa nutzten sie in ihren Choreographien über Träume und Visionen. Die Tänze von Ilse Meudtner und Lene Ludwig stellten eher eine heitere Variation oder Persiflage dar. Oft gelingt dem Tänzer der Anschein, als wechsle die Maske mit der Kraft seiner Bewegungen ihren Ausdruck. Der Gegensatz zwischen der Starrheit der Larve und der Geschmeidigkeit des Tanzes schafft einen überraschenden Effekt.

Liselotte Köster und Jockel Stahl als Archiposa und Faust in ›Abraxas‹ von Werner Egk Städtische Oper Berlin, 8.10.1949 Foto: Harry Croner

Liselotte Köster (1911–1987) und **Joachim Stahl** (1911–1957)
Ein bis zwei Ballettabende pro Spielzeit choreographierte Jens Keith seit 1946 an der Städtischen Oper Berlin. Auf zusätzlichen Matineen gastierten regelmäßig mit Soloprogrammen die Solisten des Hauses, das Tänzer-Ehepaar Liselotte Köster und Jockel Stahl. Ihre Tanzschöpfungen wurden mit großem Beifall des Publikums für virtuose Technik und komödiantische Gestaltung belohnt. Aber es kritisierten auch Pressestimmen die Auftritte wegen ›ihrer Nähe zu einem aufgelockerten Revuestil‹ – unterstrichen durch kostbare, aufwendig gefertigte Kostüme aus dem Atelier von Marcel André, zum Teil entworfen von Paul Seltenhammer. Nach der gefeierten Berliner Erstaufführung des Faust-Balletts ›Abraxas‹ 1949 an der Städtischen Oper übernahmen Jockel Stahl und Liselotte Köster die Hauptrollen und waren eine glanzvolle zweite Besetzung. Beide Tänzer waren bereits seit Anfang der dreißiger Jahre Mitglieder des Ballettensembles der Städtischen Oper bzw. des Deutschen Opernhauses.

Erwin Kroll im ›Tagesspiegel‹: ›Ballett und Ausdruckstanz haben in der Choreografie von Tatjana Gsovsky einen Bund geschlossen und sind zu einem neuen Pathos des Tanzens gelangt, das sich in den »Goyescas« leidenschaftlich, aber doch gezügelt entfaltet.‹[7]

1948 und 1949 unternahm Tatjana Gsovsky den erfolgreichen Versuch, mit Prokofjews ›Romeo und Julia‹ sowie der ersten Berliner Aufführung einer allerdings gekürzten Version von Tschaikowskis ›Dornröschen‹, dem abendfüllenden klassischen Handlungsballett wieder die fast 50 Jahre lang versagte Geltung zu verschaffen. Die Uraufführung des Balletts ›Don Quixote‹ am 11. November 1949 wurde ein Triumph für den Komponisten Leo Spies und die Choreographin. ›Tatjana Gsovsky fand für die Staatsoper eine reizvolle Lösung, farbig und abwechslungsreich im Szenenaufbau und mit glücklicher Profilierung der drei Hauptrollen [Maria Fries, Werner Höllein und Michael Piel]; und Leo Spies schrieb eine Musik mit einfachen, einprägsamen charakterisierenden Motiven, rhythmisch beschwingt und gefällig instrumentiert, die er zum Glück für das Ganze selber dirigierte.‹[8] Einstimmig wird auch den übrigen Tänzern glanzvolle Technik und faszinierende Ausstrahlung bescheinigt: dem jugendlich-feurigen Rainer Köchermann, den Schwestern Giselle und Eleonore Vesco, ebenso Willi Altvater, Peter van Dyk und Denise Laumer. Das gesamte Staatsopernballett erreichte in den ersten Nachkriegsjahren ein erstaunliches Niveau, da die Tänzer Künstlerpersönlichkeiten mit unverwechselbarem Profil, Ausdruckskraft und fundierter Technik waren.

Tatjana Gsovsky, 1901 in Moskau geboren und selbst bei namhaften russischen Ballettpädagogen klassisch ausgebildet, vervollkommnete in der modernen Kompagnie ihrer Mutter die eigene Tanztechnik. In dieser frühen Zeit festigte sich die Erkenntnis, daß jeder Tänzer sein individuelles natürliches Bewegungs- und Ausdrucksvokabular auf Grundlage einer klassischen Ausbildung entwickeln kann und muß. Ihre gesamte künstlerische Entwicklung war geprägt vom Richtungskampf des Jahrhunderts zwischen den ›Klassischen‹ und den ›Modernen‹.

Die Ballettchoreographien von Marius Petipa und Lew Iwanow, in unmittelbarer und genialer Zusammenarbeit mit Tschaikowski und Glasunow entstanden, markierten den Höhepunkt und gleichzeitig Endpunkt der Entwicklung des klassischen Balletts. In Rußland regte sich Widerstand gegen den erstarrten Akademismus. Viele Künstler verließen das Land. Diaghilews Ballettaufführungen wurden in Paris und anderen Hauptstädten sensationell gefeiert. Die virtuosen tänzerischen Impressionen Michail Fokins (›Les Sylphides‹, ›Der Geist der Rose‹, ›Polowetzer Tänze‹) und die im Zusammenwirken mit dem jungen Strawinsky entstandenen Kurzballette ›Petruschka‹ und ›Feuervogel‹, die in ihrer neuartigen nationalen Charakteristik sensationelle Wirkungen hervorriefen, wiesen den Weg zur Erneuerung – Ballett zu verstehen als ein Gesamtkunstwerk, als Einheit von Tanz, Musik, Handlung, Bühnenbild, Kostüm und Bühnentechnik. Der Tanz sollte dem dramatischen Inhalt dienen und nie mehr zur Demonstration technischer Virtuosität degenerieren.

Fast gleichzeitig waren Loie Fuller und Isadora Duncan angetreten, mit grenzenloser Freizügigkeit und unkonventionellen Formen dem Ausdruckstanz und damit der Tanzkunst eine gegen das klassische Ballett gerichtete Perspektive zu eröffnen. Ihre künstlerische Absicht, alles auf den Gefühlsausdruck zu konzentrieren und das tänzerische Formenvokabular der klassischen Schule zu verwerfen, führte nach dem Ersten Weltkrieg zu einer breiten ballettfeindlichen Bewegung. ›In den zwanziger Jahren dröhnten in Berlin an allen Ecken und Enden gymnastische Gongs und Trommeln. Es hatte den Anschein, daß diese Stadt nur Tänzer ausbilden wollte und – dem Zug der Zeit entsprechend – Ausdruckstänzer natürlich. Schulen für Klassischen Tanz gab es kaum. Er war zu jener Zeit nicht Mode und als Kunst in Korsettstangen verpönt.‹[9]

In diesem Spannungsfeld eröffneten 1928 Tatjana und Viktor Gsovsky[10] ihre erste Schule für Klassisches Ballett in Berlin – und sie hatte Bestand, denn sie vermittelte Grundlegendes: die Methodik des Klassischen Tanzes als ganzheitliches Schulsystem, als Erziehungsmethode, die auf die Persönlichkeit des Tänzers zielt und zugleich das klassische Bewegungsvokabular lehrt. Im Gegensatz dazu lehnten die meisten Modernen Ende der zwanziger Jahre eine systematische Ausbildung ab, glaubten sie sich doch gerade von jeglichem Zwang durch Form und Inhalt befreit. Aber auch Zweifel regten sich. Ein Opernballett konnte ohne klassische Grundlage nicht auskommen. War diese Körperschule nicht als Instrumentarium geeignet, die Technik zu vervollkommnen, um den Ausdruck zu steigern? Zu dieser

Der zweite Ballettabend an der Deutschen Staatsoper nach 1945, 22.12.1946 Plakat

Schönheit und Schwung getanzter Sprache
Ilse Schulz und Gert Reinholm, zwei Künstler der berliner Staatsoper, gestalten in vollendeter Harmonie von Körper, Rhythmus und Bewegung die Studie „Geschöpfe des Prometheus". Vom Lebensfunken erweckte Statuen der Antike, künden sie tanzend von der Gabe, die der göttliche Titan der Sage nach der Menschheit brachte: das Feuer, Grundelement jeglicher Kultur

Ilse Schulz und Gert Reinholm in ›Prometheus‹ von Ludwig van Beethoven, Deutsche Staatsoper, 27. 6. 1949. Foto: Siegfried Enkelmann

Gert Reinholm und Natascha Trofimowa als Romeo und Julia in: ›Romeo und Julia‹ von Sergej Prokofjew Deutsche Staatsoper, 1. 7. 1948 Foto: Harry Croner

Natascha Trofimowa (1923–1979) und **Gert Reinholm** (geb. 1926) 1948 choreographierte Tatjana Gsovsky an der Deutschen Staatsoper Prokofjews Ballett ›Romeo und Julia‹. Es war die erste abendfüllende Ballettinszenierung nach dem Krieg in Berlin. Bei Kritik und Publikum ließ diese Premiere – und auch die 1949 entstandene ›Dornröschen‹-Interpretation – erneut die alte Diskussion über die ästhetische und kulturpolitische Priorität von ›klassisch‹ oder ›modern‹ entbrennen. Den Solisten beider Inszenierungen bescheinigte die Presse jedoch das angestrebte Zusammengehen der Stile: ›Natascha Trofimowa ist beides [Ballerina und Tänzerin]. Sie hat die Brillanz der klassischen Spitzentechnik. Ja ihre Technik ist selbst zum gestaltenden Mittel geworden [...]. Gert Reinholms Romeo empfing seine Impulse buchstäblich aus dem Herzen. Bewundernswert zu schauen, wie er körperlich hingestreckt wird unter dem Blitzschlag der Liebe‹ (Kurier, 3. 7. 1948). ›Mit aller seiner guten Ballettechnik ist Gert Reinholm Ausdruckstänzer, während man bei Natascha Trofimowa [...] die bis zum Elan gesteigerte Freude an der glanzvollen Form spürt. Das gibt einen interessanten Zusammenklang‹ (Berliner Palette, Mai 1949).

Daisy Spies in ›Walzertraum‹
Gala-Ballettabend
Deutsches Opernhaus Berlin
(= Städtische Oper), 21. 8. 1945
Foto: Abraham Pisarek

Daisy Spies (1905 – 2000)
Nach ihrer klassischen Ballettausbildung u. a. bei Viktor Gsovsky wurde Daisy Spies 1924 Solotänzerin an der Berliner Staatsoper. Seit 1934/35 wirkte sie als Choreographin und Solistin am Deutschen Opernhaus Berlin. Daisy Spies gastierte in den dreißiger Jahren als eine der ›Sechs von der Staatsoper‹ und mit dem Gsovsky-Ballett im Berliner Wintergarten. Solistisch tanzte sie noch einmal beim großen Gala-Ballettabend am 21. August 1945 im Theater des Westens, der gleichzeitig die festliche Wiedereröffnung der Städtischen Oper nach dem Krieg war. Auf der Besetzungsliste standen ferner Lilo Herbeth, Liselotte Köster, Margo Ufer, Maria Litto, Eddy Albertini sowie Erwin Bredow und Rudolf Kölling. Jens Keith war verantwortlich für die Choreographien, der Komponist Leo Spies, ihr Bruder, stand am Dirigentenpult. Daisy Spies gastierte in der Folgezeit als Choreographin, mit Soloprogrammen und einer eigenen Ballettgruppe. Von 1951 bis 1955 war sie Ballettdirektorin der Deutschen Staatsoper.

Einsicht gelangten viele moderne Tänzer und Choreographen – Ilse Meudtner oder Alice Uhlen, Harald Kreutzberg und Kurt Jooss. Dem Zeitgeschmack entsprechend, waren die Auftrittsmöglichkeiten für klassische Tänzer begrenzt.[11] Tatjana und Viktor Gsovsky fanden einen Weg: das Varieté! Zwischen 1931 und 1940 gastierten im Berliner Wintergarten ihre klassischen Ensembles, das ›Ballett Gsovsky‹, das ›London-Ballett‹ oder das ›Gamajun Ballett‹, die ›die Tradition des russischen Balletts in künstlerischer Freiheit und modernster Auffassung‹[12] fortsetzten. Nach der Aufführung der ›Goyescas‹ mit Dore Hoyer und Harald Kreutzberg 1940 in der Berliner Volksbühne[13] wurde Tatjana Gsovskys Werk als ›artfremd‹ diffamiert und die Künstlerin aus der Reichstheaterkammer ausgeschlossen. Ihren hervorragenden Ruf als erfolgreiche Choreographin und Pädagogin, den sich Tatjana Gsovsky bereits seit den zwanziger Jahren erarbeitet hatte, konnte dieses nationalsozialistische Berufsverbot jedoch eher untermauern.

Tatjana Gsovsky ›wollte keine Neuerin des Klassischen Tanzes sein, aber sie gab diesem Tanz doch ein völlig neues Gesicht und vor allem eine gründlich veränderte dramaturgische Funktion.‹[14] Sie betrachtete den Tanz und das Ballett als mögliche Ausdrucksformen zum Aufspüren menschlicher Wahrheiten. ›Jeder ist ein Schauspieler, ob er nun spricht, also sich seiner Stimme und der Worte bedient, ob er nun singt, ob er tanzt oder Pantomime macht! Jeder wendet sich

Werner Höllein als Don Quixote und Michael Piel als Sancho Pansa in ›Don Quixote‹
von Leo Spies, Deutsche Staatsoper, 11. 11. 1949. Foto: Abraham Pisarek

an den Menschen, um etwas über den Menschen zu sagen.‹[15] So bezeichnete Tatjana Gsovsky das ›Konflikt-Ballett‹, den Tanz mit dramatischer Entwicklung, als ihren persönlichen Beitrag zur Tanzgeschichte des Jahrhunderts.

Nach ihrem überaus erfolgreichen Wirken an der Deutschen Staatsoper verließ Tatjana Gsovsky 1951 das Haus und die Stadt. Inszenierungspläne der Künstlerin, wie Strawinskys ›Feuervogel‹ und vor allem Boris Blachers ›Hamlet‹, wurden im Zusammenhang mit der auf allen Ebenen geführten Diskussion über die ›Rolle der Kunst in der ideologischen Bewußtseinsbildung‹ zerschlagen. Besonders die Choreographie ›Prometheus‹ nach Musik von Beethoven wurde Zielpunkt der Kritik einer 1952 in der ›Weltbühne‹ geführten Polemik. Von der neuen Ballettchefin Daisy Spies zunächst weitergespielt, entsprach das Werk jetzt nicht mehr der geforderten Gestaltung des ›neuen Lebens‹ im Tanz nach dem Vorbild der sowjetischen ›realistischen‹ Ballette. Die ästhetische und musiktheatralische Konzeption Tatjana Gsovskys war zwar durch politisches Dekret für die Staatsoper gegenstandslos geworden. Dem Ensemble jedoch dürfte sie mit ihrer künstlerischen Handschrift und pädagogischen Programmatik einen großen Fundus tänzerischen Vermögens hinterlassen haben.

Erst 1949 fand in der Komischen Oper ein eigenständiger Ballettabend statt: ›Sabine Reß, die Ballettmeisterin der Komischen

Regina Gallo und Michael Piel in ›Goyescas‹ von Enrique Granados
Deutsche Staatsoper, 17. 9. 1947. Foto: Abraham Pisarek

Tatjana Gsovsky mit Kindern ihrer Ballettschule nach der Aufführung von ›Dornröschen‹ von Peter Tschaikowski, Deutsche Staatsoper, 27. 6. 1949. Foto: Wimmer-Wien

*Jean Weidt
Neue Berliner Illustrierte, Nr. 39, 1949
Titelblatt*

Jean Weidt (1904 – 1988)
Jean Weidt widmete sich nach seiner Rückkehr aus dem Pariser Exil der Ausbildung und Förderung junger tanzbegeisterter Menschen und gründete für die Volksbühne das ›Dramatische Ballett‹, später – 1958 – die ›Gruppe junger Tänzer‹. Eine Gastspieltournee 1949 durch die ostdeutschen Länder, Matineen im Deutschen Theater und in der Komischen Oper fanden Anklang und räumten der Tanzkunst innerhalb der Agitprop-Bewegung erneut einen wichtigen Platz ein. Mit den Werken ›Nach dem Sturm‹, ›No pasaran!‹ und der Allegorie ›Der Soldat und das Leben‹ schuf Jean Weidt Choreographien, die ausgehend von der Tradition der ›Roten Tänzer‹, die er von 1919 bis 1933 geleitet hatte, aktuelle Ereignisse und eigene politische Überzeugungen tänzerisch umsetzten. Die leidenschaftliche Anklage gegen Krieg und Faschismus und die internationale Solidarität blieben wichtigste Inhalte seiner Arbeit.

Oper, mischte für ihren ersten selbständigen Tanzabend die Elemente klassisch, modern und grotesk so, daß man zwar manche hübsche Einzelleistung und manchen netten Regieeinfall verzeichnen kann, nicht aber befriedigende choreographische Leistungen im ganzen.‹[16] ›Sabine Reß beherrscht die hellen Töne, ist eine Meisterin der pantomimischen Karikatur. Witzig, kapriziös und – ein wenig oberflächlich.‹[17] Auch die Choreographien der folgenden Ballettabende wurden der Musik von Poulenc, de Falla und Glinka nicht gerecht, die Tänzer – mit Ausnahme von Michael Piel – konnten technisch nur wenig überzeugen.

1951 verpflichtete Walter Felsenstein die solistisch erfolgreiche, phantasievolle Ausdruckstänzerin Ilse Meudtner an sein Haus. Dieses Engagement führte zwangsläufig zu einem Konflikt. Das bis dahin erfolglose klassische Ballettensemble der Komischen Oper sollte nun lernen, ›wie man zwanglos eine Bühne überqueren kann.‹ So wünschte es Felsenstein, der eigentlich kein Ballett an seinem Hause wollte. Ilse Meudtner glaubte zunächst, ›das hoffnungslose Duell Isadora Duncan gegen Anna Pawlowa [werde] mit Folklore gelöst.‹[18] Sie inszenierte 1951 ›Tanzendes Spanien‹ nach Musik zeitgenössischer Komponisten und de Fallas ›Der Dreispitz‹. Die Reaktionen auf diese Choreographien wie auf weitere drei Ballettabende waren zwiespältig bis ablehnend. Ihr solistisches Tanztalent wurde dabei nie in Zweifel gestellt. Der Versuch politischer Einflußnahme auf ihre Inszenierungspläne von Ravels ›Bolero‹ mußte 1953 Ilse Meudtner zu Recht als unerträglich empfinden, und sie gaben ihr den letzten Anstoß, die Felsenstein-Bühne zu verlassen.

Der Jahrhundertkonflikt ›Duncan – Pawlowa‹ war folkloristisch nicht lösbar. Darüber hinaus verhinderte die restriktive Kulturpolitik im Ostteil der Stadt die uneingeschränkte Formulierung gesellschaftlicher Themen in unverwechselbaren künstlerischen Handschriften. Tatjana Gsovsky wie auch Ilse Meudtner, deren Leistungen, Ausstrahlung und Begabung kaum vergleichbar sind, wollten sich auf keinen Fall dem Anpassungszwang aussetzen und verließen ihre Häuser.

1 ›Nacht der Erinnerung‹ von Henri Sauguet, ›Fassade‹ von William Walton, ›Der Dreispitz‹ von Manuel de Falla.
2 Kurier, 28. 10. 1947.
3 Das Volk, 2. 3. 1946.
4 Tatjana Gsovsky, Traumwelt leidenschaftlicher Gegenwärtigkeit, in: Theater der Zeit, Heft 3, September 1946, S. 19.
5 Erwin Kroll, Der Tagesspiegel, 24. 12. 1946.
6 Einen Monat später, am 22. 10. 1947, hatte ›Der Zauberladen‹ Premiere.
7 Der Tagesspiegel, 19. 9. 1947, und Berliner Zeitung, 19. 9. 1947.
8 Telegraf, 15. 11. 1949.
9 Ilse Meudtner, ›… tanzen konnte man immer noch‹, Berlin 1990, S. 15.
10 Nachdem Tatjana Issatschenko zunächst 1917 nach Krasnodar verpflichtet worden war und dort Viktor Gsovsky geheiratet hatte, verließ die Familie in der nachrevolutionären Zeit Rußland. Berlin wurde ihre zweite Heimat.
11 An den Berliner Opernhäusern wirkten Lizzie Maudrik (1925 – 1934 Deutsches Opernhaus bzw. Städtische Oper, 1934 – 1945 Deutsche Staatsoper) und Rudolf von Laban, der geistige Vater und Systematiker des modernen Ausdruckstanzes.
12 Programmheft Wintergarten, Februar 1933.
13 1940 Gründung der ›Deutschen Tanzbühne‹ in der Volksbühne.
14 Dietrich Steinbeck, Tanz … Tanz … Tanz: Tatjana Gsovsky. Ein dokumentarisches Porträt, in: Deutsche Oper Berlin. Spielzeit 1992/93 (= Beiträge zum Musiktheater, Bd. 12), Berlin 1993, S. 201.
15 A. a. O., S. 203.
16 Telegraf, 11. 5. 1949. Auf dem Programm standen: ›Wettstreit der Ballerinen‹ zu Prokofjews Musik, ›Fest im Süden‹ von Boris Blacher und ›Schneider Wibbel‹ von Mark Lothar.
17 Berliner Zeitung, 11. 5. 1949.
18 Ilse Meudtner, ›… tanzen konnte man immer noch‹, a. a. O., S. 235.

Theater als anschaulichstes Argument
Nachholkurs für das deutsche Publikum

Bärbel Reißmann

Horst Drinda als Chlestakow und Margret Homeyer als Marja Antonowna in ›Der Revisor‹ von Nikolai Gogol
Deutsches Theater, 27. 11. 1950
Foto: Abraham Pisarek

Horst Drinda (geb. 1927)
Horst Drinda wurde 1945 als erster Stipendiat an der neu gegründeten Schauspielschule des Deutschen Theaters aufgenommen. Während er schon auf der Bühne stand, erhielt er bei Inge von Wangenheim, Gerda Müller und Rudolf Hammacher seine Ausbildung. Horst Caspar erteilte ihm als einzigem Schüler Privatunterricht. Er gehörte zum Nachwuchsensemble, mit dem Gustav von Wangenheim im April 1946 ›Wir heißen euch hoffen‹ des jungen Autors Fred Denger uraufführte. Von Wolfgang Langhoff gefördert, stand er danach in vielen Zeitstücken als jugendlicher Held auf der Bühne des Deutschen Theaters. Seit 1947 spielte er auch klassische Heldenrollen, denen er neue Farben verlieh. Komplizierte, widersprüchliche Figuren reizten ihn am meisten. In der von Wolfgang Langhoff 1950 inszenierten Komödie ›Der Revisor‹ von Nikolai Gogol konnte er sein ganzes Können unter Beweis stellen, ›wir verdanken ihm eine ganz neue Verkörperung des Chlestakow‹ (Ilse Galfert). Dem Ensemble des Deutschen Theaters gehörte Horst Drinda bis 1971 an, danach übernahm er vor allem Aufgaben im Fernsehen als Schauspieler und Regisseur.

Die Berliner Bevölkerung nahm dankbar die von den vier Besatzungsmächten mitgebrachten Kulturangebote an. Nach zwölf Jahren der Isolation und Beschränkung wurde die Flut neuer Literatur und Theaterstücke begierig aufgesogen. Die Alliierten benutzten dabei das Theater als Instrument der Kulturpropaganda und Umerziehung auf antifaschistischer und humanistischer Grundlage. Nach einer Reinigung des Repertoires von nationalsozialistischen Dramen sorgten sie dafür, daß Stücke aus ihrem Sprachraum schnell den deutschen Bühnen zur Verfügung gestellt wurden. Besonders intensiv förderten die sowjetischen Kulturoffiziere Alexander Dymschitz, Sergej Tulpanow und Ilja Fradkin das Berliner Theaterleben. ›Ihr Sendungsbewußtsein war segensreich, sie gebärdeten sich, als hätten sie Berlin und Wien erobert, um dort Theater spielen lassen zu können.‹[1] Oberst Tulpanow vergab die Theaterlizenzen, eröffnete Bühnen und verteilte vor allem Lebensmittel – die berühmten Pajoks

Werner Kleinschmidt, ›Die Heirat‹ von Nikolai Gogol, Gastspiel des Schloßpark-Theaters im Haus der Kultur der Sowjetunion, 4. 10. 1947. Plakat

an ausgewählte Künstler. In der Luisenstraße öffnete der Bühnenklub ›Die Möwe‹, der den Berliner Künstlern neben Informationen vor allem warmes Essen bot. Dymschitz und Fradkin, ausgebildete Germanisten, bemühten sich, den Theaterleuten ein vielfältiges Spektrum russischer und sowjetischer Texte anzubieten. Durch sie vermittelt, kehrten die Stücke von Gogol, Ostrowski und Tschechow, aber auch von Maxim Gorki auf die deutsche Bühne zurück. Valentin Katajew stand auf dem Spielplan im Theater am Schiffbauerdamm; und auch Boleslaw Barlog inszenierte im Schloßpark-Theater in Steglitz einen Text dieses Autors. ›Eine Schnur geht durchs Zimmer‹ hatte bereits 1928 bei seiner Premiere am Moskauer Künstlertheater für Aufsehen gesorgt. Die nachhaltigste Entdeckung war jedoch Jewgenij Schwarz; seine Märchenadaptionen eroberten die Bühnen im Fluge. Die poetischen und tiefgründigen Märchenspiele ›Rotkäppchen‹, ›Die verzauberten Brüder‹ und ›Die Schneekönigin‹ gehörten in der Weihnachtszeit zum Spielplan vieler Stadttheater, in Berlin aber standen sie regelmäßig auf dem Spielplan des Märchentheaters am Schiffbauerdamm. Alexander Dymschitz, ein persönlicher Freund des Autors aus Leningrad, setzte im Frühjahr 1947 durch, daß im Deutschen Theater ›Der Schatten‹ in der Regie von Gustaf Gründgens aufgeführt wurde. ›Wenn aber das Theater mit Liebe an diesem Stück arbeitet und der Phantasie des Regisseurs Raum gibt, so wird es eine wirkungsvolle und interessante Aufführung bringen. Und dann werden sich die großen Kinder, die erwachsenen Zuschauer, wie Kinder an dieser Aufführung freuen und Wohlgefallen finden an diesem Stück von Jewgenij Schwarz, das von Humor sprüht, von echter Menschlichkeit durchdrungen und von organischer Theaterwirksamkeit ist.‹[2] Der große Erfolg der Inszenierung, die am 3. April 1947 in den Kammerspielen ihre Premiere erlebte, gab Dymschitz in allem recht. Publikum und Kritik feierten in selten einmütigem Ton eine der schönsten Aufführungen der Nachkriegsjahre. ›Zehn Minuten lang wurde fanatischer Beifall gespendet, ohne daß ein einziger Zuhörer seinen Platz verlassen hätte.‹[3] Das Märchenspiel nach Motiven von Andersen, Chamisso und E. T. A. Hoffmann erzählt die Geschichte eines gutmütigen Gelehrten, dessen Schatten sich selbständig macht und durch Intrigen zu Macht und Herrschaft aufsteigt. Der Schatten kann jedoch überlistet und als unmenschlicher und bürokratischer Gewaltherrscher entlarvt werden. Am Ende verläßt der Gelehrte, Macht und Ruhm ablehnend, kopfschüttelnd den Schauplatz. ›Die Aufführung war ein Wagnis. Daß sie so einheitlich gelang, ist der wägenden Bühnenintelligenz von Gründgens und dem bildnerischen Witz von Paul Strecker zu danken. Und dem Theater selbst der Mut, uns ein Stück aus dem Osten zu zeigen, das nicht in politischer Zweckmäßigkeit oder in wackerer Wirklichkeit verharrt, sondern in

Sergej Tulpanow und Alexander Dymschitz. Foto: Abraham Pisarek

Gustaf Gründgens als Christian Maske in ›Der Snob‹ von Carl Sternheim Deutsches Theater, 3. 5. 1946 Foto: Harry Croner

Gustaf Gründgens (1899–1963) Nach ersten Erfahrungen in einem Fronttheater 1917 erhielt Gustaf Gründgens nach dem Krieg bei Louise Dumont am Düsseldorfer Schauspielhaus eine Ausbildung zum Schauspieler. Nach ersten Engagements in Halberstadt 1921, Kiel und Hamburg kam Gründgens 1928 nach Berlin und gehörte dem Ensemble der Reinhardtbühnen bis 1931 an. Seit 1932 am Staatlichen Schauspielhaus, leitete er das Haus am Gendarmenmarkt von 1934 bis 1944 als Intendant und wurde zum Generalintendanten der Staatlichen Schauspiele ernannt. Vermutlich denunziert, mußte er nach seiner Verhaftung durch das sowjetische Militär neun Monate in verschiedenen Internierungslagern verbringen. Sein erster Auftritt am Deutschen Theater im April 1946 als Christian Maske in Sternheims ›Der Snob‹ wurde zu einem grandiosen Erfolg. »Ein Vergnügen zu sehen, mit welcher komödiantischen Lust sich Gründgens der langentbehrten Bühne bemächtigt […]. Erst hinterher bemerkt man, wie überlegen die Farben gemischt sind. Jeder Akt führt die Charakterspirale um eine Windung höher. Das Erstaunliche: je schärfer Gründgens die Wesensessenz herausfiltert, um so lockerer werden seine Mittel« (Paul Rilla). Im gleichen Jahr übernahm er auch wieder Regiearbeiten in der Schumannstraße, verließ Berlin aber 1947, um in Düsseldorf die Generalintendanz der Städtischen Bühnen zu übernehmen.

Paul Strecker, Kostümfigurinen zu ›Der Schatten‹ von Jewgenij Schwarz, Deutsches Theater – Kammerspiele, 3. 4. 1947

Haus der Kultur der Sowjetunion, um 1947
Foto: Abraham Pisarek

Haus der Kultur der Sowjetunion
Auf Vorschlag der Sowjetischen Militäradministration in Deutschland wurde nach dem Beschluß Nr. 2498 des Ministerrats der UdSSR am 28. Februar 1947 das Haus der Kultur der Sowjetunion eröffnet. Die Einrichtung einer Bibliothek, die Veranstaltung von Ausstellungen, Vorträgen, Konzerten und Theateraufführungen sollte ›die deutsche Bevölkerung weitgehend mit den Errungenschaften des Sowjetvolkes beim sozialistischen Aufbau und der Entwicklung der sowjetischen Kultur bekanntmachen‹. Die feierliche Eröffnung des Theaters fand am 10. Mai 1947 mit dem Chor- und Tanz-Ensemble der sowjetischen Besatzungszone in Deutschland statt. Vom November 1950 an firmierte das Theater unter Robert Trösch mit einem eigenen Ensemble als Neue Bühne. Ende Oktober 1952 übernahm Maxim Vallentin als Leiter das fortan als Maxim-Gorki-Theater bezeichnete Haus. Die an linke Traditionen der Arbeiterbewegung und Intellektueller der zwanziger Jahre anknüpfende neu gegründete ›Gesellschaft zum Studium der Kultur der Sowjetunion‹ organisierte ihre Aktivitäten ebenfalls vom Kastanienwäldchen aus. Die Gesellschaft, die Ende 1947 bereits 14 000 Mitglieder zählte, versuchte anfangs, ein differenziertes Bild der Sowjetunion zu vermitteln.

Sphären vordringt, wo die Wirklichkeit sublimiert, überwunden und in höherem und spielerischem Sinne wahrhaftig wird.‹[4] Das Publikum folgte dem Hintersinn der Geschichte, anhand der Märchenwelt die Wirklichkeit zu durchleuchten und die Mechanismen der Macht und Verführung darzustellen, aufmerksam. Die Parallelen zur faschistischen Diktatur wie auch die antistalinistischen Untertöne, die Schwarz nach seinen Erfahrungen mit den Kultursäuberungen in der Sowjetunion geschickt in märchenhafte Bilder kleidete, wurden von Zuschauern und Kritikern aber unterschiedlich wahrgenommen. Diese Unterschiede der Interpretation führten vier Wochen später am gleichen Ort bei der Aufführung ›Die russische Frage‹ von Konstantin Simonow zur offenen Auseinandersetzung, die den Beginn des Kalten Krieges auf der Bühne markieren sollte.

Im Februar 1947 richtete die Sowjetische Militäradministration ein eigenes Kulturzentrum im Gebäude der ehemaligen Singakademie am Kastanienwäldchen ein. Das in Haus der Kultur der Sowjetunion umbenannte Palais besaß auch eine eigene Theaterbühne, die am 10. Mai 1947 feierlich eröffnet wurde und zu einem Forum für russische und sowjetische Dramatik avancierte. Im Zusammenhang mit den Feiern zur Oktoberrevolution inszenierte Heinz Wolfgang Litten am 6. November 1947 das Schauspiel ›Die Bresche‹ von Boris Lawrenjow und führte damit die Revolutions- und Bürgerkriegsdramatik, die bisher in Berlin nicht zu sehen war, auf der Bühne ein. In der Tradition des Moskauer Meyerhold-Theaters brachte Wolfgang Langhoff am 1. Juni 1948 ›Die optimistische Tragödie‹ von Wsewolod Wischnewski zur deutschen Erstaufführung. Mit Filmeinblendungen, Lichteffekten, naturalistischen Geräuschen und Auftritten aus dem Parkett gelang es, Totaltheater auf der kleinen Bühne zu entfesseln. Die Geschichte der Disziplinierung eines wüsten Haufens anarchistischer Matrosen von einer weiblichen Kommissarin der Roten Armee fand bei den Kritikern, je nach Herkunft der Lizenzgeber der Zeitungen, Beifall oder Ablehnung.

Trotz aller Unterschiede und Auseinandersetzungen zwischen der sowjetischen und den drei westlichen Besatzungsmächten in Berlin waren noch sektorenübergreifende Projekte möglich. Dies bewies der weitsichtige und praktische Leiter des Schloßpark-Theaters Boleslaw Barlog im Herbst 1947. Mit der Sowjetischen Militäradministration und unter Genehmigung der Amerikaner handelte er aus, die Saison im Haus der Kultur der Sowjetunion mit seiner Inszenierung von Nikolai Gogols ›Die Heirat‹ zu eröffnen. Für diese Vorstellung bekam er so viele Kohlen von den Russen geliefert, daß er sein Theater in Steglitz, als einzige Bühne im Westteil der Stadt, den

›Die Bresche‹ von Boris Lawrenjow, Haus der Kultur der Sowjetunion, 6. 11. 1947. Foto: Abraham Pisarek

Joana Maria Gorvin als Sabina und O. E. Hasse als Mr. Antrobus in ›Wir sind noch einmal davongekommen‹ von Thornton Wilder, Hebbel-Theater, 5. 7. 1946
Foto: Abraham Pisarek

Roma Bahn als Wahrsagerin in ›Wir sind noch einmal davongekommen‹ von Thornton Wilder
Hebbel-Theater, 5. 7. 1946
Foto: Werner Borchmann

Roma Bahn (1896 – 1975)
Die Schauspielerin, mit bürgerlichem Namen Helena Häring, absolvierte ihre Ausbildung an der berühmten Max-Reinhardt-Schule in Berlin. Nach dem erfolgreichen Abschluß arbeitete sie an verschiedenen Theatern in Hamburg und Berlin. In der Uraufführung der ›Dreigroschenoper‹ von Bertolt Brecht und Kurt Weill übernahm sie am 31. 8. 1928 im Theater am Schiffbauerdamm die Rolle der Polly. Auch als nach dem Krieg mit der ›Dreigroschenoper‹ im Hebbel-Theater die erste Spielzeit eröffnet wurde, stand Roma Bahn, diesmal in der Rolle der Mrs. Peachum, auf der Bühne. Bis 1951 gestaltete sie zahlreiche Rollen in Inszenierungen von Karl Heinz Martin und Jürgen Fehling. Zu einer ihrer Glanzrollen gehörte die Wahrsagerin in Wilders ›Wir sind noch einmal davongekommen‹. Als moderne Kassandra stellte sie eine Budenbesitzerin auf dem ewigen Jahrmarkt der menschlichen Eitelkeiten dar und half Familie Antrobus ins letzte Boot, bevor der große Regen niederging. Nach der Eröffnung des Schiller-Theaters 1951 blieb sie bis 1962 Mitglied im Ensemble von Boleslaw Barlog. Zu einem überwältigenden Erfolg wurde zum Ende ihrer Laufbahn die Titelrolle in Jean Giraudoux' ›Die Irre von Chaillot‹.

ganzen Winter heizen konnte. Stolz ließ er die Spielpläne mit dem Zusatz ›Das Theater ist geheizt‹ versehen. Eine einmalige Aktion, da die weitere politische Entwicklung die Zusammenarbeit in den kommenden Jahren nahezu unmöglich machte.

Während im Ostteil der Stadt russische und sowjetische Stücke zehn Prozent des Repertoires einnahmen, war der Anteil der amerikanischen, englischen und französischen Dramatik im Westteil entschieden höher. Generalstabsmäßig hatte die amerikanische Militärregierung 60 Stücke ins Deutsche übertragen lassen und bot sie als Lizenzverwalter den Theatern an. Im Gegensatz zur amerikanischen Theatersituation, die von Broadway-Komödien und Boulevardstücken bestimmt war, legten die Kulturoffiziere auch Wert auf anspruchsvolle Dramatik. Von den 45 auf deutschen Bühnen tatsächlich aufgeführten Texten zählte die Hälfte dann doch zum unterhaltenden Genre, das dem Geschmack des Publikums am meisten entsprach. Besonders erfolgreich war Boleslaw Barlog mit dem Schwank ›Drei Mann auf einem Pferd‹ von John Holm und Georg Abbott 1946, der 291 Aufführungen erlebte und für die junge Hildegard Knef zum Durchbruch wurde. Vermutlich noch größerer Beliebtheit erfreute sich in jenen Jahren das von Robert Ardrey in den dreißiger Jahren verfaßte Melodram ›Leuchtfeuer‹, in dem die Geschichte eines deprimierten jungen Mannes erzählt wird, der im Dialog mit Ertrunkenen eines versunkenen Schiffes neuen Lebensmut gewinnt. Ähnlich existentiell war der Inhalt des als programmatisch empfundenen Textes ›Wir sind noch einmal davongekommen‹ von Thornton Wilder. ‹Das sonderbarste und erregendste Stück Theater, das seit Kriegsende in Berlin zu sehen war›[5], schwärmte der Theaterkritiker Friedrich Luft. Unter der Regie von Karl Heinz Stroux standen O. E. Hasse als Mr. Antrobus, Käthe Haack als seine Frau, Kurt Meisel als Sohn Henry und Joana Maria Gorvin als Sabina im Juli 1946 auf der Bühne des Hebbel-Theaters. In Form einer Revue, anachronistisch versetzten Handlungsräumen und Zeitebenen, die eingeleitet und

Thornton Wilder
Foto: Harry Croner

Thornton Niven Wilder (1897–1975)
Der Schriftsteller wurde von den amerikanischen Behörden Ende der vierziger Jahre nach Deutschland geholt, um in Diskussionsrunden ›seine für uns damals schon formal so sensationellen Stücke auszulegen‹ (Friedrich Luft). Nach dem Erfolg seiner Romane beendete Thornton Wilder seine Lehrtätigkeit an der Universität von Chicago und begann Ende der zwanziger Jahre, Dreiminutenstücke und Einakter zu verfassen. Seine in den USA uraufgeführten Werke kamen in Europa in den vierziger Jahren im Züricher Schauspielhaus auf die Bühne. ›Wir sind noch einmal davongekommen‹, mit 359 Vorstellungen in New Haven eines seiner erfolgreichsten Dramen, entwickelte sich auch im Berliner Hebbel-Theater in der Regie von Karl Heinz Stroux zu einem Publikumsmagneten. Wilders antiillusionistisches Theater mit seinen betont spielerischen Momenten traf den Zeitnerv des ausgehungerten deutschen Publikums. In der sowjetischen Besatzungszone fanden seine Werke allerdings wenig Anklang; die Inszenierung ›Unsere kleine Stadt‹, am 3. 8. 1945 im Deutschen Theater vorgestellt, wurde wegen der pessimistisch erscheinenden Grundhaltung schnell wieder abgesetzt.

kommentiert werden, ist die Genesis der Familie Antrobus in drei Stationen – Eiszeit, Sintflut und Krieg – dargestellt. Die immer gleichen Menschheitskonstellationen werden vorgeführt, Aufbau und Erhaltung des Erreichten durch das Elternpaar, Zerstörung und Inkarnation des Bösen bei Sohn Henry, die ewige Verführung in der Figur der Sabina. Mr. Antrobus schafft immer wieder den Aufstieg aus den Katastrophen, fatalistisch bleibt am Ende die Erkenntnis: ›Das ist alles, was wir tun – immer wieder von vorn anfangen!‹[6] Thornton Wilder machte den Deutschen ein Angebot für eine neue Identität, das diese dankbar annahmen.

Während Stücke von Wilder, Ardrey, aber auch Paul Osborn, Elmar Rice, Eugene O'Neill und Tennessee Williams problemlos aufgeführt werden durften, mußten Autoren wie Clifford Odets und Arthur Miller erst vehement von den liberalen Kulturoffizieren gegen die konservative Politik der amerikanischen Regierung eingefordert werden. Der erste große Erfolg von Arthur Miller in Deutschland, ›Alle meine Söhne‹, hatte am 3. Juni 1949 im Theater am Schiffbauerdamm Premiere. Die Geschichte des Kriegsgewinnlers Joe Keller, der den Tod mehrerer Piloten zu verantworten hat und seinen Kompagnon skrupellos an die Justiz auslieferte, fand vor allem bei Jugendlichen großen Zuspruch. Die Auseinandersetzung mit der amerikanischen Gesellschaft der Nachkriegszeit führte Miller auch in seiner Tragödie ›Der Tod des Handlungsreisenden‹ fort. Am Beispiel eines durchschnittlichen Familienvaters, der angesichts seines beruflichen Scheiterns auch der Brüchigkeit seiner übrigen Lebensverhältnisse gewahr wird, legte Arthur Miller in einer ungewöhnlichen Mischung von Umgangssprache und poetischer Kunstsprache den Mythos vom amerikanischen Traum bloß. Im Hebbel-Theater übernahm Fritz Kortner 1950 die Titelrolle unter der Regie von Helmut Käutner. ›Kortner blieb ganz klein, sozusagen, und bewies damit eine bewundernswerte Größe im Schauspielerischen […]. Theater nicht als Propagandamittel, nicht als verlängerter Arm einer vorgefaßten These, Theater als Argument, als erregendstes Forum öffentlicher Fragestellung, als Menetekel, als Protest, anschaulichstes Argument, Augenöffner und warnendes Verklärungsmittel der Gegenwart. Das, was unsere museale Gebarung eines selbstgefälligen Bildungstheaters endlich belebt, aufrührerisch macht und wirklich in seine Funktion setzt. Nicht flink-flaches Zeittheater. Zeitdichtung wie hier. Man gehe. Man sehe.‹[7]

Im Vergleich dazu waren die von britischer Seite zur Verfügung gestellten Bühnenwerke eher unbedeutend. Lediglich 15 zeitgenössische Stücke lagen in Übersetzung vor, irische Autoren wie Sean O'Casey wurden bewußt unterschlagen, Texte von Noël Coward, Arnold Ridley und Terence Rattigan konnten eher dem Boulevard-Theater zugerechnet werden, lediglich die gesellschaftskritischen Familienstücke von John Boynton Priestley waren für die deutschen Theater interessant. Seine größten Erfolge erzielte er mit dem Drama ›Gefährliche Kurven‹, das am 17. Dezember 1946 in den Kammer-

Ita Maximowna, ›Eurydike‹ von Jean Anouilh, Hebbel-Theater, 3. 9. 1947. Bühnenbildmodell

spielen des Deutschen Theaters Premiere hatte, und vor allem mit ›Ein Inspektor kommt‹, das am 28. Januar 1948 im Theater am Schiffbauerdamm auf die Berliner Bühne kam. Der Regisseur Fritz Wisten nahm den fiktiven Kriminalfall zum Anlaß, um über die Figur des Inspektors die Scheinmoral einer englischen Bürgerfamilie zu entlarven. Im Laufe des Geschehens wurde das friedliche und harmonische Bild der Verlobungsfeier im Hause eines Industriellen zerstört, indem der Inspektor im Kreuzverhör alle Familienmitglieder am Selbstmord eines Arbeitermädchens schuldig sprach. Priestleys Texte entsprachen der sozialen und moralischen Vorstellungswelt des deutschen Publikums in der unmittelbaren Nachkriegszeit und verschwanden mit der Stabilisierung der Verhältnisse schnell von den Spielplänen. Ganz anders verlief die Aufnahme der literarischen Vorlagen von Thomas Stearns Eliot, dem Nobelpreisträger für Literatur des Jahres 1948. Seine religiöse Dramatik wurde Bestandteil des Repertoires der deutschen Bühnen. Die früheste und nachhaltigste Wirkung ging von ›Mord im Dom‹, einem hochliterarischen und mit kirchlich-liturgischen Elementen angereicherten Spiel um die Tötung des Erzbischofs von Canterbury im Jahre 1170 aus. ›Unter den Versuchen, dem Theater mit neuen Inhalten neue Formen zu geben, ist der augenfälligste der, religiöse Inhalte in kultische Formen zu kleiden. [...] Bei allen Einwänden gegen das Stück und die Aufführung ist es ein unbestreitbares Verdienst des Hebbel-Theaters und des Regisseurs, uns mit Eliots Drama bekanntgemacht zu haben.‹[8] Letztendlich blieb der Einfluß englischsprachiger Literatur vergleichsweise bescheiden, denn den stärksten Eindruck im deutschen Nachkriegstheater hinterließ zweifellos die französische Dramatik. ›Moderne Franzosen kommen besser weg als ihr englischer Gegenpart, vielleicht weil ihre Gefühlszerrissenheit, ihre Lebensanzweiflung dem genius loci näher liegt als eine gutgelaunte, noch ganz dem bürgerlichen Zeitalter angehörige Leichtigkeit.‹[9] Dabei begnügte sich das Nachbarland mit der missionarischen Verbreitung der französischen Sprache; die fast hundert vorliegenden übersetzten Theatertexte waren häufig schon während des Krieges für Aufführungen des Züricher Schauspielhauses entstanden. Besonders eindringlich wirkte das Schauspiel des Skeptikers Jean Giraudoux ›Der trojanische Krieg findet nicht statt‹, das 18 deutsche Bühnen aufführten, im Hebbel-Theater unter der Regie von O. E. Hasse am 18. April 1947. Giraudoux benutzte die antiken Ereignisse vor dem Kriegsausbruch in Troja, um die Frage der Vermeidung von Kriegen zu diskutieren. Der kriegsmüde Hektor einigt sich mit dem griechischen Unterhändler, keinen Krieg zu führen. Aber ihre Bemühungen scheitern, und die Ereignisse nehmen zwangsläufig ihren Lauf. ›Hört man das Stück, so empfindet man das gleiche Wohlgefallen, das man hat, wenn man in einen klaren Bergbach sieht. Bewegung, schnell, Behendigkeit und doch durchsichtig, klar in seiner sanften Bläue. Es ist ein intellektuelles Vergnügen sublimer Art, diese Art Geistigkeit zu verfolgen und zu beobachten – staunend – wie sich Witz und Gehalt, Wahrheit

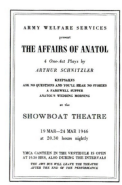

›The Affairs of Anatol‹
von Arthur Schnitzler
Showboat Theatre im Renaissance-Theater, März 1946
Programm

Showboat Theatre

Nach dem Einzug der westlichen Alliierten beschlagnahmten die Engländer das von Karl Heinz Martin geleitete Renaissance-Theater in der Hardenbergstraße für ihre Truppenbetreuung. Martin mußte Mitte Juli 1945 mit seinen Schauspielern ins Hebbel-Theater umziehen. Kurt Raeck, der frühere geschäftsführende Direktor des Schiller-Theaters, und Victor de Kowa wurden zu Civilian Directors of Army Welfare Services ernannt und organisierten im Auftrag der britischen Militärregierung bis zum Sommer 1946 wechselnde Unterhaltungsprogramme unter dem Namen Showboat Theatre. Im 14tägigen Rhythmus wurden neue Programme für die Besatzungssoldaten im britischen Sektor angeboten. Victor de Kowa holte viele Artisten und Schauspieler, unter ihnen auch Nina Konsta und Maria Litto, auf die Bühne. Großen Erfolg hatte auch der Modekünstler Marcel André, der als Dame verkleidet, seine Musikalität unter Beweis stellte. Nach der Freigabe durch die Engländer beschloß der Magistrat am 31. August 1946, das Renaissance-Theater als Städtische Bühne zu betreiben, und übertrug Kurt Raeck die Intendanz.

Paul Strecker, Bühnenbildentwurf zu ›Der Ball der Diebe‹ von Jean Anouilh, Theater am Kurfürstendamm, 19.5.1948

Tilly Lauenstein als Dora in ›Die Gerechten‹ von Albert Camus Hebbel-Theater, 15. 9. 1950 Foto: Harry Croner

Tilly Lauenstein (geb. 1916)
Im Berliner Nachkriegstheater gehörte sie zu den bekanntesten Darstellerinnen. Nach Engagements in Stuttgart und Görlitz kam die junge Schauspielerin 1945 nach Berlin. Zunächst stand sie bei Karl Heinz Martin im Hebbel-Theater auf der Bühne. Vor allem die Texte der französischen Dramatiker lagen Tilly Lauenstein; in der Inszenierung ›Die Gerechten‹ von Albert Camus übernahm sie die Rolle der Dora Doulebou. Selbst in kleinen Rollen konnte sie überzeugen; nach der Premiere ›Die Irre von Chaillot‹ von Jean Giraudoux schwärmte Friedrich Luft: ›Der prekäre Part der Tellerwäscherin wurde durch Tilly Lauensteins kluge, lyrisch klare Art zu einem blonden Ariel. Wie sie ihren kleinen Monolog fast malgré elle, an den Bühnenrahmen gehängt, direkt ins Publikum sprach, war bestechend.‹ Auch im Renaissance-Theater fanden ihre Rolleninterpretationen großen Beifall. In Jean-Paul Sartres ›Die schmutzigen Hände‹ war sie die konsequente Genossin in der Lederjacke. Seit der Eröffnung des Schiller-Theaters im September 1951 gehörte sie dem Ensemble von Boleslaw Barlog in der Bismarckstraße an.

und reines Spiel nicht auszuschalten brauchen.‹[10] Diesen geschichtsphilosophischen Pessimismus teilte auch sein Landsmann Jean Anouilh, dessen Dramen den größten Raum im Repertoire der Berliner Bühnen einnahmen. Sein bekanntestes Stück ›Antigone‹, 1943 im besetzten Paris uraufgeführt, hatte am 25. Juli 1947 in der Komödie am Kurfürstendamm Premiere. Der in einer modernen Form – von einem Spielleiter kommentiert –, kühn im Zeitablauf und Figurenaufbau gestraffte Stoff von Sophokles kulminiert bei Anouilh in der Auseinandersetzung zwischen der auf Reinheit und Unbedingtheit bestehenden Antigone und dem der Macht müde gewordenen Pragmatiker Kreon. Der Regisseur Karl Heinz Stroux stellte den Antagonismus zwischen dem gesellschaftlich ungebundenen Individuum und den von Menschen geschaffenen, aber von ihnen entfremdeten Machtinstitutionen in den Mittelpunkt seiner Inszenierung. Wegen dieser Inszenierung auf den französischen Dramatiker aufmerksam geworden, folgten die Aufführungen fast aller seiner Werke. Bereits am 4. November 1946 war auf der Bühne der Kammerspiele des Deutschen Theaters ›Der Reisende ohne Gepäck‹ zu sehen. Das Schicksal eines Soldaten, der im Krieg sein Gedächtnis verloren hat und sich eine neue Vergangenheit wählt, erlebte 44 Aufführungen. Mit Anouilhs Bearbeitung eines weiteren mythologischen Stoffes, der Geschichte der Eurydike, machte Karl Heinz Martin in den Bühnenbildern von Ita Maximowna am 3. September 1947 im Hebbel-Theater das Berliner Publikum bekannt. Eines seiner ›rosaroten Stücke‹, in denen ein heiter-ironisches Komödienspiel der Verwechslung und der Liebe abläuft, ›Der Ball der Diebe‹, kam 1948 in der Regie von Carl-Heinz Schroth und in der Ausstattung von Paul Strecker auf die Bühne im Theater am Kurfürstendamm. Unter den zahlreichen französischen Autoren, Marcel Pagnol, Paul Claudel, Albert Camus, Armand Salacrou oder Jean Cocteau, deren Vorlagen in Berlin umgesetzt wurden, gab es jedoch nichts, was einschneidender und radikaler alles in Bewegung versetzen sollte als das exemplarische Thesenstück des französischen Existentialismus – ›Die Fliegen‹ von Jean-Paul Sartre. Die Aufführung wurde Anlaß heftiger künstlerischer und ideologischer Auseinandersetzungen in der Zeit des Kalten Krieges.

Mit der Verschärfung der politischen Situation nach der Verkündung der Truman-Doktrin war es den Berliner Bühnen unmöglich geworden, den Spielplan nach rein künstlerischen Gesichtspunkten mit Dramatik aus den Ländern aller Alliierten zu gestalten, die großzügige Handlungsfreiheit der ersten Jahre sollte für lange Zeit beendet sein.

1 Hans Daiber, Deutsches Theater seit 1945, Stuttgart 1976, S. 33.
2 Alexander Dymschitz, Wenn man mit Liebe arbeitet, in: Deutsches Theater, Belin (DDR) 1957, S. 44.
3 Wolfgang Harich, Tägliche Rundschau, 5. 4. 1947.
4 Friedrich Luft, Neue Zeitung, 5. 4. 1947.
5 Friedrich Luft, Neue Zeitung, 6. 7. 1946.
6 Thornton Wilder, Theater, Frankfurt am Main 1959, S. 166.
7 Friedrich Luft, Neue Zeitung, 4. 6. 1950.
8 Walther Karsch, Der Tagesspiegel, 27. 9. 1949.
9 Hilde Spiel, in: Theaterstadt Berlin. Ein Almanach, Berlin 1948, S. 114.
10 Friedrich Luft, Neue Zeitung, 20. 4. 1947.

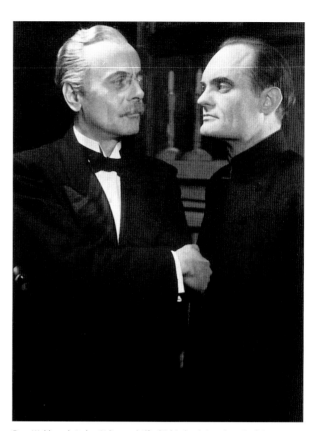

Ernst Waldow als Arthur Birling und Alfred Schieske als Inspektor Goole in ›Ein Inspektor kommt‹ von John B. Priestley, Theater am Schiffbauerdamm, 28. 1. 1948 Foto: Abraham Pisarek

Christa Schuseil als Polixenia, Hedwig Wangel als Hekuba und Harald Holberg als Paris in ›Der trojanische Krieg findet nicht statt‹ von Jean Giraudoux, Hebbel-Theater, 18. 4. 1947. Foto: Werner Borchmann

*Fritz Kortner als Willy Loman, Eduard Wandrey als Charley und Herbert Hübner als Ben in ›Der Tod eines Handlungsreisenden‹ von Arthur Miller, Hebbel-Theater, 31. 5. 1950
Foto: Abraham Pisarek*

Fritz Tillmann, Hans W. Hamacher, Eduard Wandrey, Max Grothusen als Die vier Versucher und Claus Clausen als Erzbischof Thomas Becket in ›Mord im Dom‹ von Thomas S. Eliot, Hebbel-Theater, 24. 9. 1949. Foto: Harry Croner

›Die Irre von Chaillot‹
von Jean Giraudoux
Hebbel-Theater, 12. 2. 1950
Programmheft (Titelseite)

Französische Dramatik

Den größten Einfluß auf das Theater in der Nachkriegszeit hatte die französische Kultur. Die neuen Impulse gingen von Albert Camus, dessen Drama ›Die Gerechten‹ auf die Bühne kam, und vor allem von Jean-Paul Sartre aus. Die Aufführung von Sartres ›Die Fliegen‹ unter der Regie von Jürgen Fehling im Januar 1948 wurde nicht nur ein sensationeller Erfolg, sondern hatte ›mit einem Ruck das Niveau der Berliner Bühnen auf eine andere Ebene gebracht‹ (Friedrich Luft). Die Neugier und das Bedürfnis, zu den Nachbarn wieder Kontakt aufzunehmen, förderten auch die Aufführung der modernen Theaterstücke von Jean Anouilh und Jean Giraudoux. Zu den meistgespielten Dramen auf deutschen Bühnen zählte Anouilhs Antigone-Adaption. Ähnlich wie er griff auch Jean Giraudoux mit ›Undine‹ und ›Der trojanische Krieg findet nicht statt‹ auf mythologische Stoffe zurück, um existentielle und zugleich aktuelle Fragestellungen darzustellen. Im skeptisch-ironischen Blick der Dramatiker erhielten die alten Themen neue Brisanz. Giraudoux letztes, 1943 vollendetes Stück, ›Die Irre von Chaillot‹, ein prophetisches Märchen zum Schutz der Umwelt, wurde 1950 mit Hermine Körner in der Hauptrolle erfolgreich im Hebbel-Theater inszeniert. Dieses Theater erwies sich als geeigneter Ort für die spielerische Umsetzung französischer Texte.

Politik treiben und dabei persönlich integer bleiben
Kalter Krieg auf dem Theater

Bärbel Reißmann

Paul Rilla, 1948
Zeichnung: Rita Zeltner

Paul Rilla (1896 – 1954)
Der Theater- und Literaturkritiker Paul Rilla gehörte in den zwanziger Jahren zu den bekanntesten Feuilletonisten in Deutschland. Während der Nazizeit mit Schreibverbot belegt, fand er als Lektor im Propyläen-Verlag bis zum Kriegsende eine Beschäftigung. 1945 wurde er Leiter der Kulturredaktion der ›Berliner Zeitung‹ und verfaßte brillant formulierte Theaterrezensionen und Kommentare. Er setzte sich für junge Autoren und Zeitstücke ein und half, Bertolt Brecht auf den Berliner Bühnen durchzusetzen; damit erwarb er sich große Verdienste um die demokratische Erneuerung der Theater. Seit 1947 gab er für zwei Jahre die Monatszeitschrift ›Dramaturgische Blätter‹ heraus. Während er die antifaschistische und sozialistische Dramatik unterstützte, polemisierte er gegen die Dramatik des Existentialismus. Als erster Kritiker erhielt Paul Rilla 1950 den Nationalpreis der DDR. Im Nachruf auf ihn bezeichnete Brecht sein Werk als das eines ›Dialektikers unter den Kritikern: Stimmgabel und Seziermesser mit gleicher Meisterschaft hantierend, erklärte, sichtete und lehrte er lieben die klassische und die zeitgenössische Literatur.‹

Die geistige und materielle Lage der Berliner Bevölkerung war zu Beginn des Jahres 1947 sehr angespannt und besorgniserregend. Nach dem harten Winter 1946/47 bedrohten Hunger und Kälte viele Menschen, es gab weder ausreichenden Wohnraum noch Arbeit für die müden und verzweifelten Einwohner der Stadt. Während ehrliches Bemühen schlecht entlohnt wurde, blühten die Schwarzmarktgeschäfte. Johannes R. Becher beschrieb die Situation im März 1947: ›Aufnahmebereitschaft und Aufgeschlossenheit, wie sie kurz nach dem Zusammenbruch, wohl mit übermäßigen Hoffnungen verknüpft, vorhanden waren, sind einer Serie neuer Enttäuschungen und einer lähmenden Hoffnungslosigkeit gewichen […], eine verwirrende Fülle irrationaler, mystischer, pseudo-religiöser Vorstellungen trübt und verdunkelt den Blick. Ein gewaltiger Verdrängungsprozeß hat eingesetzt, der alles aus dem Bewußtsein verdrängt, was einen mitverantwortlich machen könnte an der Blutschuld der vergangenen Jahre. […] In dieser dunklen Fühllosigkeit verharren Tausende in einer geistig-seelischen Heimatlosigkeit und in einem […] moralischen Niemandsland, das nur schwer zugänglich ist für politische Über-

---

Die ›russische Frage‹ im Deutschen Theater

Wozu der Lärm, meine Herren? Weshalb diese Aufregung, die mit Falschmeldungen über Stück und Schauspieler begann, und die sich am Premierenabend so steigerte, daß sensationslüsterne Snobs 500 Mark hintenrum für eine Eintrittskarte zahlten? Eine Presse, bei der man den Verdacht einer verdammten Ähnlichkeit mit den von Simonow gebrandmarkten Hearsts und MacPhersons nicht los wurde, war drauf und dran, mit den gleichen Methoden ein Schauspiel kaltzustellen, mit denen in diesem Schauspiel der objektive Friedensfreund Mr. Smith kaltgestellt wird. Vergebens – tant de bruit pour une omelette, sagt der Franzose. Es gab keinen Krach, es gab nicht einmal einen Pfiff, und manchen Freund des Nervenkitzels wird das schwarz gekaufte Billet gereut haben. Sofern er nicht Erkenntnisse mitnahm, die ihm mehr wert sind als 500 Mark.
Vor allem die eine Erkenntnis, in der ›Die russische Frage‹ gipfelt, daß mit sensationeller Effekthascherei keine saubere Politik zu machen ist.
Simonows Schauspiel – und das ist die erfreuliche Bilanz des Abends – reißt nämlich keine Klüfte zwischen den Alliierten auf, es polemisiert nicht gegen die USA und gibt der deutschen Zwietracht keinen Anlaß zu selbstgefälliger Stichelei – im Gegenteil, es ist ein Bekenntnis zu Amerika, zur völkerversöhnenden Demokratie Lincolns und Roosevelts. Daß in dieses Bekenntnis die Wallstreet-Presse nicht eingeschlossen wurde – nun, das liegt nicht an Simonow, das liegt an Hearst. Eine Presse, die mit den niedersten Instinkten der Leserschaft ihr Geschäft macht, die heute wieder Franco propagiert, deren Politik von den Inserenten abhängt und die – alles in allem – eine akute Gefahr für den Weltfrieden darstellt, hat laut Simonow mit dem wirklichen Amerika, mit dem Amerika des Journalisten Harry Smith, der trotz allen Drohungen und Erpressungen nicht von der politischen Wahrhaftigkeit abweicht, nichts gemein. Es geht hier also nicht um Gegensätze zwischen Ost und West, sondern um das verbrecherische Treiben von Kriegshetzern, das wir aus eigener Erfahrung – siehe die antisowjetische Propaganda in Deutschland seit 1947 – nur zu gut kennen. Damit beantwortet sich die Frage, ob ein solches Thema dem demokratischen Wickelkind Deutschland den Magen nicht verderbe, von selbst.

Für die russische Zeitdramatik ist bei uns der richtige Inszenierungsstil noch nicht gefunden worden. Falk Harnack versuchte es hier mit einer turbulenten Beschwörung des Broadway, mit einem Super-Amerikanismus, von dem sich Smiths schlichte Ehrlichkeit wohltuend abheben sollte. Sollte – aber Hannsgeorg Laubenthal war mehr klassischer Schiller-Held als moderner Reporter, man glaubte ihm den Whisky und die Beine auf dem Tisch nicht so recht. Besser schon gelang die Charakterisierung der Wallstreet-Presse, vor allem Hans Leibelt als Zeitungskönig MacPherson, der jeder naheliegenden Übertreibung aus dem Wege ging und hinter humoriger Biedermannsmiene die schillernde Gefährlichkeit des Großkapitalisten ahnen ließ. Wolfgang Luckschy gab lässig und gewissenlos einen amerikanischen Schmock, Eduard Wenck eine getretene und dollarjagende Reporterkreatur, Karl Hellmer – besonders dezent und feinfühlig – den von der Sensationspresse in den Tod getriebenen Hearst-Berichterstatter. Die Frau zwischen den Parteien, Stella Textor, blieb blaß, ihre psychologische Entwicklung wurde dadurch unverständlich. Sehr millieuecht und überzeugend Ernst Schüttes Bühnenbild. Im ganzen aber hätte die Inszenierung ruhig einen Schuß Whisky mehr vertragen können.

Herbert Wendt

Zeichnung: Elisabeth Shaw

Zeitungskritik ›Die russische Frage‹, Berlin am Mittag, 6. 5. 1947

Walther Karsch, 1948
Zeichnung: Rita Zeltner

Walther Karsch (1906 – 1975)
Einer der bekanntesten Theaterkritiker der Nachkriegsjahre war Walther Karsch. Nach dem Studium der Germanistik und Philosophie an der Friedrich-Wilhelms-Universität arbeitete er seit 1931 als Assistent bei Carl von Ossietzky für dessen unabhängige linke ›Weltbühne‹. Im Spätsommer 1945 gehörte er nach zwölf Jahren innerer Emigration neben Erik Reger zu den Mitbegründern der amerikanisch lizenzierten Zeitung ›Der Tagesspiegel‹. Mit seinen Artikeln und der Teilnahme an der Sendereihe ›Tischrunde‹ des RIAS beeinflußte er neben Friedrich Luft und Wolfgang Harich nachhaltig die öffentliche Meinung in der Kulturlandschaft. Im Rundfunk diskutierte er mit Erik Reger, Johannes R. Becher und Friedrich Wolf kulturpolitische Fragen der Zeit. Seine anfangs noch kommunistisch ausgerichteten Positionen – 1945 war er ein halbes Jahr lang Mitglied der KPD – wandelten sich im Laufe der Zeit bis zur offenen Gegnerschaft des sozialistischen Kulturlebens. Folgerichtig gehörte Walther Karsch 1948 zu den Mitbegründern des Freien Kulturbundes im Westteil der Stadt.

Alfred Schieske als Oberst Kusmin und Max Eckard als Oberst Hill in ›Oberst Kusmin‹ von L. Scheinin und Gebrüder Tur,
Theater am Schiffbauerdamm, 11. 11. 1947. Foto: Horst Maack

Friedrich Luft, 1948
Zeichnung: Rita Zeltner

Friedrich Luft (1911 – 1990)
Die von Skandalen umtobte ›Wilhelm-Tell‹-Inszenierung Leopold Jessners im Schauspielhaus am Gendarmenmarkt, zu der Friedrich Luft von seinem Vater als noch nicht Zehnjähriger mitgenommen wurde, weckte sein Interesse am Theater. Den entscheidenden ersten Eindruck schilderte Luft rückblickend: ›Aber gerade da hatte ich, so steppkehaft jung ich war, Feuer gefangen. Etwas hatte ich verstanden und gelernt: daß Theater viel mehr aufregen kann, aufrütteln und bewegen, als das einfache Leben.‹ Dies bewog ihn, Theaterkritiker zu werden; bereits in den frühen dreißiger Jahren publizierte er im ›Berliner Tageblatt‹ eigene Texte. Nachdem Luft vom Studium der Anglistik, Germanistik und Geschichte in Königsberg 1936 wegen antifaschistischer Tätigkeit ausgeschlossen wurde, erhielt er auch Publikationsverbot. Seit 1945 schrieb er für die amerikanisch lizenzierte ›Allgemeine Zeitung‹ und von 1947 bis 1955 in der ›Neuen Zeitung‹ Theaterkritiken. Populär wurde Luft vor allem mit seiner eigenen Sendereihe ›Stimme der Kritik‹; seit 1946 ertönte im RIAS (Rundfunk im amerikanischen Sektor) sein ›gleiche Welle, gleiche Stelle‹. Wöchentlich referierte er über das Geschehen auf den Berliner Bühnen und wurde so zum Chronisten der Theater- und Stadtgeschichte. In der Tradition Alfred Kerrs, der Kritik als neue, autonome Form der Dichtung proklamierte, gab Friedrich Luft in den sechziger Jahren Sammlungen seiner Kritiken in Buchform heraus, die zu Bestsellern wurden; denn er war, zumindest aus Westberliner Sicht, zu einer Institution geworden.

legungen und menschliche Überzeugungskraft.‹[1] Die sich zuspitzende ideologische Auseinandersetzung zwischen den Großmächten erzeugte zusätzlich eine Stimmung des Ausgeliefertseins. Bereits nach kurzer Zeit hatte sich ein Kurswechsel der Alliierten vollzogen. Nach der anfänglichen Zusammenarbeit bei der politischen, militärischen und wirtschaftlichen Zerschlagung des Nationalsozialismus und der Neuordnung der deutschen Verhältnisse traten bereits 1946 die unterschiedlichen Interessen und Vorstellungen der Siegermächte im Kontrollrat offen zutage. Der Konflikt zwischen den wirtschaftlich starken USA, die auch noch im Besitz des Atomwaffenmonopols waren, und der kriegszerstörten Sowjetunion wurde durch die von US-Präsident Harry S. Truman am 12. März 1947 verkündete politische Hauptaufgabe, der ›Eindämmung des Kommunismus‹, verschärft. Das Scheitern der gemeinsamen Deutschlandpolitik der Alliierten wurde bei der Moskauer Außenminister-Konferenz klar, auf der die Pläne Außenminister Marshalls zur wirtschaftlichen Vereinheitlichung Deutschlands, eine zentrale Verwaltung einzurichten und eine neue Währung auszugeben, vom sowjetischen Außenminister Molotow entschieden zurückgewiesen wurden. Nachdem George C. Marshall am 5. Juni 1947 sein ›Europäisches Wiederaufbauprogramm‹ als wirtschaftliche Ergänzung der Truman-Doktrin vorgestellt hatte, wurde der Wirtschaftsrat der Bizone gegründet und eine zentrale Verwaltung in Frankfurt am Main geschaffen. Die Welt war damit im Ergebnis des Zweiten Weltkrieges geteilt: Aus amerikanischer Sicht standen sich das demokratische und das totalitäre System sowie aus sowjetischer Sicht das imperialistische, antidemokratische Lager und die Volksdemokratien unversöhnlich gegenüber.

Vor diesem Hintergrund wurde auch die Theaterbühne in Berlin zum Schauplatz der ideologischen Auseinandersetzungen, die mit der deutschen Erstaufführung von ›Die russische Frage‹ im Deutschen Theater am 3. Mai 1947 begannen. Bereits im Vorfeld hatte der Leiter der Nachrichtenkontrolle der US-Militärregierung, General Robert A. McClure, gegen das Schauspiel ›Die russische Frage‹ des sowjetischen Schriftstellers Konstantin Simonow protestiert. Der Intendant von Max Reinhardts Deutschem Theater, Wolfgang Langhoff, begründete daraufhin in einem Interview des Berliner Rundfunks seine Entscheidung für das Stück: ›Simonow zeige zwar, daß heute in Amerika einzelne private Machtgruppierungen durch unverantwortliche Ausnutzung ihrer Propagandamittel einen dritten Weltkrieg ideologisch vorbereiten, vertrete aber mit dem Helden des Stücks die Interessen des amerikanischen Volkes und damit die Interessen der ganzen friedliebenden Welt.‹[2] Auch ein erneuter Protest des Leiters der amerikanischen Militärregierung Oberst Frank L. Howley und die Differenzen im Ensemble des Deutschen Theaters – Carl-Heinz Schroth und Lola Müthel gaben ihre Rollen zurück – konnten Langhoffs Entschluß, gemäß dem Wunsch der sowjetischen Kulturoffiziere Simonows Text auf die Bühne zu stellen, nicht ändern. Dabei deckte sich der Inhalt ›tendenziell durchaus mit Stücken damaliger amerikanischer Autoren vom linksliberalen Flügel‹[3]. Simonow, der nach dem Krieg zu Studien nach Amerika gereist war, erzählt die Geschichte eines aufrichtigen Reporters in Amerika. Der Journalist Harry Smith soll nach einem Studienaufenthalt in der Sowjetunion im Auftrag des amerikanischen Verlegers MacPherson ein Buch über die Kriegslust der Russen schreiben. Als er wahrheitsgemäß berichtet, daß den Russen nichts ferner liegt als der Gedanke an einen Krieg, verliert er nicht nur seine Stellung, sondern wird mittellos auch aus seinem Haus getrieben und von seiner Frau verlassen. Am Ende beschließt er seinen Platz in einem anderen Amerika, dem Amerika Abraham Lincolns und Franklin Roosevelts zu finden. ›Man könnte so weit gehen, zu sagen, daß »Die russische Frage« von Simonow für uns Deutsche sogar noch beträchtlich wichtiger ist als für die

Jürgen Fehling, Jean-Paul Sartre und Félicien Lusset, 28. 1. 1948. Foto: Werner Borchmann

Joana Maria Gorvin als Elektra in ›Die Fliegen‹ von Jean-Paul Sartre, Hebbel-Theater, 7. 1. 1948. Foto: Harry Croner

Wolfgang Harich, 1948
Zeichnung: Rita Zeltner

Wolfgang Harich (1923 – 1995)
Der junge Wolfgang Harich, eine der schillernsten Persönlichkeiten der Nachkriegsjahre, arbeitete seit Juni 1945 als persönlicher Assistent des siebzigjährigen Paul Wegener in der Kammer der Kunstschaffenden. Als sie ihre Tätigkeit einstellte, schrieb er als Journalist für den französisch lizenzierten ›Kurier‹ Theaterkritiken und Kommentare. Mit seinem locker-polemischen Stil machte Harich sich schnell einen Namen und konnte sich selbst als einen der ›populärsten Journalisten in Berlin‹ einstufen. Vehement verfolgte er die Wiederbelebung der ›Weltbühne‹, für die er seit 1946 als freier Feuilletonist tätig war. Seine Theaterkritiken erschienen später in der von der Sowjetischen Militäradministration herausgegebenen ›Täglichen Rundschau‹. Seit 1949 lehrte er Philosophie an der Humboldt-Universität und war von 1950 bis 1954 auch als Lektor beim Aufbau-Verlag beschäftigt. Seine öffentliche Kritik an den gesellschaftlichen Zuständen in der DDR und die Propagierung eines ›dritten Weges‹ zwischen Kapitalismus und Sozialismus führten 1956 zur Verhaftung und zum Ausschluß aus der Partei. 1989 wurde Wolfgang Harich vom Obersten Gericht der DDR rehabilitiert.

Falk Harnack, 1948
Zeichnung: Friedrich Gäbel

Falk Harnack (1913 – 1991)
Der Sohn des Dramatikers Otto Harnack begann nach der Promotion 1937 seine Tätigkeit als Regisseur am Deutschen Nationaltheater in Weimar und arbeitete danach in Altenburg und München am Theater. In dieser Zeit beteiligte er sich am antifaschistischen Widerstandskampf der Gruppe um Harro Schulze-Boysen und Arvid von Harnack, die als Teil der ›Roten Kapelle‹ die Sowjetunion mit militärischen Geheimnissen der deutschen Wehrmacht versorgte. Nach Kriegsende kam Falk Harnack 1947 ans Deutsche Theater in Berlin und wurde stellvertretender Intendant. ›Die russische Frage‹ von Konstantin Simonow bildete seinen Einstand als Regisseur. Nach der vernichtenden Kritik folgte erst ein Jahr später die Inszenierung von Sternheims ›Kassette‹, sein erster Erfolg, nur übertroffen noch von der Aufführung von Julius Hays ›Haben‹ im Oktober 1948, die die Kritiker euphorisch als ›das faszinierendste Theatererlebnis seit 1945‹ (Ilse Galfert) feierten. Seit 1949 nahm er als künstlerischer Leiter Einfluß auf die Entwicklung der 1946 neugegründeten DEFA (Deutsche Film AG). Nach dem Rückzug von diesem Amt widmete er sich nach 1951 als Gastregisseur wieder dem Theater und inszenierte in den fünfziger Jahren im Westteil der Stadt an der Komödie am Kurfürstendamm, der Tribüne und der Freien Volksbühne.

Russen. Denn wo es sich für die Russen nur darum handeln kann, den Mechanismus einer Propagandamaschine zu durchschauen, […] da geht es für uns um sehr viel mehr, nämlich um das Erkennen einer […] lebensbedrohlichen Vergiftungsgefahr, der wir selbst täglich und stündlich ausgesetzt sind. Nicht Gegensätze zwischen den Alliierten stehen hier zur Debatte, sondern Korruptions-, Erpressungs- und Diskriminierungsmethoden finsterster Kriegshetzer‹[4], stellte Wolfgang Harich in der ›Täglichen Rundschau‹ fest. Dem setzte Friedrich Luft seine Rezension in der ›Neuen Zeitung‹, die im amerikanischen Sektor herausgegeben wurde, entgegen: ›Es ist wohl selten in diesem Theater so schülerhaft, so unkünstlerisch, so provozierend dilettantisch und unbeholfen ein Stück in Szene gegangen wie dieses. Der Text – ein glattes Tendenzstück mit allen rabiaten Mittel des Schwarz-Weiß gezeichnet […]. Ein deutsches Publikum, aus geistiger Absperrung erst mühsam erwachend und kaum in die Diskussion seiner eigenen Fragen und Fragwürdigkeiten eingetreten, wird hier schon wieder apodiktisch mit einem »Schuldigen« konfrontiert, an dem es sich, seine eigenen Fehler kaum erfassend, mit Lust vergeßlich reiben kann. […] Die latente Reaktion unter uns wird Dinge heraushören, die sie nur allzu gern hören möchte. Deshalb ist, ohne unken zu wollen, das Stück jetzt und heute in Deutschland gefährlich. […] Seine Aufführung ist darüber hinaus bedauerlich, weil es die immer neu zu beklagende, geistige Elbelinie direkt und mit dem Anspruch einer unstatthaften Notwendigkeit in diese Stadt verlegt. Die verfluchte Kluft, die sich zwischen Menschen guten Willens und gleicher Sprache immer bedrohlicher auftut. Und vor der zu warnen und die zu bekämpfen man nicht müde werden soll. In jeder Hinsicht also war die Intendanz schlecht beraten, uns dieses Tendenzstück vorzustellen.‹[5]

Die Gemüter entzündeten sich vor allem an der Frage, wenn schon ein sowjetischer Autor kritisch über Amerika berichtet, ob dann ein solches Stück im besiegten Deutschland auf die Bühne gehöre. Dabei zog die Ablehnung der Zeitungen der Westsektoren eine unbedingte Verteidigungshaltung der Kritiker in der sowjetisch-lizenzierten Presse nach sich. Polemisch kommentierte Walther Karsch im ›Tagesspiegel‹: ›Es handelt sich heute um ein Theaterstück, das kaum noch etwas mit dem Theater zu tun hat, dafür um so mehr mit der Politik. […] Wozu das alles erzählt wird? Weil Wolfgang Langhoff, als er das Stück annahm und aufführen ließ, gegen die Gebote des Taktes und des guten Geschmacks verstoßen hat. In der ehemaligen Hauptstadt eines besiegten Landes, das von vier Mächten besetzt ist, wird ein Stück aufgeführt, das bewußt (daran ändert keine Dialektik etwas) ein verfälschtes Bild von der Presse und der öffentlichen Meinung im Lande eines der Alliierten zeichnet.‹[6]

Dem widersprach Paul Rilla in der ›Berliner Zeitung‹: ›Der sowjet-russische Autor Konstantin Simonow greift mit diesem Schauspiel in den politischen Kampf ein, der ein Kampf um den Frieden der Welt ist. Die russische Frage: das ist jene fragwürdige Antisowjethetze, wie sie heute in einem Teil der amerikanischen Presse als gefährliches Spiel mit dem Feuer, als Spekulation auf einen neuen Weltbrand betrieben wird. Durch die öffentliche Diskussion, die der Aufführung voraufging, ist der Inhalt des Stückes schon bekannt geworden. Aber erstaunlich bleibt, wie fast jede zweite Meldung vom weltpolitischen Schauplatz, die man heute lesen kann, ein Beitrag zu seiner Thematik, eine Bestätigung seiner Perspektive zu sein scheint. […] Wenn in der Aufführung gerade die Theaterübertragung manchmal mißlang; der politische Inhalt ist zu klar und energisch in die Form gebracht, als daß er den Zuschauer unberührt lassen könnte. Wer nicht spürt, wie fern diese Sprache in jedem Satz und jedem Wort von spekulativer Absicht ist, wie ehrlich und ungeschwollen von Bedeutung sie dem Thema sich nähert, mit dem soll nicht diskutiert werden. Ein Stück das den Begriff des politischen Theaters mit einer kaum noch erlebten Ereignisnähe ins Recht setzt.‹[7] Die hitzigen Debatten und Diskussionen, die weit über die Grenzen Berlins hinaus geführt wurden, zeigten deutlich, das sich die Gegensätzlichkeit der Meinungen verfestigte und die Auseinandersetzung an Schärfe zunahm. Im Theater am Schiffbauerdamm kam am 11. November 1947 mit ›Oberst Kusmin‹ ein weiteres aktuelles sowjetisches Stück von L. Scheinin und den Gebrüdern Tur auf die deutsche Bühne. Ein deutscher Ingenieur muß sich im Sommer 1945 entscheiden, wem er die Patente der Zeiss-Werke übergibt, da sich sowohl der US-Oberst Hill als auch Oberst Kusmin im Namen der UdSSR für die Dokumente interessieren. Die Entscheidung auf der Bühne fällt gegen die militärischen Interessen der Amerikaner und des CIA zugunsten der friedlichen Nutzung, die der Philantrop Oberst Kusmin verspricht. Aufbau und Fortschritt im Ostteil des Landes wurden der Unterstützung der Nazis und militaristischen Bestrebungen in der amerikanischen Besatzungszone kategorisch entgegengesetzt und reduzierten die Bühne zu einem ›agitatorischen Informationsapparat‹, der den Beifall der Kritiker im sowjetischen Sektor fand. Mit rigoroser Ablehnung reagierten dieselben Kritiker auf das am 7. Januar 1948 im Hebbel-Theater aufgeführte Schauspiel ›Die Fliegen‹ von Jean-Paul Sartre. Das während der deutschen Besatzung Frankreichs von Sartre zur Bewältigung der politischen Situation verfaßte Drama von Orests und Elektras Rache am Gattenmord der Klytämnestra versuchte, den politischen Tyrannenmord als befreiende Tat philosophisch zu begründen. Die Rezensenten im sowjetischen Sektor kritisierten vor allem den sich jeder moralischen und gesellschaftlichen Verpflichtung entziehenden Freiheitsbegriff des abstrakt-autonomen Subjekts. ›Existentialist sein heißt: von allen Bedingungen der menschlichen Existenz absehen, von den natürlichen so gut wie von den geschichtlichen und gesellschaftlichen. Der Existentialist fragt nicht: Frei wozu? (Zu einem menschheitlichen Ziel.) Er fragt: Frei wovon? (Von allen menschlichen Bindungen.) Und diese Freiheit fällt ihm zu in einem mystischen Akt. […] Fäulnis, Schleim und Eiter. Ein Weltbild? Eine kranke, gestorbene, verwesende Welt. Eine Sonne, die nur die Maden in diesem Unrat ausbrütet. Die Maden, das sind Sartres Menschen, die vom »Blitz der Freiheit« getroffen werden.‹[8] Die mit der humanistischen Umerziehung der Deutschen angestrebte Erkenntnis ihrer historischen Mitschuld an der faschistischen Vergangenheit sahen Paul Rilla und Fritz Erpenbeck durch die existentialistische Dramatik und Philosophie gefährdet. In seinem Vortrag ›Über Sartre und seine »Fliegen«‹ hatte der Franzose Félicien Lusset drei Tage vor der Premiere im Hebbel-Theater versucht, die Wirkungsgeschichte der Schriften Sartres zu erläutern, Mißverständnisse auszuräumen sowie die künftigen Zu-

Gundel Thormann als Jessica und Ernst Schröder als Hugo in ›Die schmutzigen Hände‹ von Jean-Paul Sartre, Renaissance-Theater, 15.1.1949. Foto: Harry Croner

Jürgen Fehling, 1946
Zeichnung: Annemarie Stern

Jürgen Fehling (1885 – 1968)
Nach dem Schauspielunterricht bei Paul Wegener und Friedrich Kayssler erhielt Jürgen Fehling 1910 sein erstes Engagement im Neuen Schauspielhaus am Nollendorfplatz in Berlin. Nachdem er von 1911 bis 1913 als Schauspieler einer märkischen Wanderbühne Erfahrungen gesammelt hatte, ging er 1913 an das Wiener Volkstheater. Zurückgekehrt nach Berlin, wagte sich Fehling an der Volksbühne neben seiner Arbeit als Schauspieler auch an erste Regieaufgaben. Von den Erfolgen ermutigt, die er mit den Aufführungen von Shakespeares ›Komödie der Irrungen‹ und Tollers ›Masse Mensch‹ errang, wechselte er 1922 an das Staatstheater und entwickelte sich in den folgenden Jahren zu einem der prägnantesten Regisseure der Weimarer Republik. Mit seinen Inszenierungen von Ernst Barlachs ›Der arme Vetter‹ und ›Die Sündflut‹ sowie Klassikeraufführungen von Kleist und Shakespeare begründete er einen eigenen Regiestil, der an die Tradition von Otto Brahm anknüpfte. Bereits im Sommer 1945 bemühte Fehling sich um ein eigenes Theater in Berlin. Da ihm keines der großen Häuser als Intendant anvertraut wurde, gründete er in Zehlendorf das Jürgen-Fehling-Theater, das mit der Inszenierung des ›Urfaust‹ am 6. Oktober 1945 eröffnet wurde, aber bereits nach einer Spielzeit aus finanziellen Gründen schließen mußte. Bis 1948 arbeitete Fehling am Hebbel-Theater, an dem am 7.1.1948 seine Aufsehen erregende Inszenierung von Jean-Paul Sartres ›Die Fliegen‹ die Premiere erlebte. Im selben Jahr noch wechselte er ans Staatsschauspiel München und war bis 1952 als Regisseur tätig.

schauer aufgefordert, das Stück einfach als gutes Theaterstück, als die Arbeit eines talentierten Autors auf sich wirken zu lassen. Auch in einer am 1. Februar 1948 mit Jean-Paul Sartre im Hebbel-Theater durchgeführten Diskussionsrunde unter der Leitung von Günther Weisenborn trafen die gegensätzlichen Positionen aufeinander. Die Kritiker in den Westsektoren rühmten in erster Linie die Inszenierung von Jürgen Fehling. ›Die Sensation blieb, den spröden, fragwürdigen, besonders zu Beginn sich in philosophischen Expektorationen gefallenden und keineswegs fleischigen Text unter Jürgen Fehlings genialischer Hand aufblühen zu sehen. Diese Wiederkehr eines Regisseurs war wie ein Gewitter für unsere Bühne.‹[9]

Die weitere Zuspitzung der politischen Situation in Berlin – nach der Währungsreform der westlichen Militärregierungen am 20. Juni 1948 beginnt vier Tage später die Blockade der Westsektoren – verschärfte auch die ideologische Auseinandersetzung auf dem Theater. Nach der Auflösung des Gesamtberliner Magistrats am 30. November 1948 und der damit verbundenen administrativen Teilung der Stadt erschien am 5. Dezember 1948, dem Wahltag des Westberliner Magistrats, ein Boykottaufruf gegen alle öffentlichen Ostberliner Institutionen im ›Tagesspiegel‹: ›Laßt die vom Ostsowjet annektierten Theater veröden; nennt nicht mehr die Namen der Künstler, die dort spielen – sie seien vergessen; kauft die Ostzeitungen nicht länger; bildet schweigende Kreise der Verachtung um den, der sie an öffentlichen Plätzen liest.‹[10] Der Aufruf löste massive Proteste der Künstler und Publizisten im Ostteil wie auch im Westteil der Stadt aus und bewirkte vielfach das Gegenteil des Beabsichtigten. Die langanhaltenden Diskussionen schärften den Blick auf die umstrittene Grenzlage der Stadt. Besonders heftig wurden die Reaktionen, als O. E. Hasse am 15. Januar 1949 im Renaissance-Theater seine Inszenierung von Jean-Paul Sartres ›Die schmutzigen Hände‹ herausbrachte. Die von Sartre dargestellten internen Konflikte innerhalb einer kommunistischen Partei wurden entgegen seinen eigenen Intentionen als antikommunistische Propaganda in den Jahren des Kalten Krieges benutzt. Erzählt wird die in einem fiktiven Balkanstaat angesiedelte Geschichte von dem jungen Kommunisten Hugo, der von der Partei beauftragt wird, den in ihren Augen abtrünnigen Parteiführer Hoederer umzubringen. Mittels einer Rückblende wird Hugos Situation beleuchtet, seine Faszination für den mit dem historischen Charisma Trotzkis ausgestatteten Hoederer, seine Unentschlossenheit, den Auftrag der Partei zu erfüllen, bis zum zufälligen Mord aus Eifersucht. Das Lehrstück des Existentialismus trat am Beispiel des Stalinismus den Beweis an, daß jedes System, das den Menschen mißbraucht, um eine Ideologie durchzusetzen, zum Scheitern verurteilt ist. ›Wer gekommen war, ein rüde anti-sowjetisches Stück zu finden, muß enttäuscht gewesen sein. Er fand einen hochpolierten, mit allen Wassern des wilden Spannungstheaters gebauten Reißer. Jetzt wurde in sehr geschliffenem Dialog blitzgescheit über die Möglichkeit dialogisiert, wie man Politik treiben und dabei persönlich integer bleiben könne.‹[11]

1 Johannes R. Becher, zitiert nach: Gerd Dietrich, Politik und Kultur in der SBZ 1945–1949, Bern 1993, S. 87.
2 Wolfgang Langhoff, zit. nach: Der Kurier, 25.4.1947.
3 Rolf Schneider, Theater in einem besiegten Land, Frankfurt am Main 1990, S. 49.
4 Wolfgang Harich, Tägliche Rundschau, 4.5.1947.
5 Friedrich Luft, Neue Zeitung, 6.5.1947.
6 Walther Karsch, Der Tagesspiegel, 6.5.1947.
7 Paul Rilla, Berliner Zeitung, 6.5.1947.
8 Paul Rilla, Berliner Zeitung, 9.1.1948.
9 Friedrich Luft, Neue Zeitung, 10.1.1948.
10 Erik Reger, Der Tagesspiegel, 5.12.1948.
11 Friedrich Luft, Neue Zeitung, 18.1.1949.

Kalter Krieg auf dem Theater

Zeittheater oder Theater der Zeit?
Zur Dramaturgie der neuen Stücke

Ines Hahn

*Walter Franck in der Titelrolle von ›Professor Mamlock‹ von Friedrich Wolf
Hebbel-Theater, 9.1.1946
Foto: Werner Borchmann*

Walter Franck (1896 – 1961) erhielt seine Ausbildung bei Albert Steinrück und wurde nach Engagements in München, Nürnberg, Frankfurt am Main und Breslau 1923 von Jessner ans Staatstheater geholt, an dem er sich zu einem der besten Berliner Charakterschauspieler entwickelte. Seit 1945 vor allem am Hebbel-Theater, aber auch am Renaissance-Theater engagiert, beeindruckte er in der Gestaltung großer klassischer Tragödienfiguren wie Macbeth und Holofernes in Hebbels ›Judith‹ ebenso wie in seinen eindringlichen Auftritten in Zeitstücken wie ›Babel‹, ›Quell der Verheißung‹ und ›Auf der anderen Seite‹. Walther Karsch schrieb im ›Tagesspiegel‹ über seinen Professor Mamlock: ›Beherrschtheit, Güte, Liebe, Zorn, Verstandesschärfe, Glaube an das Gute und an das Recht, Zusammenbruch des Glaubens, Leben und Sterben – hier werden sie auf eine Weise transparent, sprangen unser Gefühl an, packten unser Gewissen, zwangen unser Denken in seine Bahn, daß Bühne und Zuschauerraum zur selten erlebten theatralischen Gemeinschaft wurden.

Im Juli 1946 erschien mit sowjetischer Lizenz die erste Nummer einer Zeitschrift für Bühne, Film und Musik mit dem programmatischen Titel ›Theater der Zeit‹. Fritz Erpenbeck (1897 – 1975), Gründer und bis 1958 Chefredakteur des Blattes, war bereits am 1. Mai 1945 mit der ›Gruppe Ulbricht‹ aus sowjetischer Emigration nach Deutschland zurückgekehrt. Zunächst beteiligte er sich im Auftrag des ersten Stadtkommandanten von Berlin, Nikolai Bersarin, an der Schaffung der Voraussetzungen für ein baldiges ›normales‹ Leben in der Großstadt und hatte, auch durch seine Mitarbeit in der Kammer der Kunstschaffenden, entscheidenden Einfluß im Sinne der Sowjetischen Militäradministration auf die Entwicklung des Berliner Nachkriegstheaters gehabt.

Mit dem neuen Fachorgan, das über die Theaterarbeit in allen Besatzungszonen Deutschlands und auch über Aufführungen des Auslands berichtete, versuchte er vor allem, in die seit Kriegsende rege Debatte engagierter Theaterleute und Kritiker über ein der Zeit gemäßes Theater einzugreifen. Lebhaft verwendete Begriffe wie ›Zeittheater‹, ›aktuelles Theater‹ und ›Drama der Zeit‹ drückten das Bestreben aus, nach zwölf Jahren Zensur und Unfreiheit mit dem Theater wieder direkt Position zu jüngsten gesellschaftlichen Entwicklungen zu beziehen und Lösungsangebote für die Lebensprobleme der Menschen zu entwickeln. Was dies denn sei, dieses vielbeschworene ›Zeittheater‹, welche Probleme es behandeln und wie es dies tun solle, darüber herrschte weitgehend Unklarheit. Die Bemühungen um ein gegenwartsbezogenes Theater nach dem Krieg lassen sich hervorragend an den Artikeln in ›Theater der Zeit‹ nachvollziehen, die natürlich vor allem die Positionen von Fritz Erpenbeck widerspiegeln. Der Begriff wurde jedenfalls – wenn auch verschieden interpretiert – sektorenübergreifend verwendet. So auch von Friedrich Luft, der sich 1948 noch zusammen mit Autoren aus Ost und West in einem Theateralmanach gegen das Alterprobte, das Gewohnte, das Beharrungstheater und für das ›Theater der Zeit‹ einsetzte.[1]

Fritz Erpenbeck stellte gleich in der ersten Ausgabe der neuen Zeitschrift die entscheidende Frage: ›Zeittheater oder Theater der Zeit?‹ In seiner Antwort geht es ihm nicht nur um Werke, deren Stoff, Thematik und unmittelbare Problemstellung aus der Gegenwart bezogen werden, vielmehr geht es ihm ›um den Inhalt […], um menschliche Probleme der Gegenwart. Ob sie in das Gewand unserer Tage eingekleidet sind oder nicht, ist dabei von untergeordneter Bedeutung. Die Forderung hat also nicht zu lauten: Zeittheater – sondern: Theater der Zeit!‹[2] Er plädiert für die Aufführung von Dramen, deren Inhalt eine starke Beziehung zur Gegenwart hat, was für jedes ›wahre und große Kunstwerk‹ zutrifft. ›Theater der Zeit‹ ist für ihn ›nichts anderes als: gesellschaftlich wahres, realistisches Theater. […] Diese, in all ihrer Widersprüchlichkeit einheitliche, unteilbare gesellschaftliche Wahrheit zum dramatischen Erlebnis werden zu lassen, ist und war stets die Aufgabe des Theaters der Zeit.‹[3] Er bezieht also vehement Werke der Klassik, der Weltliteratur, wie sie beispielsweise in Aufführungen Karl Heinz Martins bereits praktisch erprobt wurden, in seine Konzeption eines ›Theaters der Zeit‹ ein.

Wie sah jedoch der Spielplan der Theater aus? Gaben sich laut Friedrich Luft in Berlin ›zumindest zwei Drittel jeweils mit tändelnd Unverbindlichem ab‹[4], so wurde durch Inszenierungen von Werken ausländischer Autoren vor allem Anschluß an internationale Entwicklungen gesucht, von denen die Theater während der Zeit des Nationalsozialismus abgeschottet waren. Die vielberedeten Schubladen junger, deutscher Autoren erwiesen sich jedoch als Illusion. Hatte sich nach dem Ersten Weltkrieg mit den Werken von Toller, Brecht, Kaiser und anderen eine Blütezeit des Theaters in Deutschland ent-

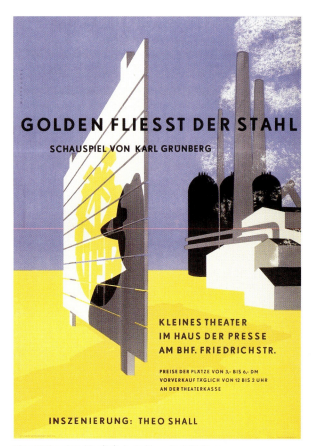

Klaus Wittkugel, ›Golden fließt der Stahl‹ von Karl Grünberg, Kleines Theater im Haus der Presse, 1950. Plakat

Wolf Leder, Bühnenbildentwurf ›Planschwiese‹ zu ›Höllenparade‹ von Horst Lommer, Theater am Schiffbauerdamm, 13. 3. 1946

Kurt Meisel in der Titelrolle des Stückes ›Der Soldat Tanaka‹ von Georg Kaiser
Hebbel-Theater, 13. 2. 1946
Foto: Werner Borchmann

Kurt Meisel (1912 – 1994) kam nach einem Volontariat am Volkstheater Wien über München und Leipzig 1937 ans Staatstheater nach Berlin, nachdem er bereits seit 1935 auch als Filmschauspieler gearbeitet hatte. Der Kritiker des ›Tagesspiegel‹, Walther Karsch, zählte seine Darstellung des Soldaten Tanaka ›zu den stärksten Erlebnissen der Berliner Nachkriegsbühnen, in der er sich in jene Höhen spielte, wo man die Sphäre der Begnadung rührt.‹ Bis 1948 am Hebbel-Theater engagiert, fiel er als Sprecher von äußerster Prägnanz und Ausdruckskraft 1946 in Wilders ›Wir sind noch einmal davongekommen‹ in der Rolle des Henri-Kain auf und bot in Felsensteins ›Räuber‹-Inszenierung auch als Franz Moor eine überzeugende Leistung: ›Kein Zweifel, daß sich Kurt Meisel überraschend entwickelt hat‹ (Paul Rilla, Berliner Zeitung). Er war 1947 der Hektor in Giraudoux' ›Der trojanische Krieg findet nicht statt‹ und 1948 der Orest in der umstrittenen ›Fliegen‹-Inszenierung von Jürgen Fehling am Hebbel-Theater. Meisel spielte bis 1953 an verschiedenen Berliner Bühnen, ging dann an die Kammerspiele nach München und war an vielen Theatern in der Bundesrepublik und in Österreich engagiert. Von 1961 bis 1965 war er Oberspielleiter am Bayrischen Staatsschauspiel, von 1966 bis 1972 Schauspieldirektor am Burgtheater in Wien und von 1972 bis 1983 Intendant der Staatstheater in München.

wickelt, so erwies sich nun, wie Herbert Ihering es ausdrückte, ›jede geistige Substanz [als] aufgelöst und zerpulvert‹.[5] Er stellte fest: ›Eine Dramaturgie des Beginns ist notwendig, nicht des Endes. Sie hat nicht die Aufgabe, technische Probleme des Dramas zu lösen oder ihm ein neues Stilkleid anzupassen, sondern zur Bildung der Substanz beizutragen, Inhalt zu schaffen.‹[6] Der Inhalt der meisten aufgeführten Stücke deutscher Autoren bezog sich auf die direkte Gegenwart beziehungsweise auf Geschehnisse aus der Zeit seit 1933: Geschichtsaufarbeitung war ein vorrangiges Bedürfnis. Vor allem bestimmten jene deutschen Autoren den Spielplan, die bereits zwischen den Weltkriegen jung, rebellisch und teilweise revolutionär waren.[7] Von den Emigranten kamen neben den vieldiskutierten Werken Friedrich Wolfs mit dem antimilitaristischen Stück ‹Der Soldat Tanaka› (1946) und ›Das Floß der Medusa‹ (1948) im Hebbel-Theater Werke von Georg Kaiser zur Aufführung. Ernst Tollers ›Pastor Hall‹, die Tragödie eines deutschen Pfarrers, der wegen seiner christlichen Gesinnung und seines Eintretens für Menschenrechte in Konflikt zum Nationalsozialismus gerät, ins KZ verschleppt wird und seinen Mut mit dem Tode bezahlt, wurde 1947 als Gedächtnisaufführung für den im Exil durch Selbstmord verstorbenen Dichter am Deutschen Theater uraufgeführt. Ferdinand Bruckners ›Rassen‹, eine Anklage gegen den Antisemitismus, wurde 1948 vom Theater am Schiffbauerdamm in der Matinee ›Drama der Zeit‹ erstaufgeführt.[8] Die Arbeiten Bertolt Brechts waren neben seiner bekannten ›Dreigroschenoper‹ nur mit der Szenenfolge ›Furcht und Elend des Dritten Reiches‹, mit ›Die Gewehre der Frau Carrar‹ und ›Der Jasager‹ vertreten. Seine

Dramaturgie der neuen Stücke **95**

O. E. Hasse als General Harras in ›Des Teufels General‹ von Carl Zuckmayer Schloßpark-Theater, 14. 7. 1948 Foto: Harry Croner

Otto Eduard Hasse (1903 – 1978) erhielt seine Ausbildung an der Max-Reinhardt-Schule in Berlin sowie bei Otto Falckenberg in München und war bereits seit 1924 als Schauspieler tätig. Hatte er unter anderem bereits schöne Erfolge in Breslau, 1930 bis 1939 an den Kammerspielen München und am Deutschen Theater in Prag, errang er überragende Popularität seit er 1945 den Mephisto in der ›Urfaust‹-Inszenierung an Fehlings Experimentierbühne gab. Von 1946 bis 1950 vor allem am Hebbel-Theater beschäftigt, zeigte er sich nicht nur als Mr. Antrobus in Wilders ›Wir sind noch einmal davongekommen‹ und als Jupiter in Sartres ›Die Fliegen‹ als vitaler Darsteller, der Intelligenz und Spielfreude zu verbinden vermochte. Er trat hier auch als Regisseur von Sartres ›Die schmutzigen Hände‹ und Giraudoux' ›Der trojanische Krieg findet nicht statt‹ in Erscheinung. Vor allem aber war er für Berlin ein facettenreicher ›Teufels General‹, der mit dieser Leistung entscheidenden Anteil am Erfolg des Stückes am Schloßpark-Theater hatte: ›Der bewunderungswürdigen Leistung von O. E. Hasse gelingt es, die Spannung bis zum Ende wachzuhalten. Hasse stattet den General mit einer Elastizität und Intelligenz, mit so viel Witz und Charme aus, daß man sich oft bewogen fühlt, den Unterschied von Schein und Sein zu vergessen‹ (Max Schroeder, Neues Deutschland).

Hauptwerke hielt der Autor vorerst zurück. Das 1942 in den USA entstandene Stück des Emigranten Carl Zuckmayer ›Des Teufels General‹, Studie der schillernden Figur eines Fliegergenerals der deutschen Wehrmacht, hatte einen beispiellosen Erfolg an den Theatern der westlichen Besatzungszonen, so auch in der Berliner Inszenierung Boleslaw Barlogs am Schloßpark-Theater vom 14. Juli 1948. Von den unter Lebensgefahr im Lande verbliebenen Autoren sei Günther Weisenborn genannt, der in dem 1946 am Deutschen Theater uraufgeführten Stück ›Die Illegalen‹ seine Erfahrungen im antifaschistischen Widerstand verarbeitete. Hier kam 1947 auch ›Babel‹ heraus, eine ›Dramatische Historie vom Glanz und Untergang eines Reichen dieser Erde‹. 1946 schrieb er dazu in ›Theater der Zeit‹: ›Es muß möglich sein, ein Duell zweier Konzerne mit Aktie und Scheck so zu schildern, daß es spannt, wie eines jener szenischen Gefechte, das Intrige und Rapier benutzt, wie wir sie aus den Klassikern kennen. »Babel« ist einer der ersten Versuche in der deutschen Dramatik, aus einem merkantilen Manöver ein Schauspiel zu gestalten. Es ist also nicht neu von der dramaturgischen Form, sondern vom Inhalt her.‹[9]

Von den dramatischen Erstlingen oder Werken noch unbekannter Autoren ist wohl nur das damals mit großen Emotionen aufgenommene Heimkehrerstück ›Draußen vor der Tür‹ von Wolfgang Borchert bis heute von Bedeutung. Es gab einige Versuche, sich dem Thema der jüngsten Vergangenheit auf satirische Art zu nähern, so in Hermann Mostars ›Der Zimmerherr‹, einer 1948 von der Volksbühne aufgeführten kabarettistischen Szenenfolge, in der ein Haustyrann (Hitler) eine Familie (Deutschland) und seine Nachbarn (Europa) ins Verderben stürzt. In Horst Lommers am 13. März 1946 im Theater am Schiffbauerdamm uraufgeführten szenischen Revue ›Höllenparade‹, einer Persiflage auf die Erntedankfeste, Sockensammlungen, Schulungsabende und Durchhalteparolen des Dritten Reiches, gab es eine Szene, in der ein Ortsgruppenleiter Giselher Stinke auf der großen Planschwiese in Treptow, umrahmt von Karikaturen auf völkisch-idealisierte Skulpturen, die Ehrenbekundung der deutschen Säuglinge abnimmt. Zeitstücken wie Heinrich Goertz ›Peter Kiewe‹, 1946 am Deutschen Theater, wurden von Kritikern meist gute Absichten zugebilligt, jedoch zugleich dramaturgische Mängel vorgeworfen. So hieß es 1947 über die Studioaufführung des Deutschen Theaters von ›Ein jeder von uns‹ von Hansjörg Schmidthenner: ›Das ist ein Stück aus lauter Ausrufungszeichen. Es ähnelt darin einem Schüleraufsatz.‹[10] Das Stück schilderte die Tragödie eines Lagerarztes, der kurz vor Kriegsende den Befehl bekommt, 9000 polnische Kriegsgefangene zu liquidieren.

Reaktionen auf die erste Studio-Aufführung des Deutschen Theaters am 3. April 1946 sollen die Problematik der engagierten Dramatik junger Autoren nach dem Kriege verdeutlichen. Bescheinigte Ilse Jung in der ›Täglichen Rundschau‹ dem Schauspiel zur

Szene aus ›Wir heißen euch hoffen‹ von Fred Denger, Deutsches Theater-Studio, 3. 4. 1946. Foto: Abraham Pisarek

Rettung der Jugend ›Wir heißen euch hoffen‹ von Fred Denger, noch Wahrhaftigkeit des Gefühls trotz dramaturgischer Schwächen, so befand Wolfgang Harich schon schärfer: ›Ein jugendlicher Räuberhauptmann, bieder wie Robin Hood, den die Zauberkraft der Liebe auf den Pfad der Tugend führt. [...] Diese Wandlung ist rührend optimistisch [...]. Es soll ein Ausweg gezeigt werden, statt dessen aber wird die Darstellung des Zustandes durch ein happy end verwässert, das alle Probleme löst und die schreienden Anklagen ihrer Wirkung beraubt.‹[11] Paul Rilla kritisierte, daß die Figuren des Stückes keine selbständige Existenz hatten, daß es mehr redendes Bemühen gab als sinnfällige Vorgänge. Trotzdem wertete er dies als einen wichtigen Abend, denn er ›läßt erkennen, wie notwendig es ist, das Theater an die Gegenwart heranzuführen‹.[12] Walther Karsch bezweifelte die Wirkung in der Realität: ›wenn diese billigen Worte den Ausweg zeigen sollen‹.[13]

Fritz Erpenbeck, der nach seinem im Januar-Heft 1947 von ›Theater der Zeit‹ veröffentlichten ›Brief an einen jungen Dramatiker‹ innerhalb eines Vierteljahres mehr als 100 dramatische Erstlinge zugesandt bekam, urteilte über diese Werke: ›Gar so dürftig hätten wir uns selbst in pessimistischen Augenblicken die junge Produktion nicht vorgestellt.‹[14] Seine Analyse der Arbeiten scheint durchaus aussagekräftig für die dramatische Nachkriegsproduktion zu sein. Er zählte neben zwölf historischen Dramen mit deutlichem Gegenwartsbezug den Hauptteil zu den ausgesprochenen Zeitstücken, die Jahre seit 1933 betreffend: ›Etwa die Hälfte der Stücke behandelt das Thema des Rückkehrers. Die andere Hälfte besteht so ziemlich zu gleichen Teilen aus Antikriegsstücken, Schilderungen von Evakuiertenleid und Versuchen, den illegalen Widerstand gegen den Nazismus zu dramatisieren. Zu erwähnen sind noch zwei Arbeiten mit dem Thema: Arbeitende Frau und Gleichberechtigung der Frau.‹[15] Noch im Februar-Heft 1947 hatte er die Klagen der Theaterleiter und Regisseure über das Fehlen begabter junger Autoren mit seinem Aufruf zur Förderung des Nachwuchses übertönt: ›Man riskiere das Unfertige, um das Vollenden zu stimulieren; nur so kann Vollendetes entstehen. Man habe den Mut, der Jugend Mut zu machen – sie hat ihn nötiger als wir Älteren.‹[16] Im Mai-Heft beschreibt er bei den Autoren zwar den Willen zum Realismus und zur Zeitnähe, aber das Fehlen der Fähigkeit zur dramatischen Gestaltung, kritisiert blutleere Zustandsschilderungen und dialogisierte Epik, kurz: ›Undramatik‹.

In der Folge gab er in einer Serie von Artikeln sozusagen dramaturgischen Unterricht für Nachwuchsautoren, der wiederum bezeichnend für seine Auffassung vom Zeitstück ist.

Er stellt Grundgesetze der Dramatik auf, zu denen er die Gestaltung und Charakterisierung der Figuren aus der Sprache im Dialog ebenso zählt wie die Notwendigkeit, eine menschliche Wandlung der Figuren im Dialog, also auf der Szene, sinnfällig zu machen. Sein drittes Gesetz lautet: ›Nur im Spiel und Gegenspiel kann Dramatik entstehen, nur aus der sinnfällig gemachten Spannung zwischen Menschen.‹[17] Zur Funktionsweise der idealen Stücke stellt er fest: ›Um gewöhnliche, alltägliche Menschen – und das sind unsere Zuschauer – zu bewegen, stark zu bewegen, zu erschüttern, bis sie gewillt sind, das Bühnengeschehen und die dargestellten Charaktere zu verallgemeinern, auf sich und ihre gegenwärtige Lebenslage zu beziehen, bedarf es vielmehr dessen, was alle großen Dramatiker von jeher praktizierten: außergewöhnlicher Charaktere in außergewöhnlichen Situationen!‹[18]

Diese Positionen: Vorrang der Sprache, Spiel und Gegenspiel außergewöhnlicher Charaktere im (gesellschaftlichen) Konflikt, reinigende Erschütterung (Katharsis) und Wandlung der Charaktere, dadurch auch Wandlung des Zuschauers zeigen seine Nähe zur aristotelischen Dramaturgie.[19] Rudolf Leonhards ›Geiseln‹, das seinen Vorstellungen offenbar sehr entsprach, lobte er anläßlich der Uraufführung in der Volksbühne des Hebbel-Theaters am 6. Dezember 1946 als ein Stück, ›von dem das ausgeht, was vom Drama ausgehen muß: Erschütterung. Das Stück hat eine spannende [...] Handlung; es zeigt typische Menschen unserer Zeit, die in heftigen, den heftigsten menschlichen und gesellschaftlichen Gegensätzen aufeinanderprallen und, was wiederum ein Kennzeichen aller echten Dramatik ist, im dramatischen Zusammenprall enthüllen und wandeln sich wesentliche Personen des Stücks. Sie erleben etwas und vermitteln deshalb Erlebnis. Allerdings wird dieses Erlebnis für manchen deutschen Zuschauer, nein, für viele, für die meisten vielleicht, das Erlebnis einer Reinigung von Chauvinismus, Faschismus und Militarismus.‹[20]

Es kann nicht verwundern, daß Erpenbeck die Dramen Friedrich Wolfs sehr schätzte und ein polemischer Gegner Bertolt Brechts war, der mit seinem Epischen Theater den denkenden Zuschauer herausforderte und damit alle Regeln der Reinigung und Wandlung beiseite stieß.

1. Friedrich Luft, Was fehlt?, in: Herbert Ihering (Hrsg.), Theaterstadt Berlin. Ein Almanach, Berlin 1948, S. 61.
2. Fritz Erpenbeck, Zeittheater oder Theater der Zeit?, in: Theater der Zeit 1/1946, S. 1.
3. A. a. O., S. 2.
4. Friedrich Luft, a. a. O., S. 61.
5. Herbert Ihering, Berliner Dramaturgie, Berlin 1947, S. 62.
6. A. a. O., S. 64.
7. Fritz Erpenbeck, Nachwuchssorgen, in: Theater der Zeit, 2/1947, S. 1.
8. Studio-Gründungen waren ein Mittel, aktuelle Themen in den Spielplan aufzunehmen; so gab es am Hebbel-Theater das ›Studio 46‹, im Theater am Schiffbauerdamm die Reihe ›Drama der Zeit‹ und ein Studio am Deutschen Theater.
9. Günther Weisenborn, Babel, in: Theater der Zeit, 6/1946, S. 14.
10. Walter Busse, Kurier, 28. 3. 1947.
11. Wolfgang Harich, Kurier, 5. 4. 1946.
12. Paul Rilla, Berliner Zeitung, 5. 4. 1946.
13. Walther Karsch, Der Tagesspiegel, 5. 4. 1946.
14. Fritz Erpenbeck, Und abermals die jungen Dramatiker, in: Theater der Zeit, 5/1947, S. 1.
15. A. a. O., S. 2.
16. Fritz Erpenbeck, Nachwuchssorgen, a. a. O., S. 3.
17. Fritz Erpenbeck, Und abermals die jungen Dramatiker, a. a. O., S. 4.
18. Fritz Erpenbeck, Außergewöhnlich und typisch, in: Theater der Zeit, 6/1947, S. 2 f.
19. Aristoteles verlangt in seiner Poetik auch die Einheit von Ort, Zeit und Handlung. Erpenbeck trifft zu Ort und Zeit keine Aussagen, kritisiert aber an den Erstlingswerken die Einführung epischer Elemente, wie einen Erzähler, in die Handlung. Diese Elemente wären nur bei Nichtbeachtung der dramatischen Gesetze notwendig.
20. Fritz Erpenbeck, Vorwärts, zit. nach: Theater der Zeit, 1/1947, S. 35.

Friedrich Wolf, 1946
Foto: Werner Borchmann

Friedrich Wolf (1888 – 1953) war in den ersten Nachkriegsspielzeiten Deutschlands meistgespielter und –diskutierter Gegenwartsautor. Es wurden nicht nur seine bekannten, in den zwanziger Jahren geschriebenen Stücke ›Cyankali‹, ›Tai Yang erwacht‹ und ›Die Matrosen von Cattaro‹ gespielt, sondern auch Werke aus der Emigration wie ›Beaumarchais‹ und vor allem ›Professor Mamlock‹, dessen enorme Wirkung in der Regie Fritz Wistens am Hebbel-Theater wohl nur mit seiner ›Nathan‹-Inszenierung am Deutschen Theater vergleichbar ist. Wolf verfaßte mit ›Wie die Tiere des Waldes‹, ›Thomas Müntzer‹, ›Der arme Konrad‹ eine Fülle neuer Werke und trat mit ›Bürgermeister Anna‹ und ›Der Rat der Götter‹ auch als Drehbuchautor in Erscheinung. Hatte er bereits seit 1928 die Auffassung von der ›Kunst als Waffe‹ vertreten, so bevorzugte er jenen Dramentypus, in dem im Spiel und Gegenspiel der Protagonisten eine Entscheidungssituation vorgeführt wird, in der mit einer Katharsis die Wandlung einer Figur zum Positiven hin erfolgt. Ziel war für Wolf die Wandlung des Zuschauers: ›Das wahre Drama entläßt die Menge nicht, ehe es sie nicht von Grund auf durchgerüttelt, durchgeknetet und »gereinigt« hat‹ (Friedrich Wolf, Gesammelte Werke in 16 Bänden, Berlin (DDR) und Weimar, 1960, Bd. 16, S. 104).

Theater im Geist des Fortschritts und der Versuche
Bertolt Brecht

Ines Hahn

Erwin Geschonneck als Feldprediger in ›Mutter Courage und ihre Kinder‹ von Bertolt Brecht
Berliner Ensemble, Neuinszenierung vom 1.9.1951 nach der Premiere am 11.1.1949
Foto: Eva Kemlein

Erwin Geschonneck (geb. 1906)
Der Sohn eines Berliner Flickschusters kam aus der Tradition der proletarischen Laientheater und Agitpropgruppen und war nach seiner Flucht über Polen, Lettland und die ČSR in die Sowjetunion von 1934 bis 1938 am Deutschen Gebietstheater Dnjepropetrowsk unter Maxim Vallentin tätig. 1939 in Prag von NS-Behörden verhaftet, überlebte er die Konzentrationslager Sachsenhausen, Dachau, Neuengamme und die Versenkung der mit Häftlingen besetzten ›Cap Arcona‹. Brecht holte ihn für sein Berliner Ensemble 1949 vom Volkstheater Hamburg, an dem er seit 1945 spielte. Herbert Ihering bescheinigte ihm, daß er seine Rollen ›gleichzeitig als proletarischer Zuschauer vom Parkett aus und als Schauspieler von der Bühne [spielt]. Als Feldprediger ist ihm wie das Wort auch die Geste zur Phrase geworden. Selbst holzhackend scheint er auf der Kanzel zu stehen und zur Gemeinde zu sprechen‹ (Theaterarbeit, S. 220). Als Realist in der Menschenbeobachtung war er beispielgebend für den von Brecht entwickelten Ensemblebegriff.

›Als wir nach Beendigung des Hitlerkrieges wieder darangingen, Theater zu machen, Theater im Geist des Fortschritts und der Versuche, gerichtet auf die Veränderung der Gesellschaft, die so sehr dringend war, waren die Kunstmittel des Theaters, welche so lange zu ihrer Ausbildung brauchen, so gut wie zerstört durch den Geist des Rückschritts und der Abenteuer. Das Poetische war ins Deklamatorische entartet, das Artistische ins Künstliche, Trumpf war Äußerlichkeit und falsche Innigkeit. Anstatt des Beispielhaften gab es das Repräsentative, anstatt der Leidenschaft das Temperament. Eine ganze Generation von Schauspielern war ausgewählt nach falschen Gesichtspunkten, ausgebildet nach falschen Doktrinen.‹[1]

Als am 11. Januar 1949 erstmals der Planwagen der Marketenderin Anna Fierling, genannt Mutter Courage, über die Bühne des Deutschen Theaters rollte, begann das Theater eines neuen Zeitalters. Publikum wie Kritiker aus Ost und West erkannten einhellig, daß sie hier etwas Neues sahen, und reagierten euphorisch: »»Mutter Cou-

Bertolt Brecht auf einer Probe zu ›Die Mutter‹ im Berliner Ensemble, 1951
Foto: Abraham Pisarek

Renate Keith als Yvette Pottier und Franz Weber als Obrist in ›Mutter Courage und ihre Kinder‹ von Bertolt Brecht, Berliner Ensemble, 11.1.1949. Foto: Harry Croner

rage« sprengte [...] alle gewohnten Maßstäbe des Berliner Nachkriegstheaters‹[2], hieß es im ›Montags Echo‹, Paul Wiegler meldete ›Jubel um Brecht im Deutschen Theater‹[3], Fritz Schwiefert resümierte ›Ein großer Abend‹[4] und Friedrich Luft rief aus ›Das bleibt aus der Erinnerung nicht wieder zu entfernen, wie der bedeutendste Dramatiker unserer Sprache nach 15 Jahren unwirtlicher Emigration wieder auf einer Berliner Bühne stand und nun der Jubel der Betroffenen über ihn hinging. [...] Berlin [ist] als Theaterstadt noch nicht verloren.‹[5] Dieser Erfolg, der die Weltgeltung der Theaterarbeit Bertolt Brechts und seines Berliner Ensembles begründete, war für den Autor nicht selbstverständlich. Er war das Ergebnis einer langfristigen und gezielten Vorbereitung, die der Autor und Regisseur schon im Exil begonnen hatte.

Brecht hatte das Ende des Krieges mit seiner Frau, der Schauspielerin Helene Weigel, im amerikanischen Exil erlebt und sich zunächst gegenüber den Entwicklungen in Deutschland zwar mit Interesse, jedoch äußerst zurückhaltend verhalten. Er hielt seine großen, in der Emigration geschriebenen Stücke[6] für Aufführungen in Deutschland zurück, denn er fand – nicht zu Unrecht –, daß über ihn, seine Stücke und seine Theatertheorie, die er in der Emigration überarbeitet und weiterentwickelt hatte, zu wenig bekannt sei und seine Stücke nicht angemessen gespielt würden. Er, der seit der Berliner ›Mutter‹-Inszenierung von 1932 keine Möglichkeit hatte zu inszenieren, wollte erst selbst die von ihm entworfenen Theorien in der Praxis überprüfen, um den erwünschten Erfolg, eine Erneuerung des Theaters, zu erzielen. Neben seinem bekanntesten Stück ›Die Dreigroschenoper‹ machte er nur Ausnahmen bei dem Einakter ›Die Gewehre der Frau Carrar‹ und der Szenenfolge ›Furcht und Elend des Dritten Reiches‹, die in Berlin 1946 am Hebbel-Theater beziehungsweise 1948 am Deutschen Theater inszeniert wurden. Ansonsten schien Brecht in seiner Heimat nicht vermißt zu werden. Die Theater gingen, befördert von den Alliierten, dem enormen Nachholbedürfnis an internationaler Dramatik nach. Das Verlangen nach Stücken von Schwarz, Wilder, Priestley und vor allem der Franzosen Giraudoux, Anouilh und Sartre verdrängte das Interesse an deutschen Autoren. Zwar hatte bereits im November 1945 Johannes R. Becher, der Präsident des Kulturbundes zur demokratischen Erneuerung Deutschlands, die Emigranten zur Rückkehr gebeten: ›Laßt Euch sagen, daß Deutschland Eurer bedarf‹[7], doch gab es keine allgemeine Stimmung des Wartens auf Brecht. So waren es die Bemühungen einzelner, die auf die Bedeutung seines Werkes hinwiesen: Neben dem ungarischen Literaturkritiker Georg Lukács auch der sowjetische Kulturoffizier Alexander Dymschitz und allen voran Herbert Ihering, der sich schon im Oktober 1945 an Brecht mit der Bitte um baldige Rückkehr wandte. Innerhalb des Theaters setzten sich seine alten Freunde Ernst Busch, Slatan Dudow, Karl Heinz Martin und Günther Weisenborn, die ihn aus der Theaterarbeit der zwanziger und dreißiger Jahre kannten, für ihn ein. Wolfgang Langhoff, der an mehreren Uraufführungen von Brecht-Stücken in Zürich beteiligt war und im August 1946 Intendant des Deutschen Theaters wurde, lud Brecht und die Weigel bald offiziell ein, nach Berlin zu kommen.

Am 30. Juli 1947 brachte Brecht, zusammen mit Joseph Losey regieführend und in enger Zusammenarbeit mit Charles Laughton, der auch die Hauptrolle spielte, in einem kleinen Theater in Beverly Hills die amerikanische Fassung von ›Leben des Galilei‹ heraus. Diese einzige Theaterarbeit Brechts im amerikanischen Exil war eine wichtige Übung vor seiner Rückkehr nach Deutschland und fand Verarbeitung in seiner Schrift ›Aufbau einer Rolle. Laughtons Galilei‹, die mit Fotos von Ruth Berlau modellhaft dokumentiert wurde. Bereits in

Therese Giehse als Frau Marthe Rull in ›Der zerbrochne Krug‹ von Heinrich von Kleist Berliner Ensemble, 23. 1. 1952 Foto: Eva Kemlein

Therese Giehse (1898 – 1975) entstammt einer jüdischen Kaufmannsfamilie. Nach ihrer Schauspielausbildung in München spielte sie nach mehreren Engagements seit 1926 an den Kammerspielen München unter Falckenberg, bis sie 1933 das politische Kabarett Pfeffermühle in München gründete. Nach ihrer Flucht in die Schweiz zeigte sie sich in Zürich als großartige Menschenbildnerin und wirkte herausragend in Brecht-Uraufführungen: 1941 als Anna Fierling in ›Mutter Courage und ihre Kinder‹, 1943 als Mi Tzü in ›Der gute Mensch von Sezuan‹ sowie unter Brechts Regie 1948 als Schmuggler-Emma in ›Herr Puntila und sein Knecht Matti‹.
Von 1949 bis 1952 spielte sie am Berliner Ensemble: 1949 wieder die Schmuggler-Emma in ›Herr Puntila und sein Knecht Matti‹, 1949 die ›Wassa Schelesnowa‹, 1951 Mutter Wolffen und Frau Fielitz in ›Biberpelz und Roter Hahn‹ von Gerhart Hauptmann.
Allein die Courage verkörperte sie nach der Uraufführung noch in vier weiteren Inszenierungen: in Zürich 1945, München 1950, Frankfurt 1958 und noch einmal in Zürich 1960. Ihre beispielhafte Darstellung der Figur 1950 in München, unter Brechts Regie nach dem Berliner Modell, fand Eingang in das 1958 erschienene Modellbuch des Berliner Ensembles zur ›Mutter Courage‹.

Caspar Neher und Hainer Hill, ›Der Hofmeister‹ von Jacob Michael Reinhold Lenz und Bertolt Brecht, Berliner Ensemble, 15. 4. 1950. Bühnenbildmodell

Angelika Hurwicz als Brigitte in ›Der zerbrochne Krug‹ von Heinrich von Kleist Berliner Ensemble, 23.1.1952 Foto: Eva Kemlein

Angelika Hurwicz (1922 – 1999) 1939 bis 1941 von Lucie Höflich ausgebildet, debütierte sie an einem erzgebirgischen Wandertheater. Nach einem Rundfunkaufruf Gustav von Wangenheims an die Bühnenkünstler kam sie 1945 zum Vorsprechen nach Berlin und wurde von Wangenheim ans Deutsche Theater engagiert. Hier überzeugte sie bis 1949 durch ihre präzis akzentuierten Auftritte unter anderem als Dienstmädchen in ›Pastor Hall‹ und in einer grotesk-komischen stummen Rolle im ›Schatten‹. Berühmt wurde sie jedoch in der Rolle der stummen Kattrin in Brechts ›Courage‹-Inszenierung, für die er die damals 27jährige in sein Ensemble holte. Ihr Sinn für Details in der Darstellung ließ sie bald zu einer Protagonistin des Brechtschen Schauspielstils werden: ›Die Laute, die ich von mir gab, sind differenziert, sind das Ergebnis langer Überlegungen mit dem Regisseur. Würde ich das Mädchen »medizinisch authentisch« spielen, käme zu leicht ein groteskes Moment in die Handlung. So verzichte ich auf die naturalistische Wiedergabe und versuche, realistisch zu sein‹ (Angelika Hurwicz, Berliner Zeitung, 1949).

den USA nahm Brecht Kontakt zu verschiedenen Theaterleuten wie Curt Bois, Peter Lorre, Fritz Kortner, Caspar Neher und Erwin Piscator auf, um Mitstreiter für ein Theater in Deutschland zu finden. Am 31. Oktober 1947 verließ er die USA nach sechs Jahren Aufenthalt, um über Paris in die Schweiz auszureisen. Zuvor mußte er sich am 30. Oktober einem Verhör vor dem Kongreßausschuß zur Untersuchung unamerikanischer Betätigungen unterziehen, hatte jedoch schon im März Aus- und Wiedereinreisevisen für sich, seine Frau und Tochter Barbara beantragt. Er traf am 5. November 1947 in Zürich ein und sofort mit seinem alten Mitarbeiter Caspar Neher, seit 1946 Bühnenbildner am Schauspielhaus Zürich, zusammen. In Zürich hatten während des Krieges Uraufführungen seiner Stücke stattgefunden. Hier konnte er auf Kontakte zu Theaterleuten bauen, mit denen er sein neues Theater probieren konnte. Im Januar fanden erste Gespräche für die Uraufführung des ›Puntila‹ statt, zeitgleich begann er auf Anregung seiner Frau mit Vorstudien für die schriftliche Zusammenfassung seiner Theatertheorie, die er schon 1937 mit ›Der Messingkauf‹ formuliert hatte. Seine nächste Theaterarbeit war ›Die Antigone des Sophokles‹, die nach der Premiere am 15. Februar 1948 im Stadttheater Chur noch drei Aufführungen erlebte. Er beschrieb die Motivation dieser wichtigen Etappe in seinem ›Arbeitsjournal‹: ›Habe zwischen 30.11. und 12.12. eine Antigonebearbeitung fertiggestellt, da ich mit Weigel und Cas[par Neher] die Courage vorstudieren möchte [...] vermutlich ist es die Rückkehr in den deutschen Sprachbereich, was mich in das Unternehmen treibt.‹[8] Die 47jährige Helene Weigel, die fast neun Jahre nicht mehr als Schauspielerin tätig war, spielte im epischen Darstellungsstil die Antigone, als Vorübung für ihr bereits geplantes Nachkriegsdebüt in Deutschland in der Rolle der Courage. Ursprünglich hatte Brecht 1939 die Rolle der stummen Kattrin für sie geschrieben. Neher, der zusammen mit dem Autor Regie führte, entwarf auch das Bühnenbild. Ergebnis war das ›Antigonemodell 48‹, das erste Modellbuch, das als eine der frühen Publikationen nach Brechts Rückkehr im September 1949 im Weiss-Verlag Berlin erschien. Im Mai begannen die Proben zu ›Herr Puntila und sein Knecht Matti‹ am Schauspielhaus Zürich mit dem Intendanten Leonard Steckel, dem Galilei der Züricher Uraufführung von 1943, als Puntila. Da der staatenlose Brecht keine Arbeitserlaubnis hatte, fungierte Kurt Hirschfeld offiziell als Regisseur. Der Autor, dessen Theater später oft als überintellektuell mißverstanden wurde, notierte im Arbeitsjournal, daß während der Proben von ihm ›die Diskussionszeit auf etwa 3 Minuten in 4 Wochen reduziert [wurde]. Das ist wichtig, da sich die gewissen Neuerungen (der ersten Phase: Natürlichkeit, soziale Charakterisation, epische »Kisten«, klare Erzählungen der Geschichte usw) nur praktisch, durch Ausprobieren, erzielen lassen.‹[9] Nach der Premiere am 5. Juni 1948 und der Fertigstellung von ›Kleines Organon für das Theater‹ im August hatte er

Angelika Hurwicz als Kattrin, Helene Weigel als Anna Fierling, Ernst Kahler als Eilif und Joachim Teege als Schweizerkas in ›Mutter Courage und ihre Kinder‹ von Bertolt Brecht, Berliner Ensemble, 11.1.1949. Foto: Harry Croner

genügend praktische Erfahrungen für seinen Auftritt in Deutschland gesammelt und darüber hinaus das theoretische Rüstzeug für das ›Theater eines wissenschaftlichen Zeitalters‹. Er beschrieb in dieser Schrift die Kunstmittel des Theaters für ein neues Publikum, das er als Stätte der Unterhaltung, des Vergnügens an der Erkenntnis der Welt sah, und dem er eine neue Funktion zuwies: ›Das Theater muß sich in der Wirklichkeit engagieren, um wirkungsvolle Abbilder der Wirklichkeit herstellen zu können und zu dürfen [...]. Es macht die praktikablen Abbildungen der Gesellschaft, die dazu imstande sind, sie zu beeinflussen, ganz und gar als Spiel: für die Erbauer der Gesellschaft stellt es die Erlebnisse der Gesellschaft aus, die vergangenen wie die gegenwärtigen, und in einer solchen Weise, daß die Empfindungen, Einsichten und Impulse genossen werden können.‹[10]

Als er nach seiner Abreise aus der Schweiz am 18. Oktober 1948 über Prag in Berlin eintraf, kam er in eine nicht nur äußerlich zerstörte, sondern nach der Währungsreform und dem Beginn der Berlin-Blockade im Juni 1948 politisch geteilte Stadt mit zwei selbständigen Stadtverwaltungen. Am Tag nach seiner offiziellen Begrüßung im Kulturbundclub in Berlin nahm er an der Friedenskundgebung des Kulturbundes teil, saß mit anderen aus der Emigration zurückgekehrten Künstlern und mit Wilhelm Pieck im Präsidium: ›Ich selber spreche nicht, entschlossen, mich zu orientieren und nicht aufzutreten.‹[11] Zügig nahm er sein Theaterprojekt in Angriff. Da alle Theater in der Stadt vergeben waren, bot Wolfgang Langhoff ihm an, am Deutschen Theater zu inszenieren. Nach dem Probenbeginn für ›Mutter Courage und ihre Kinder‹ am 27. Oktober arbeiten sie zusammen das Projekt eines Studiotheaters aus, das dem Deutschen Theater angeschlossen sein sollte und mit einem eigenständig aufzubauenden Ensemble und aus der Emigration zu gewinnenden Gästen im Jahr drei bis vier Inszenierungen spielen sollte. Einblick in die neue, desillusionierende, zeigende Spielweise, mit der einige ältere Schauspieler des Deutschen Theaters Schwierigkeiten hatten, gibt Brechts ›Arbeitsjournal‹. In der elften Szene schaltete er für Gerda Müller und Erich Dunskus als Bauersleute zehn Minuten episches Probieren ein: ›Ich lasse sie jeweils hinzufügen »sagte der Mann«, »sagte die Frau«. Plötzlich wurde die Szene klar und die Müller entdeckte eine realistische Haltung.‹[12] Dagegen begriff Paul Bildt ›sofort, daß es darauf ankommt, die restlose Verwandlung zu verhindern‹[13]. Durch verschiedene Formen der Episierung gliederten sich die Szenen, wurden die Drehpunkte des Fabelverlaufes sichtbar.

Mit der Premiere der ›Mutter Courage und ihre Kinder‹, die Brecht ›eine Chronik aus dem 30jährigen Krieg‹ nannte, bekamen die Berliner einen ersten Eindruck von seinem epischen Theater. Es war ›natürlich nur so viel episches Theater, als heute akzeptiert (und geboten) werden kann‹.[14] Erzählt wurde die Geschichte der Marketenderin Anna Fierling, die mit ihren drei Kindern durch Europa zieht, weil sie glaubt, aus dem Krieg ihren händlerischen Nutzen ziehen zu können. Am Ende hat sie durch den Krieg alles verloren, ihre Habe und ihre Kinder, und lernt nichts: ›Ich muß wieder in'n Handel kommen. [...] nehmts mich mit‹, sagt sie und versucht, sich tief in die Deichsel ihres Planwagens stemmend, dem weiterziehenden Heer nachzukommen. Es war eine Absage an das herkömmliche Illusions- und Einfühlungstheater. Die Zuschauer sollten nicht mitleiden, sondern sich an der vorgeführten exemplarischen Geschichte selbst ihr kritisches Urteil bilden.

Die Weigel war nicht die Courage, sie zeigte aus der Position der um die Fabel wissenden Schauspielerin die Haltungen der Figur in den konkreten Situationen, die sie durchlief: ›Wie die Weigel das spielt! Wie sie von Bild zu Bild schattenhafter wird, gebeugter, eine Handvoll Mensch, geduckt im Sturm, der sie weitertreibt.‹[15] Um die kritische, bewußte Haltung der Zuschauer zum Geschehen zu erreichen, setzte Brecht und seine Mitarbeiter eine ganze Palette der Desillusionierung ein. Wie schon Mitte der zwanziger Jahre verwendete er eine halbhohe Gardine, die den Bühnenraum bei Umbauten nicht vollständig verdeckte und bei Bedarf als Projektionsfläche für die Zwischentitel der einzelnen Szenen diente. Aus dem Schnürboden wurden Schilder in das Bild herabgelassen, die den jeweiligen Ort anzeigten oder den Titel des von den Darstellern zu singenden Liedes. Die Songs von Paul Dessau flossen nicht in die Handlung ein, sie kommentierten die Szenen selbständig und wurden mit einem deutlichen Wechsel in Arrangement und Beleuchtung betont. Ansonsten ließ Brecht, wie unter Experimentierbedingungen, ›ständig unter erbarmungslos hellstem Licht agieren, gleichgültig, ob die Szene Tag oder Nacht darzustellen hat.‹[16] Das Bühnenbild Heinrich Kilgers, die leere Drehscheibe vor dem Rundhorizont der Bühne assoziierte die

Helene Weigel in der Schlußszene von ›Mutter Courage und ihre Kinder‹ von Bertolt Brecht, Berliner Ensemble, 11. 1. 1949. Foto: Harry Croner

Herbert Ihering, 1948
Foto: Abraham Pisarek

Herbert Ihering (1888 – 1977) reflektierte als Kritiker seit 1909 die Entwicklung des deutschen Theaters zum modernen Regietheater. Zunächst für die ›Schaubühne‹ und die ›Vossische Zeitung‹ tätig, dann von 1918 bis 1933 für den ›Berliner Börsen-Courier‹, förderte er früh Regisseure wie Erich Engel, Leopold Jessner, Erwin Piscator und Schauspieler wie Albert Bassermann und Emil Jannings. Seit 1933 Nachfolger Alfred Kerrs am ›Berliner Tageblatt‹, erhielt er 1935 Schreibverbot und arbeitete bei der Tobis, bis er 1942 Chefdramaturg des Wiener Burgtheaters wurde. Seit 1945 in der gleichen Funktion am Deutschen Theater, hatte er auch durch seine Buch- und Zeitungsveröffentlichungen entscheidenden Einfluß auf das Theater der Nachkriegszeit. Schon früh Brechts Rückkehr aus dem Exil fördernd, konstatierte er 1948 in einem Aufsatz der ›Berliner Zeitung‹: ›Die deutschen und besonders die Berliner Bühnen haben sich mit dem Theater der Welt auseinandergesetzt, ohne ihre stärkste eigene Begabung ins Spiel gebracht zu haben.‹ Er betonte, daß dem gegenwärtigen Theater mit seinen, dem Existentialismus entliehenen Problemen der eigentliche Gegenspieler noch fehle. Es ist sein Verdienst, zur Durchsetzung Brechts beigetragen zu haben, in dem er nicht müde wurde, die Bedeutung des Dramatikers öffentlich darzulegen und die ›seine[r] Aufführungen selbst, ohne deren Praxis seine Theorie gar nicht denkbar ist‹.

Helene Weigel als Pelageja Wlassowa in ›Die Mutter‹ von Bertolt Brecht nach Maxim Gorki
Berliner Ensemble, 13. 1. 1951
Foto: Eva Kemlein

Helene Weigel (1900 – 1971)
Die junge Wienerin fiel schon seit 1919 in Frankfurt durch ihre bis zur Exaltation reichende Expressivität und die enorme Modulationsfähigkeit ihrer Stimme auf. Seit 1922 in Berlin, spielte sie am Staatlichen Schauspielhaus, am Deutschen Theater und anderen Bühnen, auch hier als außerordentliche Vertreterin des Einfühlungstheaters. Ein Wandel ihrer Darstellungskunst zeichnete sich Ende der zwanziger Jahre in den Stücken Bertolt Brechts ab: sie spielte in ›Mann ist Mann‹, ›Happy End‹, ›Die Maßnahme‹ und hatte wesentliche Mittel des epischen Schauspielstils entwickelt, als sie 1932 ›Die Mutter‹ der Uraufführung gab. Bertolt Brecht beschrieb sie 1929: ›Sie ist von kleinem Wuchs, ebenmäßig und kräftig. Ihr Kopf ist groß und wohlgeformt. Ihr Gesicht schmal, weich, mit hoher, etwas gebogener Stirn und kräftigen Lippen […] Sie ist gutartig, schroff, mutig und zuverlässig. Sie ist unbeliebt.‹ Während der 15jährigen Emigration war es ihr nahezu verwehrt, in ihrem Beruf zu arbeiten. Nach ihrer Rückkehr errang sie seit 1949 Weltruhm als Protagonistin des Brechtschen Theaters, die mit ihrem Stil entscheidend Stücke und Theaterästhetik des Autors prägte. Brecht schrieb 1950: ›Das Theater des neuen Zeitalters ward eröffnet, als auf die Bühne des zerstörten Berlin der Planwagen der Courage rollte. Ein und ein halbes Jahr später im Demonstrationszug des 1. Mai zeigten die Mütter ihren Kindern die Weigel und lobten den Frieden.‹ Als hingebungsvollresolute Intendantin des Berliner Ensembles, war es ihr Verdienst, auch über Brechts Tod hinaus, sein Theaterkonzept lebendig zu halten.

Leonard Steckel als Puntila und Erwin Geschonneck als Matti in ›Herr Puntila und sein Knecht Matti‹ von Bertolt Brecht, Berliner Ensemble, 12. 11. 1949. Foto: Abraham Pisarek

Weite der Landschaft und der Schlachtfelder des Krieges, begnügte sich geschickt mit Andeutungen. Grasbüschel, ein Holzhaus oder ein Feldherrenzelt markierten den konkreten Handlungsort und ließen ›der von nahen Erinnerungsbildern verfolgten Phantasie genügend Spielraum‹[17]. Äußerst detailgetreu und nach ästhetischen Gesichtspunkten waren dagegen alle Gegenstände und Requisiten angefertigt, mit denen die Darsteller in ihrem Spiel umgingen. An ihnen vollzogen sich kunstvoll ganz konkrete Tätigkeiten, mit denen die Figuren charakterisiert wurden. Die Art, wie die Courage eine Ware aus ihrem Wagen nahm, wie sie diese geschickt anpries und wie sie das eingehend auf Echtheit geprüfte Geldstück nach dem vollzogenen Handel in ihre Geldtasche verschwinden ließ, erzählte alles über sie und ihr Verhältnis zu den anderen Figuren, über ihre soziale Situation und ihren gefühlsmäßigen Zustand. Vor allem die mit Details wechselnde Gestaltung des Planwagens verdeutlichte Aufstieg und Fall der Händlerin im Fabelverlauf. Die Kostüme Curt Palms, kunstvoll verschlissen gestaltet, aber nicht den Eindruck erweckend, ›echt‹ zu sein, erzählten auf ihre Weise von den ›gefoppten Nutznießern des großen Blutvergießens, Feldhauptleuten, Landsknechten, Zeugmeistern, Köchen, Pfaffen, getretenen Bauern und Troßhuren‹[18]. Brecht hatte es verstanden, aus der mit seinem Schauspielstil bereits vertrauten Helene Weigel, erfahrenen Kräften wie Paul Bildt, Werner Hinz, Gerhard Bienert und jungen Schauspielern wie Angelika Hurwicz und Ernst Kahler ein eindrucksvolles Ensemble zu bilden.

Am 1. April 1949 erfolgte der Beschluß des ZK der SED über die Gründung des später weltberühmten Berliner Ensembles unter der Leitung von Helene Weigel als Einrichtung der Deutschen Verwaltung für Volksbildung in der sowjetischen Besatzungszone. Das Ensemble bestand als selbständige Institution mit eigenem Etat innerhalb des Deutschen Theaters seit 1. September 1949. Diese Übergangslösung war zeitlich festgelegt, bis das Ensemble Fritz Wistens nach dem Wiederaufbau der Volksbühne das Theater am Schiffbauerdamm verlassen würde. Die Wartezeit dauerte bis 1954.

1 Bertolt Brecht, in: Theaterarbeit. 6 Aufführungen des Berliner Ensembles, hrsg. vom Berliner Ensemble und Helene Weigel, Dresden 1952, S. 8.
2 JBW, Montags Echo, 17. 1. 1949.
3 Paul Wiegler, Der Morgen, 13. 1. 1949.
4 Fritz Schwiefert, Telegraf, 13. 1. 1949.
5 Friedrich Luft, Neue Zeitung, 15. 1. 1949.
6 ›Mutter Courage und ihre Kinder‹, ›Leben des Galilei‹, ›Der aufhaltsame Aufstieg des Arturo Ui‹, ›Der gute Mensch von Sezuan‹ und ›Herr Puntila und sein Knecht Matti‹.
7 Johannes R. Becher, Tägliche Rundschau, 22. 11. 1945.
8 Bertolt Brecht, Arbeitsjournal, Frankfurt am Main 1973, Eintrag vom 16. 12. 1947.
9 A. a. O., Eintrag vom 10. 6. 1948.
10 Bertolt Brecht, Kleines Organon für das Theater, in: Gesammelte Werke, Band 16 (= Schriften zum Theater, Bd. 2), Frankfurt am Main 1967, S. 672 f. Die Schrift erschien im März 1949, also kurz nachdem Brecht sein Theaterkonzept in Berlin mit seiner ›Courage‹-Inszenierung vorgestellt hatte in dem Sonderheft Bertolt Brecht der 1948 gegründeten Zeitschrift ›Sinn und Form‹.
11 Bertolt Brecht, Arbeitsjournal, a. a. O., Eintrag vom 24. 10. 1948.
12 A. a. O., Eintrag vom 10. 12. 1948.
13 A. a. O., Eintrag vom 12. 12. 1948.
14 A. a. O., Eintrag vom 13. 11. 1949. Diese Notiz anläßlich der ›Puntila‹-Premiere zeigt Brechts Vorhaben, ein neues Publikum zu entwickeln, das sich an die ungewohnten Kunstmittel langsam gewöhnen sollte.
15 H. H., Nachtexpreß, 22. 5. 1949.
16 Friedrich Luft, a. a. O., 15. 1. 1949.
17 W. F., Der Tag, 13. 1. 1949.
18 Friedrich Luft, a. a. O., 15. 1. 1949.

Peter Palitzsch und Frans Haacken, ›Der Hofmeister‹ von Jacob Michael Reinhold Lenz und Bertolt Brecht, Berliner Ensemble, 15.4.1950. Plakat

Caspar Neher, 1957
Foto: Harry Croner

Caspar Neher (1897 – 1962)
Der in Augsburg geborene Neher ging mit der ›Clique um Brecht‹ zum Studium nach München, hatte 1923 an den Kammerspielen mit Brechts ›Im Dickicht der Städte‹ und am Staatstheater in Berlin mit Kleists ›Käthchen von Heilbronn‹ seine ersten Erfolge als Bühnenbildner. Danach begann eine beispiellose Karriere; die ihn an alle namhaften Bühnen des In- und Auslandes führte. Sein Werkverzeichnis umfaßt mehr als 500 Ausstattungen für Schauspiel und Oper. Oscar Fritz Schuh würdigte Nehers bühnengeschichtlich wegweisenden Leistungen: ›Es gibt in den letzten 30 Jahren der Theaterentwicklung kaum eine Bühnenform, die Neher nicht erfunden und durchgesetzt hätte. Die Projektion ist durch ihn zum stilbildenden dekorativen Mittel geworden. Die Bühne ohne Guckkasten im architektonisch gegliederten freien oder abgeschlossenen Raum wurde durch seine zielbetonten Arbeiten […] in ein neues Stadium der Entwicklung gebracht. Er hat nie auf den glatten und schnellen Erfolg hingearbeitet. Er forderte den Widerspruch heraus und ist auch heute noch in Opposition gegen alles Modische und Äußerliche. […]
Die Farbe ist für ihn kein Reizwert, sondern ein Symbolwert. Heute, wo die große Masse der Bühnenbildner sich nicht genug tun kann in Buntheit und Grellheit, hat einer noch den Mut, die Farbe so einzusetzen, wie sie die alten Meister eingesetzt haben, sparsam, mit Sinn, sozusagen gleichnishaft. Über Geschmack war in seinen Arbeiten nie zu diskutieren. Er war für ihn immer nur die notwendige Voraussetzung eines Handlungsvorgangs ins Optische. […] So ist er in Wahrheit zum Galli-Bibiena unserer Epoche geworden‹ (Der Tagesspiegel, 1957).

Weit mehr als ein Spezialist für Arbeitertypen
Der Volksschauspieler Ernst Busch

Ines Hahn

Ernst Busch, Juli 1946
Foto: Eva Kemlein

Ernst Busch (1900 – 1980)
›Und heute noch, nach vier Jahren und zweijähriger Behandlung [...] kann ich nur mit dem halben Mund sprechen und muß trotzdem mehr können, als viele mit ihrer ganzen Schnauze. Und das rührt von einer amerikanischen Bombe her, die mir am 22. November 43 auf den Kopf flog. Ich lag schon im Keller bei den Toten, mit einer Pappmarke um den Hals. Wohnung angeblich in Frankreich stand drauf. Und nur dem Zufall ist es zu verdanken, daß einer von unsern Kumpels, der als Kalfaktor das ganze Haus kannte, mich herausgefischt hat und ein Gefangenenarzt, wohlgemerkt, ein Arzt, der selbst als Gefangener festsaß [...] hat mich wieder zusammengenäht. Das heißt mein linkes Ohr, das darum heute auch nur halb so groß ist wie das andere. Nitschewo. Die andern Ärzte saßen im sicheren Bunker. Und dann hab ich vier Monate lang mit verbundenem Kopf bei verschlossener und verriegelter Tür alle Bombardements, die auf Berlin heruntergingen, überlebt. Du solltest eigentlich wissen, was das heißt. In diesen Nächten habe ich alles abgebüßt, was ich im Laufe meines schandbaren Lebens verbrochen habe, und Absolution empfangen für alles, was ich in Zukunft noch tun werde‹ (Ernst Busch, 1947).

Der politisch engagierte Schauspieler und Sänger war 1933 über Holland, Belgien, Paris, London und die Schweiz in die Sowjetunion emigriert, in der er von 1935 bis 1937 lebte und arbeitete. Besonders wegen seiner Auftritte an verschiedenen europäischen Rundfunksendern wurde der in Deutschland als ›Roter Orpheus‹ berühmte Busch auch im Ausland populär. Er kämpfte mit seinen Liedern im Spanischen Bürgerkrieg, wurde 1940 in Belgien gefangengenommen, in Frankreich interniert und 1942, nach einem Fluchtversuch, an die Gestapo in Paris überstellt. Von dort aus wurde er 1943 nach Berlin gebracht. Hier wurde er wegen Verbreitung des Kommunismus des Hochverrats angeklagt. Gustaf Gründgens, Generalintendant der Staatlichen Schauspiele in Berlin, rettete Busch das Leben, indem er zwei Rechtsanwälte bezahlte, die vor Gericht den Einwand einbrachten, daß auf den Staatenlosen, der 1937 ausgebürgert worden war, nicht das Delikt des Hochverrats angewendet werden könne. Busch wurde im März 1944 schließlich zu einer Strafe von vier Jahren Zuchthaus verurteilt. Nach seiner Befreiung aus dem Zuchthaus Brandenburg traf er schon vor der offiziellen Kapitulation in Berlin ein. Er glaubte zunächst nicht, wieder in seinem Beruf tätig sein zu können, weil er sich als Gefangener der Untersuchungshaftanstalt Berlin-Moabit während eines Fliegerangriffes einen schweren Schädelbruch zugezogen hatte, von dem er eine schmerzhafte, linksseitige Gesichtslähmung zurückbehielt. Er wirkte deshalb zunächst als Kulturdezernent in seinem Wohnbezirk für den kulturellen Wiederaufbau. Fritz Erpenbeck erinnerte sich später: ›Am raschesten und zielklarsten ging die junge Bürgermeisterei von Wilmersdorf an die Kulturarbeit. [...] Im Handumdrehen entstand ein ganzes »Kunstamt« mit allen nur denkbaren Unterabteilungen: von der bildenden Kunst über die Literatur bis zu Film, Bühne und Kabarett.‹[1]

Noch im Jahr 1945 gewann Karl Heinz Martin, der Busch aus der gemeinsamen Arbeit an der Berliner Volksbühne kannte, ihn wieder für die Bühne. Am 6. November spielte er im Hebbel-Theater in ›Leuchtfeuer‹ von Robert Ardrey den Journalisten Charleston. Dieser hatte sich 1939 resignierend auf eine kahle Insel im Michigansee als

Hans Leibelt als Fregattenkapitän, Ernst Busch als Franz Rasch und Friedrich Gnass als Kuddel Huck in ›Die Matrosen von Cattaro‹ von Friedrich Wolf
Theater am Schiffbauerdamm, 11. 2. 1947. Foto: Abraham Pisarek

*Ernst Busch als Feldkoch in ›Mutter Courage und ihre Kinder‹ von Bertolt Brecht
Berliner Ensemble, Neuinszenierung vom 1.9.1951 nach der Premiere am 11.1.1949
Foto: Eva Kemlein*

Leuchtturmwärter zurückgezogen. Im Zwiegespräch mit den Geistern der Insassen eines einst an den Klippen zerschellten Schiffes, in der Auseinandersetzung mit ihren Hoffnungen und Wünschen, gewinnt er den Glauben an den Sinn der Welt wieder, erkennt aber auch seine Pflicht, zur Veränderung der Welt beizutragen. Als der Schauspieler nach zwölf Jahren Emigration und Inhaftierung die Bühne betritt, ›begrüßt ihn warmer Beifall. Berlin heißt Ernst Busch willkommen und entdeckt in ihm einen ganz großen Schauspieler. Wie er haarscharf die Worte setzt und sie zugleich mit echtem Leben füllt, wie er, sparsam in der Geste, ausgemessen in der Bewegung, in erregten und erregenden Momenten Geste und Bewegung zu mitreißendem Schwunge steigert, das klingt lange nach.‹[2] Friedrich Luft bestätigte ihm, daß er ›beides [kann]: das Tätige, Männliche, Heutige und Hiesige. Und er beherrscht die grübelnde Melancholie des Wissenden. Ein Prospero mit durchpustetem Geist eines Mechanikers. [...] Keine schönere Rückkehr auf die deutsche Bühne war ihm zu wünschen.‹[3]

Busch setzte sich zusammen mit Karl Heinz Martin engagiert für die Wiederbelebung der Volksbühne ein. Er spielte in ›Nachtasyl‹ von Maxim Gorki, der Eröffnungsvorstellung der Volksbühne des Hebbel-Theaters am 28. Juni 1946, den Satin. Auch hier zeigte er seine Fähigkeit zur Darstellung vielschichtiger Charaktere: ›Großartig, wenn er anscheinend sinnlose, unzusammenhängende Worte herausschreit, lallt, murmelt, wenn er mit zwingender Geste einen Gedanken umreißt – doch türmen sich bei ihm im Monolog keine Gedankenblöcke auf, statt dessen gleiten die Worte bald richtungslos einher, bald fließen sie monoton dahin.‹[4] Paul Rilla bemerkte anerkennend: ›Im letzten Akt weiß man, warum der Satin die Stanislawski-Rolle ist. Und man weiß, warum ihn Ernst Busch spielt. In seiner großen Rede doziert er nicht Philosophie, sondern formt er den Menschen. Eine Versunkenheit, die geistige Erleuchtung ist.‹[5]

Am 11. Februar 1947 erlebten die Berliner eine Überraschung: Ernst Busch als Regisseur. Im Theater am Schiffbauerdamm brachte er Friedrich Wolfs ›Die Matrosen von Cattaro‹ heraus. Ein eminent politisches Stück über den Aufstand von 6000 Matrosen in der Bucht von Cattaro im Jahr 1918, das er den vorherrschenden Stücken internationaler Autoren bewußt entgegensetzte. Für den Autor war Buschs Leistung als Regisseur nur folgerichtig, da er bereits bei der Uraufführung 1930 an der Volksbühne, in der Busch wie 1947 den Franz Rasch spielte, erlebt hatte, wie sehr dieser als Darsteller ›regielich und sogar dramaturgisch bei der Inszenierung eines Stückes mitarbeitete. Er konnte ja gar nicht anders. Er war nicht nur dem Teufel der Bühne, sondern vor allem der Sache, der Idee des zu Gestaltenden bis zum letzten Blutstropfen verschrieben.‹[6] Kritiker schätzten seine präzise, packende Regie, die in Rhythmus, Arrangements und Darstellung das Thema des Stückes klar darlegte und dramatisch nahe an die Zuschauer heranbrachte.

Die nächste große Aufgabe als Schauspieler in dem Stück ›Die Mutter‹ am 13. Januar 1951 im Berliner Ensemble war seine erste Arbeit mit Bertolt Brecht nach der Emigration. Brechts Stück nach dem Roman von Maxim Gorki schildert Vorgeschichte, Verlauf und Auswirkung der russischen Revolution anhand der Entwicklung der Arbeiterwitwe Pelageja Wlassowa zur Revolutionärin. Um Busch, der bei der Uraufführung 1932 ihren Sohn Pawel gespielt hatte, in die Aufführung zu integrieren, führte Brecht die Figur des im Klassenkampf erfahrenen Mechanikers Semjon Lapkin ein und gab ihm die Funktion des Chorführers, der den Spielverlauf mit seinem Gesang kommentierte. Er würdigte den Darsteller, der die Rolle bis 1955 113mal spielte, in dem Aufsatz ›Der Volksschauspieler Ernst Busch‹: ›Soweit ich es übersehen kann, ist Ernst Buschs Wiedergabe des Semjon Lapkin die erste große Darstellung eines klassenbewußten Proletariers auf der deutschen Bühne. [...] Es ist das Wissen und das schauspielerische Genie, die Busch befähigen, aus dem dürftigen Material eine unvergeßliche Figur neuer Art zu machen.‹[7] Brecht urteilte weiter, daß in Buschs Darstellung ein ganzes Ensemble gesellschaftlicher Typen aufgehoben sei: ›Auch in schauspielerischer Hinsicht stehen wir hier, wo wir etwas so Neues sehen, zugleich vor einem Endprodukt. Merkwürdig entwickelt finden wir etwas von der Haltung des Mark Anton in der Streikszene wieder, etwas von der Haltung des Mephisto in den Szenen mit dem Bruder Lehrer. Busch ist weit mehr als ein Spezialist für Arbeitertypen.‹[8] Die fruchtbare Zusammenarbeit mit Brecht setzte der Schauspieler 1951 bei der Neueinstudierung der ›Mutter Courage‹ fort. Er übernahm die Rolle des Feldkochs als Ersatz für den in den Westen abgewanderten Paul Bildt in einer eigenständigen Interpretation als ein Herumgestoßener, aber ›mit allen Wassern gewaschenen Kerl‹. Seine Sprache färbte er mit holländischem Akzent und brachte das Volkslied ›Vom Pfeifenpieter‹ in die Inszenierung ein. Besonders glaubhaft gestaltete er die Liebesbeziehung zur Courage, durch die er die Tragik der Figur noch verstärkte.

*Ernst Busch als Charleston und Franz Nicklisch als Streeter in ›Leuchtfeuer‹ von Robert Ardrey
Hebbel-Theater, 6.11.1945
Foto: Werner Borchmann*

Ernst Busch (1900 – 1980)
›Darstellerisch ist die Aufführung vor allem ein Wiedersehen mit Ernst Busch, dem prachtvollen Schauspieler und unbeirrbaren Kämpfer. Wenn er den Charleston spielt, den Weltreporter, der Leuchtturmwärter geworden ist, wenn er vom Erlebnis des Spanischen Bürgerkriegs und von sonstigem Weltgetümmel spricht, so ist es manchmal wie ein Bekenntnis seiner eigenen leidvollen und vielwagenden Odyssee, aus der er zurückgekehrt ist. Nicht, als ob Ernst Busch auf solche Beziehung sentimental hinwiese. Er gibt die Rolle vollendet sachlich. Mit einem knappen, wegwerfenden, hemdsärmeligen Tonfall, der auf Anhieb die Figur umreißt. In der gequälten und vergrübelten Miene wetterleuchtet das Gedankenspiel, das sich zu sichtbarem Figurenspiel verdichtet. [...] Auch die helle Fanfare des Kampfsängers hört man wieder: gleichsam als ein Versprechen, daß sie nicht zu verstummen gedenkt. Diese überall eingestreuten Song-Fragmente aktivieren das schwerblütige Element der Figur. Keine Zutat, sondern Charakterisierungsmittel: die männliche Grundmelodie, die das Spiel zugleich bindet und flüssig macht. Ernst Busch ist der Berliner Bühne wiedergewonnen. Sie braucht ihn‹ (Paul Rilla, Berliner Zeitung).

Eva Kemlein. Foto: o. A.

Eva Kemlein (geb.1909)
Die aus einem jüdischen Elternhaus stammende Fotografin erhielt während ihrer Ausbildung an der Letteschule in Berlin 1927 bis 1929 erstmals Kontakt zur Fotografie. Seit 1933 arbeitete sie mit ihrem ersten Mann in Griechenland als Bildreporterin, bis sie 1937 ausgewiesen wurde. Wieder in Berlin, entging sie 1942 der Deportation und lebte seitdem mit ihrem späteren Mann, dem kommunistischen Schauspieler, Regisseur und Autor Werner Stein, in der Illegalität. Nach der Befreiung fotografierte sie mit ihrer geretteten Leica zunächst für die ›Berliner Zeitung‹ die Ereignisse im Nachkriegs-Berlin. Im Dezember 1950 fertigte sie eine fotografische Dokumentation über den Abriß des Berliner Stadtschlosses an. Recht schnell jedoch fand sie ihre eigentliche Liebe und damit ihr Hauptbetätigungsfeld in der Theaterfotografie. Noch 1948 bis 1950 fest beim Illus-Bilderdienst angestellt, arbeitet sie seitdem als freiberufliche Fotografin. Besonders beeindruckt vom Theater Bertolt Brechts, hielt sie seitdem mit etwa 300 000 Aufnahmen von Arrangements, Haltungen und Gesichtern von Darstellern, letztlich auch etwas von den Intentionen der Regisseure, in beiden Teilen der Stadt fest.

Die Lieder und Songs aus seiner Theaterarbeit mit Bertolt Brecht spielte er bei seiner Plattenfirma ›Lied der Zeit‹ ein, für die er bereits im August 1946 die Lizenz erhalten hatte. Der Titel entsprach Buschs Lebensprinzip, sich mit seiner künstlerischen Arbeit in die Zeitereignisse aktiv einzubringen, und fand erstmals 1932 bei der Ankündigung einer Tournee von Busch und seinem Komponisten und Begleiter Hanns Eisler Verwendung. Seit 1939 sammelte, sang und veröffentlichte er Lieder der internationalen Arbeiterklasse und Volkslieder, mit denen er gewissermaßen eine ›Chronik der Zeit in Liedern‹ schrieb. Das Projekt verfolgte er nun in seinem als GmbH betriebenen Verlag weiter, dessen finanzielle Grundlage die Einnahmen aus der Tanzmusikproduktion der Reihe ›Amiga‹ bildeten; klassische Musik erschien unter dem Reihentitel ›Eterna‹. Die ersten Platten von ›Lied der Zeit‹ vom Dezember 1946 waren eine Wiederauflage seiner bereits 1939 in Paris herausgekommenen Spanienlieder, es folgten neue Veröffentlichungen von klassischen Kampfliedern des Proletariats wie das ›Solidaritätslied‹ und das ›Einheitsfrontlied‹. Busch interpretierte vor allem Hanns Eislers Vertonungen von Texten Bertolt Brechts, Walter Mehrings, Kurt Tucholskys und Erich Weinerts. Mit Johannes R. Becher und Hanns Eisler schuf er 1950 den Zyklus ›Neue Deutsche Volkslieder‹. In Liedern des Wiederaufbaus, der Beseitigung der geistigen Trümmer nach dem Zweiten Weltkrieg und später für den Aufbau der DDR zeigte er sich wie schon vor 1945 häufig auch als Textautor.

Ernst Busch, der seit seiner Jugend als Kieler Werftarbeiter der proletarischen Bewegung eng verbunden war, stellte sich mit seiner Arbeit in den Dienst der 1949 gegründeten DDR. Er glaubte wie viele der ehemaligen Emigranten, hier verwirklichen zu können, wofür er sein Leben lang gekämpft hatte. Er wurde, besonders mit seinen Liedern, zu einer Stimme der neuen Zeit. Als unermüdlicher Arbeiter und Perfektionist sah er sich in seiner Kunst einzig seinen hohen Qualitätsansprüchen und seinen Idealen gegenüber verpflichtet. Wie unbequem der Künstler war, zeigt die Tatsache, daß in dem für die III. Weltfestspiele der Jugend und Studenten 1951 in Berlin von Bertolt Brecht geschriebenen ›Herrnburger Bericht‹ die Passage ›Und wenn Ernst Busch singt‹ auf Drängen des Vorsitzenden der FDJ Erich Honecker gestrichen werden sollte. Im Rahmen der Formalismusdebatte, die besonders militant geführt wurde, seit 1951 der sozialistische Realismus zur offiziellen DDR-Doktrin geworden war, sah sich auch Ernst Busch verstärkter Kritik ausgesetzt. Besonders wurden ihm und Hanns Eisler die Verwendung von Elementen des amerikanischen Jazz und von Melodien amerikanischer Soldatenlieder mit neuen Texten vorgeworfen. Anstoß erregte auch eine Adaption des Norbert-Schultze-Schlagers ›Lilli Marleen‹. 1952 erhielt der in Ungnade Gefallene ein Auftrittsverbot, das ihn als Sänger bis 1957 verstummen ließ. Schließlich wurde seine Plattenfirma 1953 enteignet und in Volkseigentum überführt. Es war für ihn eine Zeit der Enttäuschung, die jedoch dank der Angebote von Wolfgang Langhoff und Bertolt Brecht für ihn noch einmal zu einer großen Theaterzeit wurde. So verkörperte er 1951 am Deutschen Theater eindringlich das Schicksal des von den Nazis ermordeten tschechischen Nationalhelden ›Julius Fučík‹. Mitreißend wirkte er 1957 als Sekre-

Ernst Busch in seinem Arbeitszimmer, 1965. Foto: Eva Kemlein

tär des Kreisparteikomitees in dem sowjetischen Revolutionsstück ›Sturm‹. Völlig neue Seiten gewann er klassischen Rollen ab, die er ebenfalls am Deutschen Theater spielte. So war er 1953 unter der Regie von Wolfgang Heinz ein Jago, der vor allem den sozialen Antrieb des im Leben zu kurz Gekommenen zeigte. In Langhoffs ›Faust‹-Inszenierung von 1954 zeigte er einen Mephisto, ›in dessen praller Vitalität die Teufelsweisheit ihren Ursprung in der Hölle nie verleugnet […] ein überlegener Spieler und Psycholog, ein raffinierter Dirigent im Orchester der menschlichen Unzulänglichkeiten, ein unwiderstehlicher Arrangeur genüsslicher Niedrigkeit.‹[9]

Zu schauspielerischen Höhepunkten führte seine erneute Zusammenarbeit mit Bertolt Brecht als Dorfrichter Azdak in ›Der Kaukasische Kreidekreis‹ 1954 und 1957 als Titelfigur in ›Leben des Galilei‹, seiner letzten Rolle, die er bis 1961 über 400mal spielte. Brecht notierte über seine überragende Gestaltung des Azdak in seinem ›Arbeitsjournal‹: ›Das ganze Leben Buschs, von der Kindheit im proletarischen Hamburg [muß heißen: Kiel] über die Kämpfe in der Weimarer Republik und im Spanischen Bürgerkrieg zu den bitteren Erfahrungen nach 45, war nötig, diesen Azdak hervorzubringen.‹[10]

1 Fritz Erpenbeck, Im Anfang war das Chaos, in: Herbert Ihering (Hrsg.), Theaterstadt Berlin. Ein Almanach, Berlin 1948, S. 39.
2 Walther Karsch, Der Tagesspiegel, 8.11.1945.
3 Friedrich Luft, Allgemeine Zeitung, 7.11.1945.
4 Walther Karsch, Der Tagesspiegel, 30.6.1946.
5 Paul Rilla, Berliner Zeitung, 30.6.1946.
6 Friedrich Wolf, Ernst Busch als Regisseur, in: Friedrich Wolf, Aufsätze 1945–1953, Berlin (DDR) und Weimar 1968, S. 155.
7 Bertolt Brecht, Der Volksschauspieler Ernst Busch, in: Gesammelte Werke, Band 16 (= Schriften zum Theater, Bd. 2), Frankfurt am Main 1967, S. 764.
8 A. a. O., S. 765.
9 Hans Ulrich Eylau, Berliner Zeitung, 31.12.1954.
10 Bertolt Brecht, Arbeitsjournal, Frankfurt am Main 1973, Eintrag vom 7.2.1954.

Brüder Heartfield-Herzfelde, ›Die Mutter‹ von Bertolt Brecht nach Maxim Gorki, Berliner Ensemble, 13.1.1951. Plakat

Werner Borchmann in seinem Studio
Foto: o. A.

Werner Borchmann (1899–1962) trat mit seiner ersten Frau Lindy zur Nedden unter dem Namen Lavinia Storm und Jesper Tanjarow als Tänzer auf. Nach seiner kurzen internationalen Tänzerkarriere wandte er sich Ende der zwanziger Jahre der Fotografie zu. 1940 bis 1944 als Standfotograf bei der Berlin-Film tätig, betrieb er von 1945 bis 1948 das ›Studio Borchmann‹ am Olivaer Platz. Seine Spezialität waren Schauspieler- und Tänzerporträts. In raffiniert ausgeleuchteten Atelieraufnahmen gelang ihm die Herausstellung der Aura verschiedenster Persönlichkeiten. Aber auch seine stimmungsvollen Szenenfotos gaben den Lesern der Fach- und Tagespresse mit ihrer malerischen Wirkung ein plastisches Bild der jeweiligen Inszenierung. Elga Jacobi-Bayly, seine zweite Frau, beschrieb die Zeit des großen Neuanfangs nach dem Kriege: ›Mit einer geretteten Kamera – die wertvollen Dinge waren ja verlagert worden und kamen niemals mehr zum Vorschein –, mit Laborgeräten und Lampen, die in irgendwelchen Kellern versteckt und wie durch ein Wunder gerettet wurden, konnten wir das erwachende Berliner Theaterleben fotografiert festhalten. Aus alten Kochtöpfen, mit irgendwie organisierten Objektiven, fabrizierte er geniale Vergrößerungsapparate.‹

Wie lange vermißten wir den Zauber solchen Hauses
Das neue Schiller-Theater

Bärbel Reißmann

Erich Schellow als Tasso in ›Torquato Tasso‹ von Johann Wolfgang von Goethe
Schloßpark-Theater, 13. 9. 1949
Foto: Atelier Loeb-Weisse

Erich Schellow (1915 – 1995)
Erich Schellow zählte bereits Ende der vierziger Jahre zu den markantesten Gesichtern im Berliner Theaterleben. Bei Herma Clement in der Schauspielschule der Preußischen Staatstheater ausgebildet, debütierte er 1937 als Mortimer in Schillers ›Maria Stuart‹ am Deutschen Volkstheater in Hamburg-Altona. Dem Ensemble der Berliner Staatstheater gehörte er von 1940 bis zur Schließung der Theater 1944 an. Nach dem Krieg versuchte er sein Glück am Deutschen Schauspielhaus in Hamburg, kehrte aber 1948 nach Berlin zurück. Boleslaw Barlog engagierte ihn sofort ans Schloßpark-Theater. Das Berliner Publikum sah ihn 1948 als Major von Tellheim in Lessings ›Minna von Barnhelm‹ und 1949 als Torquato Tasso in Goethes gleichnamigem Drama. Die eindrucksvollen Interpretationen klassischer Rollen, vor allem der Texte von Shakespeare und Kleist, blieben durch seine klare Sprache in Erinnerung. ›Er spricht wie ein Gott‹, schwärmte Friedrich Luft. Seit 1951 stand Erich Schellow auch auf der großen Bühne des Schiller-Theaters und hatte über 40 Jahre klangvolle Auftritte in klassischen und modernen Rollen der Staatlichen Schauspiele.

Auch wenn die verschont gebliebenen Bühnen der Theaterstadt Berlin schnellstmöglich den Spielbetrieb wiederaufnahmen, fehlten vor allem im westlichen Teil der Stadt intakte Theatergebäude. Die beiden großen Charlottenburger Theater, das Deutsche Opernhaus und das Schiller-Theater, beide an der Bismarckstraße nur wenige hundert Meter voneinander entfernt gelegen, waren am 23. November 1943 durch Bomben schwer beschädigt worden und ausgebrannt. Im Gegenzug zum Wiederaufbau der Volksbühne am Luxemburgplatz, den der sowjetische Stadtkommandant Generalmajor Kotikow im März 1948 anordnete, nachdem die Aufräumarbeiten in der Ruine 1947 abgeschlossen waren, sollte auch das Schiller-Theater für den Westen als Kulturstätte und Volkstheater wiedererrichtet werden. Analog zur Planung der Volksbühne veranstaltete der Magistrat einen Architekturwettbewerb. Im Oktober 1948 stellte Baustadtrat Karl Bonatz in der Zeitschrift ›Neue Bauwelt‹ die Pläne der elf eingeladenen Architektenbüros vor. Da, ausgehend von den Mauern des alten Schiller-Theaters, nicht nur Bühne, Bühnenhaus und Zuschauerraum, sondern der Gesamtgrundriß wiederhergestellt werden sollte und die städtebauliche Gliederung als Ziel gestellt war, standen die Architekten vor keiner leichten Aufgabe. Es ist nicht verwunderlich, daß das Preisgericht, bestehend aus Theaterleuten und Architekten, keine eindeutige und zufriedenstellende Lösung unter den eingereichten Arbeiten fand. Die Entwürfe führten zwar den 1937 zu einem Logentheater mit zwei Rängen veränderten Bau auf seine Grundstruktur eines Volkstheaters zurück, konnten aber nicht alle Vorgaben berücksichtigen. Dem Magistrat wurde empfohlen, mehrere Büros mit der Weiterbearbeitung ihrer Entwürfe zu beauftragen. Schließlich wurden die dritten Preisträger, die Architekten Heinz A. Völker und Rudolf Grosse, mit der Umsetzung ihrer Planungen betraut. Ihr Projekt, das bereits im Wettbewerb ›durch seine kultivierten Formen und seine große Ausgeglichenheit im Äußeren wie im Inneren‹[1] sowie den ›ansprechenden und großzügig‹ wirkenden Zuschauerraum einen großen Eindruck hinterlassen hatte, diente für den Neubau als Grundlage. Mit einer Bausumme von 5,56 Millionen Mark versuchten die Architekten, alle Anforderungen zu berücksichtigen und trotz großer Schwierigkeiten das in technischer Hinsicht modernste deutsche Theater mit 1065 Plätzen bis zum Spielzeitauftakt 1951/52 fertigzustellen.

Als noch schwieriger erwies sich allerdings die Suche nach einem geeigneten Intendanten für die neue große Sprechbühne im Westen der Stadt. Nach der Blockade der Westsektoren vom 24. Juni 1948 bis zum 12. Mai 1949, nach der Auflösung des Gesamtberliner

Das Schiller-Theater am Eröffnungsabend, 5. 9. 1951. Foto: Heinz Köster

Boleslaw Barlog zeigt Albert Bassermann das wiedererrichtete Schiller-Theater, September 1951. Foto: Harry Croner

Der große Erfrischungsraum im Rang mit der von außen sichtbaren Fensterfront. Foto: Ilse Buhs

Inge Keller als Pützchen in ›Des Teufels General‹ von Carl Zuckmayer Schloßpark-Theater. 14. 7. 1948 Foto: Atelier Loeb-Weisse

Inge Keller (geb. 1923)
Nach der Schauspielausbildung erhielt Inge Keller 1942 im Theater am Kurfürstendamm ein erstes Engagement und ging danach ans Theater in Freiberg und Chemnitz. Seit 1947 wieder in Berlin, stand sie zunächst bei Boleslaw Barlog im Schloßpark-Theater auf der Bühne. In Zuckmayers ›Des Teufels General‹ spielte sie 1948 das Pützchen und überzeugte auch in der Rolle der Leni in ›Der Prozeß‹ von Kafka als Partnerin von Horst Caspar unter der Regie von Willi Schmidt. Im Hebbel-Theater überzeugte sie 1949 in der Rolle der lebenssprühenden Schellenbarbell in Weisenborns ›Ballade vom Eulenspiegel‹. Ihren künstlerischen Durchbruch erlebte sie nach dem Wechsel an das Deutsche Theater 1950. Seitdem, bis zum Sommer 2000 zum Ensemble in der Schumannstraße gehörend, entwickelte sie sich zu einer großen Charakterdarstellerin. Unter der Regie von Wolfgang Langhoff übernahm Inge Keller eine Hauptrolle als Lida in ›Der Chirurg‹ von Alexander Kornejtschuk und stand als Gräfin Sophie von Beeskow in ›1913‹ von Carl Sternheim auf der Bühne der Kammerspiele. Mit ihren differenzierten sprachlichen und darstellerischen Mitteln verlieh sie von Anfang an ihren Rollen ein unverwechselbares Profil.

Eröffnungskonzert mit den Berliner Philharmonikern unter Leitung von Wilhelm Furtwängler, 5. 9. 1951. Foto: Ilse Buhs

*Hans Söhnker als Oberon und
Käthe Braun als Titania
in ›Ein Sommernachtstraum‹
von William Shakespeare
Schiller-Theater, 4.1.1952
Foto: Harry Croner*

Hans Söhnker (1903 – 1981)
Nach ersten Engagements in Kiel und Danzig spielte Hans Söhnker seit 1933 in Berlin an verschiedenen Bühnen und drehte vor allem zahlreiche Filme. Aus den Filmstudios kannte er auch Boleslaw Barlog, der ihn 1945 an sein neugegründetes Schloßpark-Theater nach Steglitz holte. In der Eröffnungspremiere übernahm Hans Söhnker die Rolle des Peer Bille in ›Hokuspokus‹ von Curt Goetz und trug an der Seite von Winnie Markus zum sensationellen Erfolg bei. Die Leichtigkeit seiner Darstellung in Operetten übertrug er auch auf die ernsten Charaktere. Bis 1951 wurde er in fast allen Inszenierungen von Barlog besetzt und feierte Triumphe als Dr. med. Hiob Prätorius im gleichnamigen Stück von Curt Goetz. Auch in klassischen Rollen konnte Hans Söhnker durch sein Spiel überzeugen, in ›Wie es euch gefällt‹ stellte er den ›melancholischen Jacques, der erfüllt war vom Geiste Shakespeares‹ dar. ›Für mich war dieser Jacques der Höhepunkt in der Laufbahn des von mir immer geliebten Schauspielers‹ (Boleslaw Barlog). Im wiederaufgebauten Schiller-Theater vertraute der Regisseur ihm 1951 die Rolle des Oberon an. Im Laufe der fünfziger Jahre verlagerte Hans Söhnker seine Tätigkeit immer mehr auf Film und Fernsehen.

Magistrats am 30. November 1948 und der damit verbundenen administrativen Teilung der Stadt war das Leben für die Westberliner entbehrungsreich und kompliziert geworden. Der seit der neuen Verfassung vom 1. Oktober 1950 amtierende Regierende Bürgermeister Ernst Reuter favorisierte den inzwischen nach Düsseldorf abgewanderten Gustaf Gründgens für die Intendanz des Schiller-Theaters. Er lud ihn nach Berlin ein, um mit ihm die Baupläne zu begutachten und Verhandlungen aufzunehmen. Aber der ehemalige Generalintendant der Schauspiele lehnte ab, ›weil ihm weder die politische Lage behagte, noch er sich der Kritik zu immer neuer Bewährung stellen wollte.‹[2] Auch die Hoffnung, den nach Konstanz abgewanderten Heinz Hilpert, in den Jahren 1934 bis 1944 Intendant des Deutschen Theaters in der Schumannstraße, in die Stadt zurückholen zu können, zerschlug sich. Der aus den USA zurückgekehrte Emigrant Fritz Kortner, den viele Theaterleute und Kritiker gern an Berlin gebunden hätten, schied vermutlich nach dem Skandal um seine ›Don Carlos‹-Aufführung aus dem Bewerberkreis aus, denn der Senat gab nach Kortners Abreise aus der Stadt bekannt, das Boleslaw Barlog für die Intendanz vorgesehen sei. Barlog selbst vermutete, daß er nur vorübergehend, bis ein geeigneter Kandidat zur Verfügung stehen würde, das Amt übernehmen sollte. Sarkastisch stellte er fest: ›Hier bin ich ja bloß der Trockenwohner.‹[3] Seine Skepsis der Verwaltung gegenüber blieb noch lange erhalten; zur Vorsicht schloß er Verträge mit ihm wichtigen Schauspielern, wie zum Beispiel Martin Held, grundsätzlich als Intendant des Schloßpark-Theaters ab. Als Leiter eines großen Sprechtheaters und einer kleineren Kammerspielstätte benötigte Barlog ein wesentlich größeres Ensemble. Viele Schauspieler kamen vom immer desolater werdenden Hebbel-Theater, das unter Oscar Ingenohl nicht mehr an die Glanzzeiten unter Karl Heinz Martin anknüpfen konnte und das durch die neue Spielstätte ersetzt werden sollte. Barlog, der neue Intendant, schaffte es aber auch, Schauspieler aus Max Reinhardts Deutschem Theater zu gewinnen. Neben Elsa Wagner, Paul Bildt und Aribert Wäscher gehörten nun auch Siegmar Schneider, Hansgeorg Laubenthal, Ernst Wilhelm Borchert und Käthe Braun zum Darstellerkreis in der Bismarckstraße. Boleslaw Barlog wählte für die Eröffnungspremiere programmatisch Schillers Freiheitsdrama ›Wilhelm Tell‹ aus, die festliche Einweihung des Hauses fand am 5. September 1951 statt. Mit der Neunten Symphonie von Ludwig van Beethoven, gespielt von den Berliner Philharmonikern unter der Leitung von Wilhelm Furtwängler, erlebten die ersten Berliner Festwochen im wiederaufgebauten Schiller-Theater ihre glanzvolle Eröffnung. Abgeordnetenhaus und Senat von Berlin hatten über tausend Ehrengäste aus dem öffentlichen Leben der Bundesrepublik, West-Berlins und der Alliierten eingeladen und stellten Berlin als Schaufenster des freien Westens vor. Die begeisterten Berliner begrüßten den Bundespräsidenten Theodor Heuss bei seiner Ankunft vor dem Theater. Die außerordentliche kulturpolitische Bedeutung beschrieb der Kritiker der amerikanisch lizenzierten Mittagzeitung ›Der Abend‹ pathetisch: ›Hohe Pforten werden von hohen Gästen in hoher Erwartung durchschritten. Mein Gott, wie lange vermißten wir den Zauber solchen Hauses: die teppichgedämpften Rundgänge, den großen, den großzügigen, großartigen Theaterraum. Das weite Parkett.‹[4] Die ›Wilhelm Tell‹-Aufführung, mit der am 6. September die neue Ära der Schauspielbühne eröffnet wurde, war durch die Ausstattung von Caspar Neher geprägt. Gemeinsam mit seinem Assistenten Hainer Hill entwarf er einen Bühnenraum, der vor allem durch Projektionen bestimmt wurde. ›Wichtig ist beim Tell prachtvolle Projektionen. Das ist das einzige, was uns retten kann.‹[5] Neher hatte große Bedenken, ob die ›Tell‹-Inszenierung und vor allem auch die von ihm vorgelegten Ideen realisierbar wären. Während er von Salzburg aus Skizzen und Anweisungen nach Berlin schickte, setzte Hainer Hill vor Ort alles auf der Bühne um. Trotz erheblicher Hindernisse, da die Stromversorgung während der Premiere mehrmals zusammenbrach und ungewollte Lichteffekte den Theaterabend beeinträchtigten, schwärmte Friedrich Luft von Nehers Bildern: ›Jedes Bühnenbild von eigenartiger, kalkiger Schönheit. Und jedes Mal die notwendige Atmosphäre aus der Zeit genau getroffen und auf den verbindenden Nenner von damals und heute gebracht, das hielt die Aufführung bildlich großartig zusammen, macht sie gegenwärtig, indem die Vergangenheit nicht ausgelassen war.‹[6] Fast 50 Schauspielern gab Boleslaw Barlog als Regisseur die Gelegenheit, bei der Eröffnungsinszenierung auf der Bühne zu stehen. Paul Esser spielte den Tell, der junge Götz George seinen Sohn, Sebastian Fischer den Rudenz, Paul Wagner den Stauffacher, Walter Süßenguth den Geßler, und der alles überragende Albert Bassermann war in seiner letzten Rolle als Attinghausen auf der Bühne zu erleben. ›Noch war das nur ein Beginn. Noch stehen uns in diesem und im kleinen Haus in Steglitz einige Premieren während der Festwochen bevor. Hoffen wir also, daß der Anzug, den man Barlog mit dem Schiller-Theater angezogen hat, nicht zu weit für ihn ist, daß er für einige seiner Akteure, die sich rund sechs Jahre auf dem Steglitzer Nudelbrett und in der Stresemannstraße wacker geschlagen haben, viel zu weit ist, zeigte sich schon an diesem Abend. Großer Beifall nach dem ersten Teil, freundlicher am Schluß.‹[7]

Von Anfang an war das Schiller-Theater eine politische Institution und stand in der geteilten Stadt im Licht der Öffentlichkeit aller vier Sektoren. Boleslaw Barlog hatte zur Eröffnung der neuen Bühne alle Ostberliner Theaterleiter eingeladen. Senator Tiburtius lud sie wieder aus. Diesen Affront beantworteten fünf Intendanten in einem Brief an Barlog vom 22. September 1951: ›Lieber Kollege Barlog! Wir hatten leider nicht die Möglichkeit, Sie am Tage der Wiedereröffnung des Schiller-Theaters zur Übernahme seiner Leitung persönlich zu beglückwünschen. Ihre vorgesetzte Dienststelle, Herr Senator Tiburtius, hatte verfügt, daß uns, den Intendanten der Berliner Theater, Ihren Kameraden und Kollegen, der Eintritt untersagt wurde. Gibt es einen ähnlichen Fall in der Kunst? Wir alle haben uns gefreut, als wir hörten, Barlog wird Intendant des Schiller-Theaters. Es muß ja der Traum Ihres Lebens gewesen sein, die Verantwortung für eines der bedeutendsten deutschen Theater zu übernehmen. Für die Berliner der älteren Generation war das Schiller-Theater die Erfüllung ihrer jugendlichen Sehnsucht nach dem Schönen und Würdigen. Viele hunderttausende Berliner Jungen und Mädel haben sich in diesem Theater an Schillers Dramen begeistert, und wir finden es durchaus richtig, daß Sie »Wilhelm Tell« zur Eröffnungsvorstellung wählten. Es

Szenenfoto aus ›Wilhelm Tell‹ von Friedrich Schiller, Schiller-Theater, 12.9.1951. Foto: Curt Ullmann

Elsa Wagner
Foto: Harry Croner

Elsa Wagner (1881 – 1975)
Die in Estland geborene Elisabeth Karoline Auguste Wagner kam, nachdem sie in St. Petersburg Schauspielunterricht genommen hatte, Anfang des 20. Jahrhunderts nach Berlin. Von 1911 bis 1921 spielte sie an den Reinhardtbühnen und wechselte später an das Staatliche Schauspielhaus. Hier verkörperte sie die Frau Marthe Schwerdtlein in der ›Faust‹-Inszenierung von 1932 und überzeugte als Frau Lund in Ludwig Thomas ›Moral‹ 1941. Mit mehreren Akteuren des Gründgens-Ensembles stand sie gleich nach Kriegsende im Deutschen Theater wieder auf der Bühne. Sie spielte die Catherine in Molières ›Die Schule der Frauen‹, die am 13.10.1945 ihre Premiere erlebte, und Madame Pernelle in ›Tartuffe‹, der seit September 1946 auf dem Spielplan stand. Ihr präziser und wahrhaftiger Darstellungsstil und vor allem ihre naive Komik fanden den Beifall des Publikums und ließen sie zu einer gefragten Partnerin in der Schumannstraße werden. In der Rolle der Mursawetzkaja in Ostrowskis ›Wölfe und Schafe‹ und als Frosine in Molières ›Der Geizige‹ blieben ihre Auftritte unvergessen. Seit 1951 gehörte Elsa Wagner dem Ensemble von Boleslaw Barlog an. In Dramen von Edward Albee, James Joyce und Jean Giraudoux übernahm sie große ›alte‹ Rollen und wurde zum Ehrenmitglied des Schiller-Theaters ernannt. Bis ins hohe Alter vital, konnte sie schließlich auf eine 70jährige Bühnentätigkeit zurückblicken.

mag sicher an Einwendungen gegen diesen, ihren Entschluß nicht gefehlt haben, denn es ist ja das klassische Stück der nationalen Einheit und des nationalen Widerstandes gegen bedrückende Fremdherrschaft. Wir sind überzeugt davon, daß es Ihr künstlerisches und menschliches Ideal ist, aus dem Schiller-Theater ein wirkliches Volkstheater zu machen, und wir wünschen Ihnen Glück auf diesem Wege. Ihr Optimismus, Ihre künstlerische Leidenschaft, Ihr gesunder Menschenverstand werden hoffentlich alle kleinlichen Schwierigkeiten überwinden. Wir können uns nicht vorstellen, daß es in Ihrem Sinne liegt, ein Theater der nationalen Zwietracht zu leiten. Sie sind zu klug, um anzunehmen, es könne einen westdeutschen und einen ostdeutschen Schiller geben. Wären wir nicht überzeugt davon, daß das Betretungsverbot für das Schiller-Theater, für uns, Ihre Kameraden und Kollegen, auch ein Schlag gegen Sie selbst und Ihre künstlerische und menschliche Überzeugung ist, hätten wir diesen Brief nicht geschrieben. Würden Sie die Zerreißung Deutschlands und den drohenden Krieg nicht für das größte Unglück Deutschlands halten, so hätten Sie gewiß nicht »Wilhelm Tell« als Eröffnungsvorstellung gewählt. Der Schritt vom Schloßpark-Theater zur Leitung des Schiller-Theaters ist nicht nur verbunden mit dem größeren Einfluß auf den Prozeß der Wiedergeburt der deutschen Kunst, sondern auch mit einer größeren Verantwortung für das Schicksal des deutschen Volkes überhaupt. Daher schaut man auf Sie, verehrter Kollege Barlog! [...] Sie kennen den Appell der Volkskammer der Deutschen Demokratischen Republik an den Bundestag in Bonn; den Vorschlag, eine gemeinsame gesamtdeutsche Beratung der Vertreter Ost- und Westdeutschlands durchzuführen [...]. Kann es einen selbstloseren, großzügigeren, dem Ernst der Stunde angemesseneren Vorschlag zur Klärung der deutschen Frage und zur Sicherung des Friedens geben? Durch freie Meinungsäußerung aller Deutschen soll eine Nationalversammlung gebildet werden, um getragen vom Vertrauen des ganzen deutschen Volkes den bedrohten Frieden zu retten. [...] Aber wir glauben, daß der Ernst der Stunde auch Sie drängt, Ihre Meinung frei und offen zu sagen. Das Volk wartet auf diese Meinungsäußerung seiner berufensten Künstler. Wir sind es unserer künstlerischen Mission schuldig, unsere Stimme für die Kultur, gegen die Zerstörung zu erheben.‹[8] Hans Rodenberg, Walter Felsenstein, Ernst Legal, Wolfgang Langhoff und Fritz Wisten forderten Barlog in ihrem Schreiben auf, Stellung zu beziehen.

Damit war der neue Intendant schon zwischen allen Stühlen und begriff schnell, daß es schwer werden würde, die Forderung von Senator Tiburtius, aus dem Schiller-Theater ein Fronttheater im Kalten Krieg zu machen, mit seiner Überzeugung in Einklang zu bringen, daß nur im gemeinsamen Ringen aller Theaterleute künstlerische Höchstleistungen möglich sind und sich Berlin als eine Stadt des Theaters behaupten kann.

1 Karl Bonatz, Der Wettbewerb zum Wiederaufbau des Schillertheaters, in: Neue Bauwelt, 1948, S. 667.
2 Boleslaw Barlog, Theater lebenslänglich, Berlin 1981, S. 99.
3 A. a. O., S. 100.
4 Gerhard Grindel, Der Abend, 7. 9. 1951.
5 Caspar Neher an Hainer Hill, 3. 6.1951, zit. nach: Caspar Neher – der größte Bühnenbauer unserer Zeit, hrsg. von Christine Tretow und Helmut Gier, Opladen und Wiesbaden 1997, S. 70.
6 Friedrich Luft, Neue Zeitung, 8. 9. 1951.
7 Walther Karsch, Der Tagesspiegel, 5. 9. 1951.
8 Berliner Intendanten schreiben Boleslaw Barlog, Neues Deutschland, 19.10.1951.

Die Fotografin Hilde Zenker, o. J. Foto: Harry Croner

Literaturverzeichnis

A

Ahrens, Gerhard: Das Theater des deutschen Regisseurs Jürgen Fehling, Berlin 1985
Akademie der Künste (Hrsg.): Alexander Granach und das jiddische Theater des Ostens, Berlin 1971
Akademie der Künste (Hrsg.): Fritz Wisten. Drei Leben für das Theater, Berlin 1990
Akademie der Künste (Hrsg.): Jürgen Fehling. Der Regisseur (1885 – 1968), Berlin 1978
Andreas-Friedrich, Ruth: Schauplatz Berlin. Tagebuchaufzeichnungen 1945 - 1958, Frankfurt am Main 1984
Andreas-Friedrich, Ruth: Der Schattenmann. Schauplatz Berlin. Tagebuchaufzeichnungen 1938 – 1948, Frankfurt am Main 2000
Apollini et Musis. 250 Jahre Opernhaus Unter den Linden, Frankfurt am Main/Berlin 1992

B

Baak, Ulrike/Mitlehner, Christine: Berlin für Musikfreunde, Berlin 2000
Barkhoff, Hermann: Ernst Legal, Berlin (DDR) 1965
Barlog, Boleslaw: Theater lebenslänglich, München 1981
Batta, Andreàs: Opera. Komponisten/Werke/Interpreten, Köln 1999
Baumgarten, Jürgen: Volksfrontpolitik auf dem Theater. Zur kulturpolitischen Strategie in der ›antifaschistisch-demokratischen Ordnung‹ in Berlin 1945 – 1949 (= Phil. Diss. FU Berlin), Gaiganz 1975
Berger, Manfred/Mittenzwei, Werner (Hrsg.): Theater in der Zeitenwende. Zur Geschichte des Dramas und des Schauspieltheaters in der DDR 1945 – 1968 in zwei Bänden. Erster Band, Berlin (DDR) 1972
Berliner Ensemble/Weigel, Helene (Hrsg.): Theaterarbeit. 6 Aufführungen des Berliner Ensembles, Dresden 1952
Berliner Theater im 20. Jahrhundert. Eine Veröffentlichung des Instituts für Theaterwissenschaft der Freien Universität Berlin, Berlin 1998
Bertolt Brecht. Leben und Werk im Bild, Frankfurt am Main 1979
Bezirksamt Mitte von Berlin (Hrsg.): Kultur auf Ruinen. Neubeginn in Berlin-Mitte 1945 – 1948, Berlin o. J.
Borgelt, Hans: Das war der Frühling von Berlin oder Die goldenen Hungerjahre. Eine Berlin-Chronik, München 1993
Boveri, Margret: Tage des Überlebens. Berlin 1945, München 1968
Brecht, Bertolt: Arbeitsjournal, Frankfurt am Main 1973
Burian, K. V.: Das Ballett. Seine Geschichte in Wort und Bild, Prag 1963
Busch, Max W.: Die Deutsche Oper Berlin (= Berliner Forum 1/86), Berlin 1986

C

Carlé, Wolfgang/Martens, Heinrich: Kinder, wie die Zeit vergeht. Eine Historie des Friedrichstadt-Palastes, Berlin 1987

D

Daiber, Hans: Deutsches Theater seit 1945, Stuttgart 1976
Deutsche Oper Berlin. Spielzeit 1992/1993 (= Beiträge zum Musiktheater, Bd. 12), Berlin 1993
Deutsches Theater. Bericht über 10 Jahre, Berlin (DDR) 1957
Dramaturgische Gesellschaft (Hrsg.): Theater in Berlin nach 1945. Materialien für eine Diskussion, Berlin 1984
Dietrich, Gerd: Politik und Kultur in der SBZ 1945 – 1949, Bern 1993

E

Ebert-Obermeier, Traude (Hrsg.): Studien zur Berliner Musikgeschichte, Berlin (DDR) 1989
Eine Kulturmetropole wird geteilt. Literarisches Leben in Berlin (West) 1945 bis 1961, Berlin 1987
100 Jahre Theater des Westens 1896 – 1996, Berlin 1996

F

Felsenstein, Walter: Schriften. Zum Musiktheater, Berlin (DDR) 1976
Felsenstein, Walter/Herz, Joachim: Musiktheater, Leipzig 1976
Felsenstein, Walter/Melchinger, Siegfried: Musiktheater, Bremen 1961
Fetting, Hugo: Die Geschichte der Deutschen Staatsoper, Berlin (DDR) 1955
Fetting, Hugo/Ihering, Herbert: Ernst Busch, Berlin (DDR) 1965
Fiebach, Joachim/Hasche, Christa/Schölling, Traute: Theater in der DDR. Chronik und Positionen, Berlin 1994
Freydank, Ruth: Theater in Berlin. Von den Anfängen bis 1945, Berlin (DDR) 1988
Friedrich, Götz: Walter Felsenstein. Weg und Werk, Berlin (DDR) 1961
Fuhrich, Edda/Wünsche, Dagmar: Joana Maria Gorvin. Eine Dokumentation, München 1995
Funke, Christoph/Jansen, Wolfgang: Theater am Schiffbauerdamm. Die Geschichte einer Berliner Bühne, Berlin 1992
Funke, Christoph: Theaterbilanz 1945 – 1949, Berlin (DDR) 1971
Furtwängler, Wilhelm: Aufzeichnungen 1924 – 1954, Zürich/Mainz 1996

G

Geschonneck, Erwin: Meine unruhigen Jahre, Berlin (DDR) 1984
Glaser, Hermann: 1945. Ein Lesebuch, Frankfurt am Main 1995
Glaser, Hermann/Pufendorf, Lutz von/Schöneich, Michael: So viel Anfang war nie. Deutsche Städte 1945 – 1949, Berlin 1989
Goertz, Heinrich/Weyl, Roman: Komödiantisches Theater. Fritz Wisten und sein Ensemble, Berlin (DDR) 1957
Götze, Frank: Das ›Haus der Kultur der Sowjetunion‹ (1947 – 1949). Spiegel und Fokus sowjetischer Kulturpolitik nach dem Zweiten Weltkrieg, Magisterarbeit Philsophische Fakultät III Humboldt-Universität zu Berlin 1998
Granach, Alexander: Da geht ein Mensch. Autobiographischer Roman, Weimar 1976
Günther, Ernst: Geschichte des Varietés, Berlin (DDR) 1978

H

Hammer, Klaus/Kabel, Rolf/Trilse, Christoph: Theaterlexikon, Berlin (DDR) 1978
Hammer, Klaus/Trilse-Finkelstein, Jochanan Christoph: Lexikon Theater International, Berlin 1995
Hammerschmidt, Wolfgang (Hrsg.): Berlin 1947 – 1957. 10 Jahre Komische Oper, Berlin (DDR) 1958
Haedler, Manfred/Marcard, Micaela von/Rösler, Walter: Das ›Zauberschloß‹ Unter den Linden, Berlin 1997
Handbuch des deutschsprachigen Exiltheaters 1933 – 1945. Bd. 2: Biographisches Lexikon der Theaterkünstler, München 1999
Hecht, Werner: Brecht-Chronik. 1898 – 1956, Frankfurt am Main 1997
Hecht, Werner: Helene Weigel, Frankfurt am Main 2000
Hilpert, Heinz: Vom Sinn und Wesen des Theaters in unserer Zeit, Hamburg 1946
Hilscher, Jean-Claude: Varieté und Zirkus im Werk Kurt Hilschers, Magisterarbeit am Institut für Kunstgeschichte der FU Berlin, Berlin 2000
Hoerisch, Werner: Erlebnis Ballett, Berlin (DDR) 1965
Hoffmann, Ludwig/Siebig, Karl: Ernst Busch. Eine Biographie in Texten, Bildern und Dokumenten, Berlin (DDR) 1987

I

Ihering, Herbert: Berliner Dramaturgie, Berlin 1947
Ihering, Herbert: Junge Schauspieler, Berlin 1948
Ihering, Herbert: Theater der produktiven Widersprüche 1945 – 1949, Berlin (DDR)/Weimar 1967
Ihering, Herbert (Hrsg.): Theaterstadt Berlin. Ein Almanach, Berlin 1948

J

Jahn, Peter (Hrsg.): Bersarin, Nikolaj. Generaloberst, Stadtkommandant (Berlin), Berlin 1999
Jary, Michael: Ich weiß, es wird einmal ein Wunder gescheh'n. Die große Liebe der Zarah Leander, Berlin 1993
Jüllig, Carola/Ranke, Winfried/Reiche, Jürgen/Vorsteher, Dieter: Kultur, Pajoks und Care-Pakete. Eine Berliner Chronik 1945 – 1949, Berlin 1990

K

Karsch, Walther: Was war – was blieb. Berliner Theater 1945 – 1946, Berlin 1947
Karsch, Walther: Wort und Spiel. Aus der Chronik eines Theater-Kritikers 1945 – 1962, Berlin 1962
Kemlein, Eva/Pietzsch, Ingeborg: Eva Kemlein. Ein Leben mit der Kamera, Berlin 1997
Knef, Hildegard: Der geschenkte Gaul. Bericht aus meinem Leben, Wien/München/Zürich 1970
Komische Oper Berlin 1947 – 1954, Berlin (DDR) 1954
Komische Oper, Berlin 1997
Korff, Gottfried/Rürup, Reinhard (Hrsg.): Berlin, Berlin. Die Ausstellung zur Geschichte der Stadt, Berlin 1987
Kortner, Fritz: Aller Tage Abend, München 1969
Kortner, Johanna (Hrsg.): Fritz Kortner. Letzten Endes. Fragmente, München 1971
Kutsch, K. J./Riemens, Leo: Großes Sängerlexikon, (Ausgabe in 5 Bde.), Bern/München 3. erw. Aufl. 1999

L

Landesarchiv Berlin (Hrsg.): 25 Jahre Theater in Berlin. Theaterpremieren 1945 – 1970. Mit einem Vorwort von Friedrich Luft, Berlin 1972
Lang, Klaus: ›Lieber Herr Celibidache …‹. Wilhelm Furtwängler und sein Statthalter – Ein philharmonischer Konflikt in der Berliner Nachkriegszeit, Zürich/St. Gallen 1988
Liechtenhan, Rudolf: Vom Tanz zum Ballett. Geschichte und Grundbegriffe des Bühnentanzes, Stuttgart/Zürich 1993
Lucchesi, Joachim (Hrsg.): Das Verhör in der Oper. Die Debatte um die Aufführung ›Das Verhör des Lukullus‹ von Bertolt Brecht und Paul Dessau, Berlin 1993
Luft, Friedrich: Berliner Theater 1945 – 1961, Velber bei Hannover, 1961

M

Maximowna, Ita: Bühnenbilderbuch. Entwürfe, Szenenfotos und Figurinen. Mit einem Vorwort von Martin Rupprecht, Tübingen 1982
Meiszies, Winrich (Hrsg.): Wolfgang Langhoff. Theater für ein gutes Deutschland. Düsseldorf – Zürich – Berlin 1901 – 1966, Düsseldorf 1992
Meudtner, Ilse: ›… tanzen konnte man immer noch‹, Berlin 1990
Meyer zu Heringdorf, Detlef: Das Charlottenburger Opernhaus von 1912 bis 1961. Eine Dokumentation. Von der privat-gesellschaftlich geführten Bürgeroper bis zur subventionierten Berliner ›Städtischen Oper‹ (=Phil. Diss. FU Berlin), Berlin 1988
Mittenzwei, Werner: Der Realismus-Streit um Brecht, Berlin (DDR) 1978
Mittenzwei, Werner (Hrsg.): Wer war Brecht? Wandlung und Entwicklung der Ansichten über Brecht im Spiegel von ›Sinn und Form‹, Berlin (DDR) 1977
Müller, Henning: Theater der Restauration. Westberliner Bühnen, Kultur und Politik im Kalten Krieg, Berlin 1981
Musikstadt Berlin zwischen Krieg und Frieden. Musikalische Bilanz einer Viermächtestadt, Berlin/Wiesbaden 1956

O

Otto, Werner/Rimkus, Günther: Deutsche Staatsoper 1945 – 1965. Dokumentation, Berlin (DDR) 1965
Otto, Werner: Die Lindenoper, Berlin (DDR) 1977

P

Pipers Enzyklopädie des Musiktheaters (in 6 Bdn. und 1 Registerband), München/Zürich 1986
Pforte, Dietger (Hrsg.): Freie Volksbühne Berlin 1890 – 1990. Beiträge zur Geschichte der Volksbühnenbewegung in Berlin, Berlin 1990

R

Rebling, Eberhard: Ballett heute, Berlin (DDR) 1970
Rebling, Eberhard: Ballett von A bis Z, Berlin (DDR) 1966
Rebling, Eberhard: Ballettfibel, Berlin (DDR) 1974
Rilla, Paul: Theaterkritiken, Berlin (DDR) 1978
Rischbieter, Henning (Hrsg:): Durch den Eisernen Vorhang. Theater im geteilten Deutschland 1945 bis 1990, Berlin 1999
Rollka, Bodo/Spiess, Volker/Thieme, Bernhard (Hrsg.): Berliner Biographisches Lexikon, Berlin 1993
Rülicke-Weiler, Käthe: Die Dramaturgie Brechts. Theater als Mittel der Veränderung, Berlin (DDR) 1966

S

Sartre, Jean-Paul: Die Fliegen. Die schmutzigen Hände. Zwei Dramen, Reinbek bei Hamburg, 1961
Schiller- und Schloßpark-Theater (Hrsg.): Zehn Jahre Theater. Das Schloßpark-Theater Berlin 1945 – 1955, Berlin 1955
Schirmer, Lothar: Roman Weyl. Grenzgänger der Szene, Tübingen/Berlin 1992
Schivelbusch, Wolfgang: Vor dem Vorhang. Das geistige Berlin 1945 – 1948, München/Wien 1995
Schneider, Rolf: Theater in einem besiegten Land. Dramaturgie der deutschen Nachkriegszeit 1945 – 1949, Frankfurt am Main/Berlin 1989
Schneidereit, Otto: Berlin – wie es weint und lacht, Berlin (DDR) 1976
Schönewolf, Karl: Die Komische Oper 1947 – 1954, Berlin 1954
Schumacher, Ernst: Leben Brechts, Berlin (DDR) 1978
Schumann, Coco: Der Ghetto-Swinger. Eine Jazzlegende erzählt. Aufgezeichnet von Christian Graeff und Michaela Haas, München 1997
Schumann, Wolfgang: Friedrichstadtpalast. Europas größtes Revuetheater. Vom Palast-Varieté zum Friedrichstadtpalast, Berlin 1995
Steinbeck, Dietrich: Mary Wigmans choreographisches Skizzenbuch 1930 – 1961, Berlin 1987
Sucher, C. Bernd (Hrsg.): Theaterlexikon. Autoren, Regisseure, Schauspieler, Dramaturgen, Bühnenbildner, Kritiker, München 1995

U

Ulrich, Paul S.: Biographisches Verzeichnis für Theater, Tanz und Musik, Berlin 1997
Umbach, Klaus: Celibidache – der andere Maestro. Biographische Reportagen. München 1995

V

Venzmer, Wolfgang: Paul Strecker 1898 – 1950, Mainz 1997
Völker, Klaus: Fritz Kortner. Schauspieler und Regisseur, Berlin 1987
Vogt-Schneider, Sabine: Staatsoper Unter den Linden oder Deutsche Staatsoper?, Berlin 1998
Von der Plaza zum Friedrichstadtpalast. Wolf Leder, Bühnenbilder und Kostüme, Berlin 1992

W

Walach, Dagmar: Aber ich habe nicht mein Gesicht. Gustaf Gründgens. Eine deutsche Karriere, Berlin 1999
Weigel, Alexander: Das Deutsche Theater. Eine Geschichte in Bildern, Berlin 1999
Weisenborn, Günther: Der gespaltene Horizont. Aufzeichnungen eines Außenseiters, München/Wien/Basel 1964
Weiss, Grigorij: Am Morgen nach dem Kriege. Erinnerungen eines sowjetischen Kulturoffiziers, Berlin (DDR) 1981
Wessling, Berndt W.: Furtwängler. Eine kritische Biographie, München 1987

Z

Zwanzig Jahre Komische Oper, Berlin (DDR) 1967

Personenregister

A
Abbott, George · 36, 38, 83
Adalbert, Max · 16, 17
Afinogenow, Alexander · 37
Ahlersmeyer, Mathieu · 50
Albee, Edward · 111
Albers, Hans · 16, 21, 22
Albert, Eugen d' · 51, 53, 67
Albertini, Eddy · 78
Aldor, Elisabeth · 51
Alfieri, Leo · 7
Altvater, Willi · 76
Anders, Peter · 51
Andersen, Hans Christian · 41, 42, 80
André, Marcel · 25, 26, 76, 85
Anouilh, Jean · 22, 84, 85, 86, 87, 99
Appelt, Adi · 49
Appelt, Gisela · 57
Appen, Karl von · 7
Arco, Rolf · 68, 71, 75
Ardrey, Robert · 21, 83, 84, 104, 105
Arenhövel, Alfons · 14
Arent, Benno von · 17, 41
Aristoteles · 97
Armgart, Irmgard · 47, 65, 67
Arnold, Franz · 36, 41, 43
Aulich, Bruno · 49, 55

B
Bab, Julius · 7
Bach, Ernst · 36, 41, 43
Bahn, Roma · 20, 83
Bahr, Hermann · 23
Balthoff, Alfred · 10
Band, Lothar · 56
Barber, Samuel · 28, 31
Barlach, Ernst · 93
Barlog, Boleslaw · 7, 9, 11, 16, 19, 21, 34, 36, 39, 43, 80, 82, 83, 86, 96, 108 – 111
Barnowsky, Victor · 16, 17, 36
Bassermann, Albert · 15, 101, 108, 110
Baum, Günther · 67
Becher, Johannes R. · 28, 88, 89, 93, 99, 102, 106
Beethoven, Ludwig van · 13, 30, 44, 53, 66, 72, 77, 78, 110
Behrmann, Nathaniel Samuel · 39
Beilke, Irma · 44, 53
Beirer, Hans · 50
Bell, G. E. · 14
Benatzky, Ralph · 14, 36, 40
Benavente, Jacinto · 37
Benda, Hans von · 13
Bendow, Wilhelm · 14
Benrath, Martin · 18
Benz · 55, 56
Berg, Leo · 59
Berger, Erna · 14, 51
Berger, Ludwig · 16, 17, 19
Berlau, Ruth · 99
Bersarin, Nikolai E. · 10, 13, 32, 46, 94
Berté, Heinrich · 49
Bettac, Ulrich · 17
Biel, Achim von · 39
Bienert, Gerhard · 102
Bildt, Paul · 13, 32, 42, 101, 102, 105, 110
Bill-Belozerkowski, Wladimir Naumowitsch · 106
Dillinger, Richard · 17
Bitter, John · 31
Bizet, Georges · 45, 52, 54, 62 – 64, 66, 74
Björnson, Björnstjerne · 12
Blacher, Boris · 14, 73, 78, 79
Blank, Gustav · 72
Blatter, Johanna · 50
Blech, Leo · 28, 50, 51
Blüthner, Hans · 24
Bochmann, Werner · 24
Bohnen, Michael · 46, 49, 53, 54, 58
Bois, Curt · 7, 100
Bonatz, Karl · 108, 111
Borchard, Leo · 13, 30
Borchert, Ernst Wilhelm · 110
Borchert, Wolfgang · 22, 96
Borchmann, Werner · 107
Borgelt, Hans · 53, 58
Böttcher, Maximilian · 37
Brahm, Otto · 93
Brandes, Erich-Karl · 49
Brauer, Herbert · 50
Braun, Käthe · 110
Braune, Ilse · 64
Brausewetter, Hans · 15
Brecht, Barbara · 100
Brecht, Bertolt · 9, 16, 20, 22, 34, 36, 37, 42, 58, 59, 83, 88, 94, 95, 97 – 103, 105 – 107
Bredel, Willi · 13
Bredow, Erwin · 78
Britten, Benjamin · 28, 53, 54
Bronnen, Arnolt · 17
Bruck, Reinhard · 17
Bruckner, Ferdinand · 95
Brunch, Isabelle · 71
Brust, Fritz · 53
Büchner, Georg · 32, 34, 43
Buhlan, Bully · 24, 25
Burgwinkel, Josef · 47, 53
Burjakowskij, Jurij · 106
Busch, Ernst · 7, 13, 16, 23, 99, 104 – 106
Busch, Hans · 48
Busoni, Ferruccio · 44, 51, 58
Busse, Walter · 97

C
Cadenbach, Joachim · 41
Camus, Albert · 86, 87
Caspar, Horst · 16, 20, 33, 109
Celibidache, Sergiu · 26, 28, 30
Chamisso, Adelbert von · 80
Chaplin, Charlie · 37
Charat, Janine · 73
Charell, Eric · 71
Christians, Mady · 17
Clarke, Erich · 30
Claudel, Paul · 86
Clausen, Claus · 87
Clement, Herma · 108
Cocteau, Jean · 21, 86
Cornelius, Peter · 51
Coward, Noël · 36, 38, 84
Crouse, Russel · 38
Cvernova, Stephanie · 71

D
Daiber, Hans · 86
Debussy, Claude · 51
Deege, Gisela · 68, 71
Degen, Michael · 32
Deinert, Ursula · 68
Denger, Fred · 80, 96, 97
Dessau, Paul · 49, 55, 57, 58, 59, 101
Deutsch, Ernst · 19
Diaghilew, Sergej · 76
Dietrich, Gerd · 93
Dillmann, Michael · 19
Dolbin, Fred Benedikt · 16, 17, 19
Domgraf-Fassbaender, Willi · 51
Donizetti, Gaetano · 58
Dorsch, Käthe · 17
Dreifuß, Alfred · 7
Drinda, Horst · 32, 80
Dudow, Slatan · 99
Dumont, Louise · 35, 81
Duncan, Isadora · 76, 79
Dunskus, Erich · 101
Durieux, Tilla · 16, 17
Dyk, Peter van · 76
Dymschitz, Alexander · 14, 34, 80, 81, 86, 99

E
Eckard, Max · 33, 89
Eckersberg, Else · 17
Egk, Werner · 54, 73, 76
Ehser, Else · 21
Einem, Gottfried von · 28
Eisler, Hanns · 16, 106, 107
Eliot, Thomas Stearns · 85, 87
Elsholtz, Peter · 15, 22
Engel, Erich · 22, 34, 101
Erpenbeck, Fritz · 13, 14, 36, 39, 92, 94, 97, 104, 106
Esser, Paul · 110
Etté, Bernhard · 14
Eylau, Hans Ulrich · 38, 39, 106
Eylitz, Gertrud · 40, 41, 43

F
Falckenberg, Otto · 33, 96, 99
Falkenstein, Julius · 16, 17
Fall, Leo · 14, 36, 49, 56
Falla, Manuel de · 79
Fehling, Jürgen · 7, 17, 19, 22, 32, 33, 34, 43, 83, 90, 93, 95, 96
Felsenstein, Walter · 7, 16, 22, 47, 48, 49, 52, 53, 60 – 62, 79, 95, 111
Fenneker, Josef · 7, 50, 52, 53
Fichelscher, Walter F. · 7
Fischer, Sebastian · 110
Fischer-Dieskau, Dietrich · 51
Flatow, Curth · 11, 36
Fokin, Michail · 76
Fontane, Theodor · 7, 9
Forster, Friedrich · 12
Förster-Ludwig, Heinz · 40
Fradkin, Ilja · 34, 80
Franck, Walter · 13, 21, 94
Freydank, Ruth · 8
Frichie, Amand · 70
Frichie, Wanda · 70
Frick, Gottlob · 50
Frickartz, Emil · 49
Frickhöffer, Gerhard · 49
Fricsay, Ferenc · 28, 51
Friedrich, Götz · 7, 62
Friedrichs, Carl · 59, 62
Fries, Maria · 76
Fritzenwallner, W. · 46, 47
Froman, Valentin · 68
Fuller, Loie · 76
Furtwängler, Wilhelm · 19, 28 – 30, 52, 109, 110

G
Gäbel, Friedrich · 92
Galfert, Ilse · 80, 92
Galli-Bibiena, Giuseppe · 103
Gallo, Regina · 73, 78
Gänsbacher, Joseph · 64

Garbo, Greta · 69
Gehring, Paul · 43
Genest, Gudrun · 35
Genschow, Fritz · 39
George, Götz · 110
George, Heinrich · 10
Gernièr, F. · 14
Gerron, Kurt · 15
Gershwin, George · 24, 26
Geschonneck, Erwin · 7, 98, 102
Giehse, Therese · 99
Gilbert, Jean · 49
Gillespie, Dizzy · 24
Girardi (Artistenfamilie) · 70
Giraudoux, Jean · 22, 83, 85 – 87, 95, 96, 99, 111
Glässner, Erika · 17
Glasunow, Alexander · 76
Gliese, Rochus · 16, 37, 41
Glinka, Grigori Andrejewitsch · 51
Glinka, Michail · 57, 58, 59, 79
Gluck, Christoph Willibald · 44, 45, 53, 73
Glusgal, Ilja · 24
Gnass, Friedrich · 104
Goebbels, Joseph · 10, 16, 19
Goerlich, Karola · 51
Goertz, Heinrich · 39, 96
Goethe, Johann Wolfgang · 11, 23, 33 – 35, 42, 43, 96, 106, 108, 111
Goetz, Curt · 36, 37, 38 39, 41, 110
Goetz, Oscar · 15
Goetz, Wolfgang · 15
Gogol, Nikolai · 80, 82
Goldoni, Carlo · 12, 39
Goltz, Christel · 50
Göring, Hermann · 16
Gorki, Maxim · 23, 80, 99, 102, 105, 107
Gorvin, Joana Maria · 7, 22, 83, 91
Gothe, Herbert · 42, 43
Gottowt, John · 16, 17
Gottschalk, Joachim · 15
Götz, Curt · 17
Gounod, Charles · 64
Gozzi, Carlo · 12
Graetz, Paul · 17
Gran, Hans · 27
Granach, Alexander · 16, 17
Granados, Enrique · 74, 76, 78
Gregor, Hans · 64
Greif, Heinrich · 7
Greindl, Josef · 50
Grenzebach, Ernst · 66
Greverus, Boris · 66
Grimm, Jacob · 41, 42
Grimm, Wilhelm · 41, 42
Grindel, Gerhard · 15, 111
Grix, Max · 36
Grosse, Rudolf · 108
Grothe, Franz · 24
Grothusen, Max · 87
Grube, Elisabeth · 71
Grümmer, Elisabeth · 50, 54, 60
Grünberg, Karl · 40, 94
Gründgens, Gustaf · 16, 18, 19, 32 – 34, 36, 42, 80, 81, 104, 110, 111

Gsovsky, Ljena · 68
Gsovsky, Tatjana [geb. Issatschenko] 68, 73, 74, 75, 76, 77, 78, 79
Gsovsky, Victor · 26, 76, 78, 79

H
Haack, Käthe · 17, 39, 83
Haacken, Frans · 103
Haasen, Hilde · 64
Hain, Magda · 24
Hamacher, Hans W. · 87
Hamm, Peter von · 53, 55
Hammacher, Rudolf · 80
Harbot, Inge · 39
Harich, Wolfgang · 86, 89, 91, 92, 93, 97
Häring, Helena s. Roma Bahn
Harnack, Arvid von · 92
Harnack, Falk · 36, 39, 88, 92
Harnack, Otto · 92
Hartmann, Hanns · 47, 49
Hartung, Gustav · 17
Hasenclever, Walter · 19
Hasse, O.[tto] E.[duard] · 11, 83, 85, 93, 96
Hauke, Ernst · 17
Hauptmann, Gerhart · 21, 99
Hay, Julius · 92
Hearst, William Randolph · 88
Heartfield, John · 107
Hebbel, Friedrich · 17, 21, 94
Heger, Robert · 53, 55
Heine, Heinrich · 14
Heinrich, Hans · 30
Heinrich, Reinhard · 57
Heinz, Wolfgang · 106
Held, Martin · 110
Hellman, Lillian · 94
Hellmer, Karl · 88
Henschel, Bruno · 14
Henschke, Alfred s. Klabund
Hentschke, Heinz · 12
Herbeth, Lilo · 78
Herlth, Robert · 15, 44, 45
Herrmann, Gottfried · 71
Herrmann, Josef · 60
Herrmann, Max · 15
Herz, Egon · 47, 49
Herz, Joachim · 62
Herzfelde, Wieland · 107
Hessmann, Gabriele · 43
Heuser, Heinrich · 15
Heuss, Theodor · 110
Hill, Hainer · 99, 110, 111
Hilpert, Heinz · 7, 11, 16, 19, 32, 33, 110
Hilscher, Kurt · 68
Hindemith, Paul · 14, 28, 44, 51, 52, 53, 58, 73, 74
Hinz, Werner · 102
Hirsch, Walther · 67
Hirschfeld, Kurt · 100
Hitler, Adolf · 30, 96
Hoffmann, E.T.A. · 80
Hoffmann, Ludwig · 7
Hoffmann, Ludwig · 104
Höflich, Lucie · 33, 100

Hofmann, Ulrich · 35
Hofmannsthal, Hugo von · 19
Hohenberger, Kurt · 26
Holberg, Harald · 86
Höllein, Werner · 76, 78
Holm, John C. · 36, 38, 83
Holsey, Reva · 20
Homeyer, Margret · 80
Honecker, Erich · 106
Howley, Frank L. · 90
Hoyer, Dore · 78
Hübner, Herbert · 34, 87
Hülgert, Alfred · 51, 59
Hülper, Ilse · 49, 55
Humperdinck, Engelbert · 51, 52
Hurwicz, Angelika · 32, 100, 102

I
Ihering, Herbert · 14, 16, 35, 95, 97 – 99, 101
Ingenohl, Oscar · 110
Issatschenko, Tatjana s. Tatjana Gsovsky
Ivogün, Maria · 65
Iwanow, Lew · 76

J
Jacob, Werner · 53, 55
Jacobi-Bayly, Elga · 107
Jacobsohn, Siegfried · 9
Jaenicke, Egon · 14
Jahn, Bertholt · 39
Jahnke, Rolf · 73, 74
Janácek, Leos · 45, 51, 67
Jannings, Emil · 101
Jary, Michael · 24, 26, 27
Jessel, Leon · 14
Jessner, Leopold · 15, 17, 34, 42, 43, 90, 94, 101
Jooss, Kurt · 78
Joyce, James · 111
Jung, Ilse · 23, 41, 96

K
Kafka, Franz · 33, 109
Kahler, Ernst · 100, 102
Kaiser, Georg · 17, 94, 95
Kalisch, David · 37
Kálmán, Emmerich · 40, 45, 48, 49
Kapp, Julius · 50
Karhanek, Frantisek · 71
Karsch, Walther · 35, 86, 89, 92 – 95, 97, 106, 111
Kästner, Erich · 49
Katajew, Valentin · 80
Kaufmann, Oskar · 12
Käutner, Helmut · 84
Kawan, Herbert · 49, 55
Kayssler, Friedrich · 17, 93
Keilbert, Joseph · 51
Keith, Jens · 68, 71, 72, 76, 78
Keith, Renate · 98
Kelch, Werner · 53 – 55
Keller, Inge · 7, 10, 16, 109
Kemlein, Eva · 106
Kenton, Stan · 24

Kern, Irmgard · 68
Kerr, Alfred · 90, 101
Kilger, Heinrich · 7, 101
Kinski, Klaus · 16, 21
Klabund [d.i. Alfred Henschke] · 40, 41
Klamt, Jutta · 69
Kleiber, Erich · 28, 52
Klein, Cesar · 72
Klein, Robert · 17
Kleinau, Willy A. · 35
Kleinschmidt, Karl · 13
Kleinschmidt, Werner · 80
Kleist, Heinrich von · 43, 93, 99, 100, 103, 108
Klemperer, Otto · 28, 51, 52
Klöpfer, Eugen · 13
Klose, Margarete · 45, 53
Knef, Hildegard · 16, 35, 38, 83
Köchermann, Rainer · 76
Koenig, Else · 41
Kölling, Rudolf · 68, 71, 78
Kollo, Walter · 36
Konsta, Nina · 85
Körber, Hilde · 21, 41
Kornejtschuk, Alexander · 109
Kornfeld, Paul · 19
Kornowicz, Hans · 40
Korsch, Bernhard · 62
Kortner, Fritz · 7, 33 – 35, 84, 87, 100, 110
Köster, Liselotte · 25, 76, 78
Kotikow, Alexander · 108
Kowa, Victor de · 14, 36, 38, 39, 85
Krebs, Helmut · 50
Kremo, Eugenie · 68
Kremo, Frank · 68
Křenek, Ernst · 52
Kreutzberg, Harald · 69, 74, 75, 78
Kroll, Erwin · 59, 76, 79
Kronström, Fred · 49, 56
Kruse, Georg Richard · 9
Kuckhoff, Adam · 15
Kudritzki, Horst · 27
Kuhlmann, Carl · 23
Künneke, Eduard · 36
Künneke, Evelyn · 26, 36
Kupfer, Harry · 7
Küpper, Hannes · 15
Kupsch, Anita · 36
Kusterer, Arthur · 48, 62, 63
Kutschera, Franz · 41
Kutz, Karina · 44

L
Laban, Rudolf von · 69, 79
Landa, Max · 17
Langhans, Karl Ferdinand · 12
Langhoff, Wolfgang · 7, 18, 21, 34, 35, 80, 82, 90, 92, 93, 99, 101, 106, 109, 111
Laubenthal, Hannsgeorg · 88, 110
Lauenstein, Tilly · 86
Laughton, Charles · 99
Laumer, Denise · 76
Lausch, Heinz · 39
Lawrenjow, Boris · 82

Leander, Zarah · 25
Leder, Wolf · 41, 49, 71 – 73, 95
Legal, Ernst · 13, 28, 30, 32, 46, 49, 51, 52, 58, 59, 111
Lehár, Franz · 14, 40, 46, 47, 49, 55, 56
Lehn, Erwin · 24, 27
Leibbrand, W. · 67
Leibelt, Hans · 88, 104
Leider, Frida · 51
Lemnitz, Tiana · 44, 51
Lennig, Walter · 21, 39
Lenz, Jacob Michael Reinhold · 99, 103
Leoncavallo, Ruggiero · 63
Leonhard, Rudolf · 97
Lessing, Gotthold Ephraim · 8, 10, 19, 32, 33, 34, 108
Licht, Wilhelm · 49
Lietzau, Hans · 7
Lincke, Paul · 36, 49
Lincoln, Abraham · 88, 90
Lind, Emil · 17
Lindemann, Alfred · 13, 23
Lindsay, Howard · 38
Linke, Willy · 43
Lipinski, Olly von · 14
Litten, Heinz Wolfgang · 7, 13, 23, 82
Litto, Maria · 78, 85
Lobe, Friedrich · 16, 17
Löbel, Bruni · 39
Loewe, Frederick · 66
Lommer, Horst · 72, 95, 96
Loos, Theodor · 17
Lorca, Federico Garcia · 43
Lorenz, Max · 50
Lorre, Peter · 100
Lortzing, Albert · 58
Losey, Joseph · 99
Lothar, Mark · 79
Lucchesi, Joachim · 59
Lüders, Günther · 14
Lüdicke, Heino · 59
Ludwig, Lene · 69, 75
Ludwig, Leopold · 13, 51
Ludwig, Marliese · 21
Ludwig, Peter · 69
Ludwig, Rolf · 7
Luft, Friedrich · 14, 19, 20, 37, 39, 43, 83, 86, 87, 89, 90, 92 – 94, 97, 98, 102, 105, 106, 108, 110, 111
Lukács, Georg · 99
Lukschy, Wolfgang · 88
Lupo, Nicola · 71
Lusset, Félicien · 90, 92

M

Mackeben, Theo · 49
Maestri, Blado · 24
Maetzig, Kurt · 14
Mahler, Gustav · 58
Mann, Erika · 30
Marcard, Micaela von · 19
Marfeld, Max · 41, 49
Markus, Winnie · 110
Marshall, George C. · 90
Martens, Valerie von · 17

Martin, Karl Heinz · 11, 13, 16, 17, 20 – 23, 32, 36, 83, 85, 86, 94, 99, 104, 105, 110
Masjos, Doris · 41, 42
Massary, Fritzi · 17
Massenet, Jules · 44
Maudrik, Lizzi · 79
Maugham, William Somerset · 38, 39
Maximowna, Ita · 7, 20, 84, 86
McClure, Robert A. · 90
Mehring, Walter · 106
Meisel, Kurt · 83, 95
Meißner, Ursula · 38
Melchinger, Siegfried · 62
Mellinger, Frederic · 14
Mendelssohn-Bartholdy, Felix · 30
Menotti, Gian-Carlo · 31
Menuhin, Yehudi · 28
Messiaen, Olivier · 28
Metternich, Josef · 50
Meudtner, Ilse · 74, 75, 78, 79
Meyer zu Heringdorf, Detlef · 59
Meyer, Ernst Hermann · 27
Meyer-Hanno, Hans · 15
Meyerinck, Hubert von · 17, 20, 39
Meysel, Inge · 36
Milhaud, Darius · 63
Miller, Arthur · 84, 87
Millöcker, Karl · 14, 49
Milowitsch, Cordy · 49
Mira, Brigitte · 26
Mobiglia, Tullio · 27
Mochmann, Paul · 35
Moissi, Alexander · 17
Moissi, Bettina · 22
Moliére · 32, 33, 42, 43, 111
Molnár, Franz · 21, 22, 36
Molotow, Wjatscheslaw · 90
Moreto y Cabana, Augustin · 37, 38
Mostar, Hermann · 96
Mozart, Wolfgang Amadeus · 10, 13, 30, 44, 46 – 49, 51, 62, 65
Müller, Anneliese · 44, 51
Müller, Gerda · 33, 34, 80, 101
Müller-Hess, Adelheid · 67
Musial, Martha · 50
Mussorgski, Modest Petrowitsch · 51
Müthel, Lola · 18, 90
Müthel, Lothar · 37

N

Nadolowitsch, Jean [Johannes] · 64, 65, 66, 67
Nedden, Lindy zur · 107
Neher, Carola · 16
Neher, Caspar · 12, 16, 57, 99, 100, 103, 110, 111
Neitsch, Peter · 41
Nestriepke, Siegfried · 13
Neumann, Karl August · 51
Neumann, Klaus-Günther · 36
Nicklisch, Franz · 21, 105
Nicolai, Christoph Friedrich · 8
Niese, Gerhard · 63
Nissen, Hans Heinz · 44
Noelte, Rudolf · 22

O

O'Casey, Sean · 84
O'Neill, Eugene · 84
Oboussier, Robert · 54
Odets, Clifford · 84
Oehlmann, Werner · 53, 59
Offenbach, Jacques · 14, 22, 46 – 49, 51, 53, 55, 56, 58, 60 – 64
Orff, Carl · 48, 60, 62
Osborn, Paul · 84
Ossietzky, Carl von · 9, 89
Ostrowski, Alexander Nikolajewitsch · 34, 80, 111
Otto, Hans · 15

P

Pagnol, Marcel · 86
Palitzsch, Peter · 103
Pallenberg, Max · 17
Palm, Curt · 51, 57, 72, 74, 102
Paproth, Walter · 53, 55
Paulsen, Harald · 17
Pawlowa, Anna · 79
Petipa, Marius · 76
Pfeiffenberger, Heinz · 53
Pflanzl, Heinrich · 51
Pieck, Wilhelm · 101
Piel, Michael · 68, 73, 76, 78, 79
Pillau, Horst · 36
Piscator, Erwin · 16, 17, 42, 100, 101
Pitra, Hans · 49, 53, 55, 59
Platte, Rudolf · 36, 40, 49, 72
Pocci, Franz Graf von · 42
Ponto, Erich · 39
Porter, Cole · 28
Poschmann, Agathe · 33
Poulenc, Francis · 79
Preetorius, Emil · 7, 50
Pretell, Margot · 49
Priestley, John Boynton · 38, 84, 86, 99
Prohaska, Jaro · 51
Prokofjew, Sergei · 76, 77
Puccini, Giacomo · 41, 44, 48, 51, 53, 62, 65, 66

R

Rabenalt, Arthur Maria · 49
Rachmanow, Leonid · 34
Raeck, Kurt · 85
Rasp, Fritz · 21
Rattigan, Terence · 39, 84
Ravel, Maurice · 72, 73, 74, 79
Raynal, Paul · 22
Reger, Erik · 89, 93
Rehberg, Karl · 59, 62
Rehfisch, Hans José · 22, 94
Rehm, Kurt · 51
Reichert, Franz · 22
Reimann, Albert · 72
Reimann, Max · 43
Reinhardt, Max · 14 – 16, 19, 20, 32, 33, 36, 39, 68, 71, 90, 110, 111
Reinholm, Gert · 68, 73, 77
Reiniger, Lotte · 41
Reinking, Wilhelm · 7
Rennert, Günther · 10

Rennert, Karl-Heinz · 21
Repp, Alfred · 68, 70
Respighi, Ottorino · 74, 79
Ress, Sabine · 68, 74, 78, 79
Reuter, Ernst · 110
Reuter, Florizel von · 67
Rice, Elmar · 84
Richter, Rotraut · 37
Richter, Traute · 50
Ridley, Arnold · 84
Ried, Charlotte · 39
Ried, Marina · 40
Riemann, Johannes · 17
Rilla, Paul · 32, 42, 81, 88, 92, 93, 95, 97, 105, 106
Rimski-Korssakow, Nikolai · 51, 58, 67
Rindom, Svend · 36
Rischbieter, Henning · 19
Ritter, Heinz · 33, 59, 62
Rodenberg, Hans · 111
Rodrigo, Joaquin · 73
Rogati, Eduard · 49, 55
Roman, Martin · 27
Roosevelt, Franklin · 88, 90
Rosié, Paul · 32
Rossini, Gioacchino · 47, 74, 79
Roswaenge, Helge · 50
Roters, Ernst · 49, 55
Roth, Paul Edwin · 22
Rothe, Edel von · 68
Rotter, Alfred · 16
Rotter, Fritz · 16
Rufer, Josef · 66

S

Saint-Saëns, Camille · 45
Salacrou, Armand · 86
Saltenburg, Heinz · 16, 17
Sandrock, Adele · 17, 67, 69
Sarauw, Paul · 36
Sartre, Jean-Paul · 9, 22, 86, 87, 90 – 93, 96, 99
Sassmann, Hans · 39
Säuberlich, Lu · 15
Sauguet, Henri · 79
Savoir, Alfred · 16
Schacht, Roland · 15
Scheinin, L. · 89, 92
Schellow, Erich · 108
Schenk von Trapp, Lothar · 53
Schieske, Alfred · 86, 89
Schikowski, John · 9
Schiller Friedrich · 12, 13, 17, 32 – 35, 37, 39, 90, 95, 108, 110, 111
Schilling, Ruth · 40
Schilling, Tom · 71
Schirmer, Lothar · 8, 9, 19
Schirp, Wilhelm · 44
Schleebaum · 36
Schlemm, Anny · 49, 53
Schlötermann, Fritz · 41
Schmidt, Karl · 44, 51
Schmidt, Willi · 16, 21, 22, 109
Schmidtthenner, Hansörg · 96
Schmidt-Isserstedt, Hans · 10
Schmidtmann, Paul · 51, 58

Personenregister **117**

Schmitt, Saladin · 33
Schneider, Rolf · 93
Schneider, Siegmar · 110
Schneidereit, Otto · 59
Schnitzler, Arthur · 20, 85
Schock, Rudolf · 58
Schollwer, Edith · 17
Schönberg, Arnold · 28
Schöner, Sonja · 61
Schönthan, Franz von · 13, 32, 36
Schönthan, Paul von · 13, 32, 36
Schottmüller, Oda · 75
Schramm, Walter · 40, 41, 42, 43
Schröder, Ernst · 22, 34, 93
Schröder, Friedrich · 49, 55, 56, 59
Schroeder, Max · 96
Schroth, Carl-Heinz · 86, 90
Schubert, Franz · 49
Schuh, Oscar Fritz · 103
Schüler, Johannes · 28, 31, 51
Schüler, Karl · 43
Schultze, Norbert · 106
Schulz, Ilse · 77
Schulze-Boysen, Harro · 92
Schulz-Reichel, Fritz · 24
Schuman, William · 28
Schumann, Albert · 71
Schumann, Coco · 26, 27
Schumann, Ernst · 71
Schumann, Mary · 71
Schuricke, Rudi · 14, 24
Schuseil, Christa · 86
Schütte, Ernst · 88
Schütze, Walter · 40
Schwarz, Jewgeni · 80, 81, 82, 99, 100
Schwarz, Joseph · 67
Schwarz, Otto · 43
Schwarz, Vera · 17
Schwarzkopf, Klaus · 16, 22
Schwiefert, Fritz · 98, 102
Scotti, Italo · 24
Scribe, Eugène · 39
Seeling, Heinrich · 12
Seifert, Kurt · 38
Seifert, W. P. · 56, 59
Sellmer, Erna · 22
Seltenhammer, Paul · 68, 69, 70, 76
Serrano, Rosita · 25
Shakespeare, William · 17, 19, 21, 32 – 35, 37 – 39, 93, 94, 106, 108, 110
Shall, Theo · 40, 41
Shaw, Elisabeth · 88
Shaw, George Bernard · 42
Siebert, Karl-Heinz · 59
Siebig, Karl · 104
Simonow, Konstantin · 9, 82, 88, 90, 92
Singer, Kurt · 15
Skladanowsky, Max · 40
Skoronel, Vera · 74
Slezak, Margarethe · 25
Slutzkaja, Margaritha · 62
Smetana, Erika · 68
Smetana, Friedrich · 44, 52, 63, 67
Smirnow (Generalleutnant) · 60

Smith, Dodie · 39
Söhnker, Hans · 15, 110
Sophokles · 18, 34
Spadoni, Marion · 68, 70, 71
Spadoni, Paul · 68, 71
Spanier, Ben · 15
Spiel, Hilde · 86
Spies, Daisy · 68, 71, 78
Spies, Leo · 76, 78
Spira, Camilla · 36
Stäcker, Karl · 71
Staegemann, Waldemar · 17
Stahl, Jockel · 25, 68, 76
Stanislawski, Konstantin · 106
Stauch, Richard · 36
Steckel, Leonard · 100, 102
Stein, Werner · 16, 106
Steinbeck, Dietrich · 79
Steinhoff, Lotte · 17
Steinrück, Albert · 94
Stern, Annemarie · 93
Sternheim, Carl · 43, 81, 92, 109
Stewart, Rex · 24
Stoll-Peterka, Anni · 71
Storm, Lavinia s. Lindy zur Nedden
Straub, Agnes · 38
Straus, Oscar · 49
Strauß, Botho · 22
Strauß, Johann · 40, 45, 47, 48, 49, 61, 62
Strauss, Richard · 30, 44, 45, 46, 48, 49, 50 – 54, 72
Strawinsky, Igor · 58, 59, 74, 76, 78
Strecker, Paul · 7, 51, 53, 73, 74, 80, 81, 85, 86
Streich, Rita · 46, 53
Stroux, Karl Heinz · 16, 22, 83, 84, 86
Stuckenschmidt, Hans Heinz 15, 59, 62
Süßenguth, Walter · 23, 110
Sutermeister, Heinrich · 53, 54
Suthaus, Ludwig · 50

T

Tanaka, Michi · 39
Tanjarow, Jesper s. Werner Borchmann
Tauber, Richard · 17, 58
Teege, Joachim · 100
Teubers Marionetten · 70
Textor, Stella · 88
Theunissen, G. H. · 23
Thoma, Ludwig · 111
Thomalla, Georg · 39
Thormann, Gundel · 93
Tiburtius, Joachim · 110, 111
Tietjen, Heinz · 16, 19, 28, 46, 50, 51, 55
Tillmann, Fritz · 87
Tirso de Molina · 37, 38
Toller, Ernst · 17, 93 – 95, 100
Tolstoi, Leo · 41
Treptow, Günther · 44
Treuberg, Friedrich Franz · 14
Triebel, Axel · 40
Trofimowa, Natascha · 68, 75, 77
Troll, Oda · 49

Trösch, Robert · 82
Trötschel, Elfriede · 50
Trotzki, Leo · 93
Trowe, Gisela · 23
Truman, Harry S. · 90
Trümpy, Bertha · 74
Tschaikowski, Peter I. · 13, 14, 30, 45, 47, 51, 53, 76, 77, 79
Tschechow, Anton · 34, 80
Tucholsky, Kurt · 9, 106
Tulpanow, Sergej · 80, 81
Tur (Gebrüder) · 89, 92

U

Ufer, Margo · 78
Uhlen, Alice · 78
Ulbrich, Siegfried · 25
Ulrich, Kurt · 14
Unruh, Erika · 17

V

Valetti, Rosa · 15, 17
Vallentin, Maxim · 82, 98
Vega, Felix Lope de V. Carpio · 41
Velde, Albert van de · 68
Velde, Elly van de · 68
Verdi, Giuseppe · 14, 44, 45, 46, 47, 50, 51, 52, 53, 66
Vesco, Eleonore · 76
Vesco, Giselle · 76
Viertel, Berthold · 17
Visieur, Raimund le · 53
Vita, Helen · 26
Völker, Heinz A. · 108
Völker, Wolf · 51

W

Wagner, Elsa · 13, 110, 111
Wagner, Georg Michael · 40, 41
Wagner, Paul · 110
Wagner, Richard · 45, 47, 50, 51, 53, 54
Waitzmann, Kurt · 37
Waldow, Ernst · 86
Wallburg, Otto · 15
Walter, Bruno · 28, 51
Walter, Fried · 74
Walton, William · 79
Wandrey, Eduard · 87
Wangel, Hedwig · 86
Wangenheim, Gustav von · 14, 16, 23, 32 – 35, 41, 42, 49, 55, 80, 100
Wangenheim, Inge von · 41, 80
Wardetzky, Jutta · 19
Wäscher, Aribert · 13, 23, 43, 110
Wassmann, Hans · 17
Weber, Carl Maria von · 44, 46 – 49, 51, 54, 61, 63, 66
Weber, Franz · 98
Wedekind, Frank · 18, 20
Wegener, Paul · 10, 16, 32 – 34, 91, 93
Weidt, Jean · 68, 79
Weigel, Helene · 7, 98 – 102
Weill, Kurt · 16, 21, 83
Weinert, Erich · 106
Weisenborn, Günther · 13, 14, 16, 21 – 23, 93, 94, 96, 97, 99, 109

Weisgerber, Antje · 13, 33
Welk, Ehm · 17
Wenck, Eduard · 88
Wendt, Herbert · 88
Werden, Sybill · 73
Werfel, Franz · 19, 22
Werkmeister, Lotte · 14
Werner, Arthur · 28, 70
Werner, Hans-Günther · 14
Werner, Kurt · 40
Werth, Helene · 50
Wessling, Berndt W. · 30
Westermeier, Paul · 49, 53
Weyl, Roman · 7, 9, 11, 37, 39
Whiteman, Paul · 26
Wiegler, Paul · 23, 35, 98, 102
Wigman, Mary · 69, 75
Wilde, Oscar 37, 38, 39
Wilder, Thornton · 22, 83, 84, 86, 95, 96, 99
Williams, Tennessee · 84
Winkler, Gerhard · 24
Winterstein, Eduard von · 14, 16, 17, 28, 32 – 34
Wischnewski, Wsewolod · 82
Wisten, Fritz · 7, 12, 16, 18, 22, 23, 32, 35, 37 – 39, 41, 85, 97, 102, 111
Witte, Erich · 44, 51, 53, 54
Wittkugel, Klaus · 94
Wocke, Hans · 44
Woisin, Bernhard · 68
Wolf, Friedrich · 13, 14, 17, 18, 22, 33, 42, 89, 94, 95, 97, 104 – 106
Wolf-Ferrari, Ermanno · 48
Wölk, Katja · 40
Wonneberg, Alfons · 27
Wüst, Egon · 68
Wüst, Ida · 17

Z

Zacharias, Hella · 26
Zacharias, Helmut · 26, 27
Zarek, Otto · 16, 17
Zeller, Carl · 47, 48, 61, 62
Zelter, Carl Friedrich · 8
Zeltner, Rita · 88 – 91
Zemlika, Franz · 68
Zenker, Hilde · 112
Ziemann, Sonja · 49
Zimmermann, Gisela · 36
Zinner, Hedda · 41
Zuckmayer, Carl · 36, 42, 96, 109
Zürn, Ralph · 68